国家精品在线开放课程配套教材

"十四五"职业教育省级规划教材

演讲与口才实训教程

YANJIANG YU KOUCAI SHIXUN JIAOCHENG

主　编　郅　莹　李　强

副主编　崔　媛

参　编　侯　丽　张　瑜　韩丽红

中国教育出版传媒集团

高等教育出版社·北京

内容提要

本书是职业教育国家精品在线开放课程配套教材,山西省"十四五"职业教育省级规划教材。

本书包括"口语表达者的素质与修养"和六个项目,共 21 个任务。项目一"演讲核心技能训练",包括选题立意、搭建框架、故事表述、演讲写作 4 个训练任务;项目二"演讲辅助技能训练",包括演讲互动、克服紧张、演讲声音、肢体语言、演讲演示 5 个训练任务;项目三"职场基础口才技能训练",包括面试口才、社交口才、会议口才 3 个训练任务;项目四"职场专项口才技能训练",包括销售口才、新媒体口才、谈判口才 3 个训练任务;项目五"团队沟通口才技能训练",包括有效沟通口才、内部沟通口才、外部沟通口才 3 个训练任务;项目六"职场演讲技能训练",包括竞聘演讲、就职演讲、述职演讲 3 个训练任务。为了利教便学,部分学习资源以二维码形式提供在相关内容旁,可扫描获取。

本书可作为高等职业院校公共素质课教材,也可供"演讲与口才"课程学习者和爱好者参考使用。

图书在版编目(CIP)数据

演讲与口才实训教程 / 郅莹,李强主编. —北京:
高等教育出版社,2023.12
ISBN 978 - 7 - 04 - 060459 - 7

Ⅰ.①演⋯ Ⅱ.①郅⋯ ②李⋯ Ⅲ.①演讲—教材②
口才学—教材 Ⅳ.①H019

中国国家版本馆 CIP 数据核字(2023)第 135996 号

策划编辑 雷 芳 周静研　责任编辑 周静研　封面设计 张文豪　责任印制 高忠富

出版发行	高等教育出版社	网　　址	http://www.hep.edu.cn	
社　　址	北京市西城区德外大街 4 号		http://www.hep.com.cn	
邮政编码	100120	网上订购	http://www.hepmall.com.cn	
印　　刷	浙江天地海印刷有限公司		http://www.hepmall.com	
开　　本	787mm×1092mm　1/16		http://www.hepmall.cn	
印　　张	21.25			
字　　数	455 千字	版　　次	2023 年 12 月第 1 版	
购书热线	010-58581118	印　　次	2023 年 12 月第 1 次印刷	
咨询电话	400-810-0598	定　　价	45.00 元	

党的二十大报告对坚持不懈用习近平新时代中国特色社会主义思想凝心铸魂作出重大部署。"尺寸课本,国之大者",本书全面落实立德树人根本任务,挖掘课程蕴含的思政元素,结合课程内容设计"一核心、五维度、九要、九心、三前行"的课程思政体系,让课程思政更加"有情怀""有温度""能落地""接地气",使课程育人真正实现价值塑造、知识传授和能力培养的有机统一,帮助学生牢固树立对马克思主义的信仰、对中国共产党和中国特色社会主义的信念、对实现中华民族伟大复兴的信心,坚定不移听党话、跟党走。

本书以职业院校在校生为对象,以语言为突破口,开发学生表达、思维、交际等方面的综合潜能,以学生口语表达的素质、能力发展为中心,以服务学生未来职业发展为指导思想,充分体现职业教育特色。

1. 以"三能一育"夯实学生素质与能力基础

本书以当众演讲能力、职场沟通能力、职业核心能力"三能"和思想政治教育(课程思政)"一育"相结合为育人理念,在多维度反复训练中,培育学生的合作、竞争、创新意识,培养精益求精的工匠精神和经世济民的责任与担当,为后续专业学习打下良好基础。

2. 以"大任务"树立宏观格局和全局意识

本书按照完成一次当众演讲的逻辑结构的"大"任务设计项目一、项目二的 9 个任务;按照进入职场、融入职场、绽露职场的"大"任务设计项目三、项目四、项目五的 9 个任务和项目六的 3 个任务。以"大任务"理念建构教材内容,不仅加强了学校和职场、演讲和职场内容上的内在联系,而且帮助学生树立了大格局的宏观全局意识。

3. 以"一核心、五维度、九要、九心、三前行"落实文化素质培养

"五维度"对应"口语表达者的素质与修养",塑造"人",传递正能量;"九要"将思想政治感受融入中国青年"我"的视野,对应项目一、项目二的演讲全过程;"九心"将青年一代如何在职场中做事做人,即从"我"到"我们"

的进阶紧密结合,对应项目三、项目四、项目五;"三前行"将职场中"我"晋级与升迁的关键节点理出,协助青年们在职场中脱颖而出,对应项目六。多层立体的思政体系与本书内容一一对应,通过情景案例学习、模拟实践等实践性、体验性活动的融入方式,引导学生积极参与思想政治教育实践。

4. 以"四环三单"实现微观落地和全面提升

本书以学生为主体,设定"四环三单"任务学习的编写结构,每一任务明确一个现实生活中(演讲/职场)的具体任务,确定该任务进阶的具体环节——目标—任务—活动—评估(四环),并在"四环"中以预学单、共学单、续学单(三单)明确该任务的知识和技能,形成立体交错的学习模式。"四环三单"可增强学生对演讲或职场具体任务的感受力、参与感以及完成任务的成就感,助力学生提升职业素养、提高职业能力、树立正确的价值观。

5. 线上课程资源完整成熟,利教便学

本书配有职业教育国家在线精品课程(https://www.xueyinonline.com/detail/236306144),与全书内容相匹配、全覆盖,内在逻辑合理,完整精练。线上视频、文档、测验、动画、图片等课程资源类型丰富、与时俱进、定期更新,能够满足教师教学和学习者自主学习需求,做到能学辅教。同时,部分数字化教学资源以二维码形式提供在相关内容旁,供读者扫描获取,为学习者自主学习提供有力保障,实现教学资源信息化。

由于本书涉及内容较多,加之编者水平有限,书中难免存在不足之处,恳请读者提出宝贵意见和建议。

编　者

2023 年 11 月

➤ "五维度"

口语表达者的素质与修养

——社会主义核心价值观、民族精神、时代精神、道德修养、法治
修养 / **001**

➤ "九要"

项目一　演讲核心技能训练 / 005

　　任务一　选题立意训练——"我"要担当时代责任 / 007

　　任务二　搭建框架训练——"我"要树立大局意识 / 019

　　任务三　故事表述训练——"我"要讲述中国故事 / 030

　　任务四　演讲写作训练——"我"要书写美好未来 / 041

　　　　（一）材料与语言 / 041

　　　　（二）写作结构 / 058

项目二　演讲辅助技能训练 / 079

　　任务一　演讲互动训练——"我"要勇于砥砺奋斗 / 081

　　任务二　克服紧张训练——"我"要锤炼品德修为 / 096

　　任务三　演讲声音训练 ——"我"要笃信工匠精神 / 107

　　　　（一）吐字清晰 / 107

　　　　（二）以声传情 / 121

　　任务四　肢体语言训练——"我"要发现自己的力量 / 137

　　任务五　演讲演示制作——"我"要为强国增光添彩 / 148

▶ "九心"

项目三 职场基础口才技能训练 / 163

    任务一 面试口才训练——让"我"以有恒之心展奋斗之意 / 165

    任务二 社交口才训练——让"我"以真诚之心成融洽之意 / 178

    任务三 会议口才训练——让"我"以精益之心达圆满之意 / 191

项目四 职场专项口才技能训练 / 205

    任务一 销售口才训练——让"我"以敬业之心达诚实之意 / 207

    任务二 新媒体口才训练——让"我"以公平之心达分享之意 / 222

    任务三 谈判口才训练——让"我"以双赢之心达合作之意 / 233

项目五 团队沟通口才技能训练 / 249

    任务一 有效沟通口才训练——"我们"以认同之心达互助
        之意 / 251

    任务二 内部沟通口才训练——"我们"以热忱之心成和谐
        之意 / 263

    任务三 外部沟通口才训练——"我们"以协同之心达共进
        之意 / 274

▶ "三前行"

项目六 职场演讲技能训练 / 287

    任务一 竞聘演讲训练——"我"以守正创新前行 / 289

    任务二 就职演讲训练——"我"以踔厉奋发前行 / 302

    任务三 述职演讲训练——"我"以竭诚奉献前行 / 314

主要参考文献 / 329

口语表达者的素质与修养

——社会主义核心价值观、民族精神、时代精神、道德修养、法治修养(五维度)

在当下这样一个注重交流、合作与效率的社会,能否拥有和谐的人际关系,争取更好的职场发展机会,或是展现自我非凡的领导力和号召力,一定程度上都取决于口语表达能力的强弱。一个优秀的口语表达者在与人沟通、交流时,不仅要"言之有物",更要传递出正确的人生观、价值观,传递出积极向上的力量。

一、将"五维度"融入口语表达者的思想

作为一名传递正能量的口语表达者,需要将社会主义核心价值观、民族精神、时代精神、道德修养和法治修养内化于心,融入思想、气质、品格。简言之,优秀的口语表达者需要有较高的思想道德文化修养。

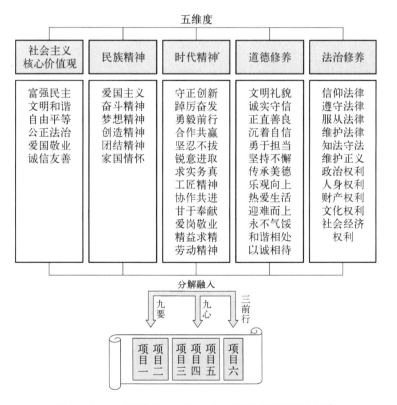

口语表达者
的素质与
修养

图 0-1-1 "五维度、九要、九心、三前行"课程思政元素

这样你无论是在当众演讲时,还是在职场沟通中,都会展现出诚信友善、和谐文明,或者是团结奋斗、开拓进取,或是爱岗敬业、遵纪守法等思想品格。"言为心声",思想的光芒会让你的表达显得字字珠玑。

二、口语表达者的六种基本素质和能力

口语表达能力是一个人的涵养、才智和本质的外在体现,有了思想的涵养与滋润,口语表达者在传递正能量时,还需要具备哪些素质和能力呢?

1. 在控制场面方面,要求具有把握说话内容方向的能力

在演讲时,我们如何巧妙控场

有一次,一位知名主持人在一家书店演讲,演讲正式开始后,他发现有很多人用手机不停对着自己拍照,他感觉受到了干扰,于是犀利且幽默地提醒道:"站在你们面前的大活人,你们不看,非要在手机里看,像在动物园看见了猴子。我的确属猴,但是拍完了,如果您想留下,就请您把手机收起来。我们本来可以聊50元的,如果大家一直拍照,就只能聊10元的了。"

提示: 案例采用的是插科打诨、谐谑解颐的控场方式。

2. 在控制情绪方面,要求具有调整现场氛围和控制情绪的能力

如何有效地调整氛围和控制情绪

下班高峰期,公交车上人多,这时上来一位带小孩的妇女。公交司机摁下让座的按键,"请给老弱病残孕及带小孩的乘客让座",播报了两遍也无人响应。公交司机从后视镜中看了看坐在窗口处的几位青年乘客,提高嗓音:"抱小孩的女同志,请您往里走,靠窗口的几位小伙子都想给您让座,可就是没看见您。"话音刚落,"呼啦"一声,几位小伙子都不约而同地站起来让座。这位女同志坐下之后,只顾喘气定神,没顾上道谢,让座的小伙子面有冷色。公交司机看在眼里,心里明白,说:"小朋友,哥哥给你让个座,你还不谢谢哥哥?"一语提醒了那位妇女,她连忙拉着孩子说:"快,谢谢哥哥!"青年听到小孩道谢,脸色由冷变喜,连声说"不客气"。

提示: 案例中公交司机的两次提醒,极富语言智慧,既理解人的合理需求,又保护人的自尊心,显示了在语言环境中的主导能力。

在生活中和职场中,口语表达者都要善于调整语言气氛,在表达中发挥主导作用,以达

到口语表达的预期目的。无论遇到什么情况,我们都要善于控制自己的情绪。

你可能会说:"我就是很生气,怎么控制情绪?"

请记住这三句话:"算了吧""不要紧""会过去"。"算了吧",是"恕"字待人,恕己恕人;"不要紧",人之谤我也,与其争辩,不如能容,人之侮我也,与其能防,不如能化;"会过去",怒不过夺,喜不过予。碰到一些不知礼节、分寸的成年人,我们也只能告诉自己"不要紧",用巧妙的方式化解掉,想象"人生不如意十有八九",我们要学会控制情绪,告诉自己一切都会过去的。

与人沟通时,我们一定不要总把负面情绪挂在脸上,这会极大地影响沟通效果,情绪的影响甚至会超过沟通的内容的影响。控制一些不良情绪,用好的心态对待身边的人,你就会拥有融洽的人际关系。

3. 在思维能力方面,要求具有较好的形象思维和逻辑思维的能力

思维是人脑的特有功能,与口才有着极为密切的联系。

人在没有找到恰当的话语表达时,具体思维内容是交织在一起、模糊一团的,没有次序,分不出条理。

要把思维变成话语,就要在大脑中寻找恰当的词语组成语言,这时候生动风趣的语言所需要的形象思维能力,或者严密清晰的语言所需要的逻辑思维能力就会发挥作用。演讲也好,职场沟通也罢,口语表达者都需要有较好的形象思维和逻辑思维的能力。所以要想在口才活动中取得良好效果,不能光在语言上下功夫,还必须进行思维训练。下面介绍两个思维能力训练的方法。

(1) 训练方法一:将自己熟悉的三位同学的特点(2~3 个)分别介绍给大家,介绍特点时,各用一个具体生动的例子来说明。

(2) 训练方法二:阅读一篇文章或者一则新闻报道,梳理思路,层次清晰地介绍给大家。

4. 在文化修养方面,要求具有较好的思想文化、道德文化、艺术文化等修养

问题:如何提高口语表达者的思想文化修养?

(1) 有正确深刻的思想认识。思想是一个人的灵魂,一个演讲者应具备超过一般人的思想认知。平时要多学习、勤思考,关注时事、社会热点,经常参与各种形式的思想交锋,以提升自己思维的敏锐性。

(2) 有广博的学识见闻。演讲者占用了听众的时间就必须讲听众想听、愿听的内容。广泛阅读,扩大知识面,对新鲜事物经常保持孩童般的好奇心,才能成为在台上站得住的演讲者。

(3) 品德高尚。言为心声,听众从言语中可以感受到演讲者道德水平的高低,而听众对演讲者道德水平的判断会直接影响演讲效果。在日常生活中,要时刻提醒自己努力做一个道德高尚的人。

(4) 性情优良。优良的性情给人好感、受人欢迎。必须对自己的性情特征有清醒的认识,做到扬长避短,不断修身养性、完善自我。

5. 在心理素质方面,要求具有较成熟的心理素质

问题:口语表达者从哪些方面可以进行心理素质训练?

口语表达者在平时需要进行增强自信的训练、坚韧性格的训练、真诚品格的训练,以及克服紧张的训练。下面向大家介绍几种常规的心理素质训练。

(1)积极心态自我暗示:每天清晨默念 3 遍"我一定要最大胆地发言,我一定要最大声地说话,我一定要最流利地演讲。我一定行! 今天一定是幸福的一天!"

(2)微笑和仪态训练:结合演讲时的仪态和手势,每天在镜前练习微笑至少一分钟。

(3)胆量和自信练习:尝试在与人交流时间隔性地正视对方的眼睛,锻炼胆量,养成自信和沉稳的心态。

6. 在应变能力方面,要求具有较强的临场应变反应能力

在口头交流活动中,我们时常会遇到意想不到的情况或局面,需要我们迅速反应,快速组织语言,以摆脱窘态,变被动为主动。机巧应变是一种即时的、即兴的反应,是一种对环境有极强适应性的表现。较强的应变能力无疑会保证演讲者掌握口语表达的主动权。

撒贝宁的"妙对"

有一次在《开讲啦》节目的互动环节中,有位高中生代表向嘉宾提问时说:"在我的印象里,高中生活是老师把知识讲给你,你回去背、回去记,就是一种'背多分'的状态,背得越多分越高。那大学又如何? 我们最该做什么呢?"在嘉宾回答完问题后,撒贝宁总结:"回去可以告诉你的同学,如果高中是'背多分',那么大学就是'磨扎特':磨砺自己的学习方法,扎扎实实做好你的学问,培养自己的特质,所以叫'磨扎特'。"

分析:撒贝宁以"磨扎特"(莫扎特)对"背多分"(贝多芬),是谐音联想的机智反应,口才的应变能力极强。口语应变能力的练就非一日之功,需要不断实践、多积累,方能妙语连珠、出口成章。

口语表达者在沟通中还需考虑客体因素。考虑口语表达对象的心理差异、年龄性别差异、文化教养差异、职业地位差异;考虑口语表达环境,包括社会环境、场合环境、人际关系环境、实践环境等。

"射箭要看靶子,弹琴要看听众。"口语表达者要充分考虑表达对象的心理状况、表达对象的价值观、情绪状态和不同的类型以便选择有针对性的内容;同时还要注意表达内容与特定的表达环境相适应,"到什么山上唱什么歌",巧妙利用表达环境增强表达效果。

项目一
演讲核心技能训练

任务一　选题立意训练——"我"要担当时代责任

任务二　搭建框架训练——"我"要树立大局意识

任务三　故事表述训练——"我"要讲述中国故事

任务四　演讲写作训练——"我"要书写美好未来

按照完成一场当众演讲的内在逻辑,本书设计项目一"演讲核心技能训练"、项目二"演讲辅助技能训练";结合习近平在纪念五四运动 100 周年大会上的讲话、党的二十大和"两会",提炼出"九要"颂青春(项目一、项目二),将思想政治真实感受融入中国青年"我"的视野,贯穿演讲全过程。

项目一的选题立意训练、搭建框架训练、故事表述训练、演讲写作训练(材料与语言、写作结构)四个任务旨在培养完成当众演讲的核心技能。

任务一　选题立意训练
——"我"要担当时代责任

指导表

表 1-1-1　"四环三单"学习指导表

项目名称		项目一　演讲核心技能训练		任务名称	任务一　选题立意训练
学习过程 四个环节	目标	素质目标	1. 激发选题立意的意识,培养演讲时的开阔思维 2. 关注现实,勇于担当,珍爱生命 3. 懂得在现代化的新征程中要有时代责任的担当		
		知识目标	1. 了解选题的基本原则 2. 了解立意创新的三种方法 3. 掌握选题立意的相关知识,增强演讲表现效果		
		能力目标	1. 能够运用具体选题原则和立意方法,完成一次演讲中选题立意的任务 2. 能够借助演讲选题立意的方法,提高思考的能力		
	任务	任务描述	背景与情境:如果单位让你参加"喜迎二十大,奋进新征程"主题演讲活动,在选题立意方面,你该怎么做?		
		预学单	1. 阅读"知识充电站"或观看线上课程视频(2选1) 2. 阅读演讲稿或观看演讲视频(2选1) 3. 搜集真实演讲比赛资料(必做)		
	活动	共学单	1. 案例分析——激活深化		
			2. 视频对比——关联转化		
			3. 完成我的主题演讲选题——迁移应用		
	评估	自我评估	测测你的演讲选题立意能力		
		续学单	1. 知识测试 2. 能力实操 3. 拓展提升		

目　标

学会演讲中选题立意的技巧

选题是演讲的第一步。

选题没有确立,演讲者要么不知道该说什么,要么什么都想说,但什么都说不清楚。那么,我们该怎样确定选题呢? 我们可以优先选择自己熟知又急于分享、听众乐于接受的选题,"感人心者,莫先乎情",演讲者只有对自己的选题充满了"情",才可能让听众产生强烈的"感"。

立意是演讲者对选题的主观感受,是对演讲主题的把握。立意别具一格,你的演讲就会脱颖而出。

通过运用选题立意的原则和技巧,确定有自己风格的演讲选题,在情境学习和训练中,实现下列目标。

素质目标:通过学习选题立意的原则和技巧的知识与技能,养成选题立意的意识,培养演讲时的开阔思维;关注现实,勇于担当,珍爱生命;懂得在现代化的新征程中要有时代责任担当。

知识目标:通过学习选题立意的原则和技巧,能够叙述选题的基本原则和立意创新的三种方法等。

能力目标:通过案例分析、视频分析、完成我的主题演讲选题三个活动的训练应用,培养运用选题立意的技巧知识增强演讲表现效果的能力。

任　务

完成一次主题演讲活动的选题立意

如果单位让你参加"喜迎二十大,奋进新征程"主题演讲活动,那么你在选题立意方面必须明确以下问题:

1. 选题有哪些原则和方法?

2. 怎样选题?

3. 立意是演讲的灵魂,怎样才能使我的观点更吸引人?

 小贴士

"当代中国青年生逢其时,施展才干的舞台无比广阔,实现梦想的前景无比光明。"

——党的二十大报告

预 学 单
（学习改变思维 训练改变行为）

表 1-1-2 预学单

序号	预学内容	预学要求	拓展要求	评价(15%)	备注
1	阅读"知识充电站"	运用思维导图整理知识要点,完成线上达标测验	思考从阅读中收获了什么	课程平台评价。依据问答评价	2选1
2	观看线上课程视频	结合视频内容提出你最关注的一个问题。完成线上达标测验	可以在关注的问题后面附上原因	课程平台评价。依据问答由老师进行评价	
3	阅读演讲稿《阅读与人生》《好的改变不嫌晚》	结合阅读的内容,谈谈在选题立意方面对你有什么启发	可以在阅读启发后附上自己的一些感想和体会	依据每一位同学总结的启发内容和感想体会,由老师进行评价	2选1
4	观看演讲视频《我们这一代》《后浪》《三代人的初心》	"我"要担当时代责任,在视频中是如何体现的? 摘录2~3处对你有启发的内容	思考中国青年的时代担当是怎样体现的。整理500字左右的文字资料	依据每一位同学回答问题的质量,由老师进行评价	
5	搜集真实演讲比赛资料	选择一个最喜欢的推荐给你所在的学习小组,并上传至课程教学平台	可附上推荐理由。收集党的二十大报告内容(整理个人最关心的两个问题)	依据每一位同学上传资料的质量及推荐理由,由老师进行评价	必做

说明:1. 本次预学内容由学生个人完成(可以是其中的一项或几项)。
　　　2. 评价占比15%(3项各占5%),评价方式依学习方式定。

 知识充电站

　　知识是能力形成的基础,学习"应知""应备"的知识,是提高能力训练效果的重要前提。"知识充电站"明晰了演讲选题立意的原则和技巧。

选题立意
训练(1)

一、选题是演讲的第一步

　　选题是演讲准备的第一步。对于不指定话题的演讲任务,你的选题范围就十分广泛。

无论选题范围大小,演讲选题一般都应遵循以下原则。

(一)选自己熟悉擅长的

自己最熟悉也最容易把控的就是自己的学识和经历,且便于做深入分析。回想一下自己的所见所闻,自己不同寻常的经历和感受或者是掌握的新知识、新技能,总有值得在演讲中分享的。

2020 年央视主持人大赛(新闻类)选手邹韵在个人 3 分钟展示中,选择了"发声"这个主题,既自然地展示出她九年的记者经历,又从为自己发声、为职业发声、为中国发声三个层面阶梯式地阐述出她对职业的深深认同感,自己扎根中国,在国际化语境为中国发声而不断努力,加之内容充实、情感充沛、主题清晰,是一个优秀的个人展示范本。

这一点,我们也可以从一位专业演讲者的一段话里找到依据。

"我们要相信自己也可以成为优秀的演讲者。如果你是科学家,那就做科学家,而不是试图成为活动家;如果你是艺术家,那就做艺术家,不要试图成为学者;如果你只是一个普通人,不要试图模仿大学者的风范,只要做你自己就好。"

要坚信:你的演讲"只要做你自己就好"。

(二)从社会焦点、热点中择取

针对社会事件、热点人物有感而发的演讲,若能发表真知灼见,一定能取得成功。这种选题,需要演讲者前期收集大量的感性材料,结合立意确定醒目的演讲主题,吸引听众。

(三)根据已给出的范围确定选题——命题演讲

一般的命题演讲会给定演讲的主题范围。比如"青春献礼二十大,砥砺奋进新征程"主题演讲,这就需要从宏大的主题中择取一个小的切入点,确定演讲主题。

除此之外,我们还可以在自己比较感兴趣但又需要做一定准备的领域选题。

演讲选题还需精准定位听众需求,考虑听众人数、性别、比例、文化背景和知识结构等。选题要适合演讲场合和时机,传递积极向上的力量。

二、你的第一次演讲,怎么选题

我们的第一次演讲一般不外乎两种状况,一种是命题演讲,这种情况往往是参加比赛,另一种就是你有想表达的话题急于分享。

(一)命题演讲如何选题

如果是第一种"命题演讲",那么怎么选题?以"青春献礼二十大,砥砺奋进新征程"主题演讲为例,看看可以从哪些角度出发进行选题。

1. 人生观

生逢盛世,当立鸿鹄之志,拥抱新时代、奋进新时代,砥砺前行。

奋斗是青春的底色,人生会因奋斗而升华。"我"要把奋斗写进同心筑梦的拼搏里。

> **小贴士**
>
> "士不可以不弘毅,任重而道远。"
>
> ——《论语》

结合党的二十大,引出"我"的青春之花一定要绽放在强国建设最需要的地方。如"让青春之花开在强国建设的花园里"。

2. 价值观

一代人有一代人的长征,一代人有一代人的担当。

我们这一代要接过强国建设、民族复兴的接力棒。"我"要在这一棒中跑出自己的光彩。

青年要在自己的岗位上发光发热,竭诚奉献,勇毅前行,为中华民族伟大复兴贡献青春力量,如"竭诚奉献,跑好我的这一棒"。

> **小贴士**
>
> "立志做有理想、敢担当、能吃苦、肯奋斗的新时代好青年。"
>
> ——党的二十大报告

3. 家国情怀

中华文明历经数千年,能生生不息,历久弥新,与深植于中华民族灵魂和血液中的家国情怀密切相关。"修身、齐家、治国、平天下""为天地立心,为生民立命,为往圣继绝学,为万世开太平"。

浓厚的家国情怀和强烈的社会责任感始终扎根在每一个中国人心里。

赓续深入骨髓的精神命脉,结合党的二十大,引出投身新征程、奋进新时代,为强国建设、民族复兴添砖加瓦,增光添彩,如"强国勇担当,青春献祖国"。

还可从职业观切入,如"奋斗是青春最好的底色——土特产的营销实践"。

(二)选择有意义的主题分享

如果你的第一次演讲不是命题演讲,那么你一定要选择自己有把握的、非同寻常的个人经历或者是自己熟悉的人的事来分享,确定的主题要单一,不要过于庞杂,这样演讲时你就会充满自信。

小练习

怎样选择话题——头脑风暴式

对应要求填写表1-1-3。填写时天马行空,脑子里想到什么就填上什么,别管它看起来多么可笑。

表1-1-3　头脑风暴练习

人物	地点	事物	事件	过程	概念	自然现象	问题	计划与对策

可能你会得到一张类似于表1-1-4的表。

表 1 - 1 - 4 头脑风暴练习示例

人物	地点	事物	事件	过程	概念	自然现象	问题	计划与对策
青年	古县城	手机	毕业	出门玩	电商	蓝天白云	不知道干什么	资源循环利用
家人	家乡	土特产	农业农村现代化	梦想	乡村振兴	青山绿水	找工作	自主创业

有一位同学在寻找"青春献礼二十大,砥砺奋进新征程"主题演讲选题时,就是在填写上表时,从"青年—电商—乡村振兴"联想到自己曾参与的直播带货经历,确定了"奋斗是青春最好的底色——土特产的营销实践"的题目。这种选题方法是头脑风暴式的个人盘点、聚类思考。

三、立意是演讲的灵魂

选题立意
训练(2)

演讲立意贵在创新。

立意是演讲者对选题的主观感受,是对演讲主题的把握。立意是演讲的"灵魂",立意立得好,想要表达的观点才能吸引人。

在立意方面,我们如何创新? 可以从求新、求奇、求深入手。

(一) 立意求新

立意求新,就是用独到的眼光和思维,发掘材料蕴含的意义。"阅读与人生"的标题就很容易落入老生常谈的演讲俗套,但作者立新:创造力的缺乏源于人们太在意去做"有用"的事(如升官、发财、出名),而"无用"之事(如阅读诗歌等文学作品)才能激发创造力。

(二) 立意求奇

立意求奇,就是不落俗套而又能给人出乎意料的感受。"'笨'向未来"立意奇:规劝父母让孩子们"笨"一点,"笨笨"地等红绿灯过马路,"笨笨"地做餐馆老板,不使用地沟油,"笨笨"地遵守企业排污标准……与通常渴望孩子聪明些、再聪明些的愿望截然不同。他希望孩子们淳朴善良地"笨"向未来。

(三) 立意求深

立意求深,就是以小见大,从小事中发掘出蕴含深刻思想和意义的主题,给人回味与启迪。"好的改变不嫌晚",作者立意深:用自己两次报考的故事,感谢母亲对自己成功的帮助,且注重升华,表达了"好的改变,什么时候都不嫌晚"这一具有普遍意义的深刻哲理,令人深思。

　　平时,我们还可以多关注一些和演讲相关的电视节目或网络视频,多观摩、多揣摩。你会发现别人演讲的选题立意可能会给你许多启发。

小贴士

　　"青年之文明,奋斗之文明也,与境遇奋斗,与时代奋斗,与经验奋斗。"

——李大钊

小对比

《我们这一代》与《后浪》

　　这两个演讲都是在 2020 年 5 月 4 日为"五四"青年节专门发表的演讲。一个站在年轻人的角度,一个站在过来人(中年人)的角度,选题相同,但角度不同,立意也不一样。《我们这一代》为年轻人发声,说年轻人虽有迷茫但想参与时代,表达自我,有自信成为更具创造力的青年,未来十年,会跑好属于自己这一代的这一棒。《后浪》则是对年轻一代满怀羡慕、敬意与感激,最后发出"奔涌吧,后浪""我们在同一条河流奔涌"的呼声。两种演讲风格不同,年轻人内敛沉稳,中年人情感恣肆,但都给人向上的力量。

　　多看看别人演讲的选题和立意,会发现演讲者都是从自己擅长的内容入手,讲自己真切的感受。

　　演讲的选题立意应遵循的原则如下:① 选自己喜欢、擅长的;② 关注听众需求、背景;③ 确定时机、场合;④ 择社会热点、焦点;⑤ 传递积极向上的力量;⑥ 立意求新颖深刻。

实践应用角

　　知识的价值只有在实践中才能得到证实。作为学习者,我们需要将从"知识充电站"获得的新知,在真实的演讲案例的分析解读中"激活";在比对观测中明辨选题立意,"站稳自己",有自己的风格,有新意,够亮眼;更需要在真实的任务情境中实践应用,只有将获得的新知与技能融入特定的演讲任务,我们才算真正掌握了选题立意的本领。

　　在共学单的 3 个"活动"中,设有进阶性的活动内容,具体如下:

　　有思,活动一——案例分析;

　　有辨,活动二——视频对比;

　　有行,活动三——主题演讲选题的实践应用。

　　"凡是在理论上正确的,在实践上也必定有效。"

小贴士

　　"博学之,审问之,慎思之,明辨之,笃行之。"

——《中庸》

活动

共 学 单
（学习改变思维 训练改变行为）

表 1-1-5 案例分析活动

活动内容	活动一：案例分析	
	每个有职业感的人，都是超级英雄 大家好： 　　2018 年 5 月 14 日，川航 3U8633 从重庆起飞，终点站是西藏拉萨。 　　这是一条高原航线，平均海拔在 4 000 米以上，有大风大雪、雷雨乱流，曾被国际民航界认为是禁飞区，很难飞。起飞半个小时后，飞机已经来到近万米高空。"砰"的一声，飞机驾驶舱正前方的玻璃突然爆裂，坐在位置上的副机长差点整个人被吸出去，整个机身开始失控，飞机剧烈抖动。当时空姐正在给大家发航空餐，"粥都洒出来了，有的乘客摔倒了，还有一位空姐飞了起来"。 　　驾驶舱面临的情况更加惨烈：在 9 000 米的高空，挡风玻璃突然爆裂，舱内高压瞬间释放，耳膜因为压力差巨变而产生剧痛。还有噪声，巨大的噪声震耳欲聋，舱内温度也很低，海拔每上升 100 米，气温就会下降 0.6 摄氏度。9 000 米的高空，气温接近零下 40 摄氏度，刘传健机长说："手很快就冻僵了。"设备仪器损坏，自动操作系统几乎失灵。更可怕的是，飞机时速 800 千米，迎面而来的狂风能把人的脸吹扭曲，我们无法想象那是一种怎样的情况，但你可以看看人脸在 140 千米时速的大风下的样子，再想象当时川航机长面临的情况有多恶劣。足以撕裂肉身的狂风，足以冻裂手足的低温，足以压破耳膜的压力差，再加上设备失灵，任何一项因素都足以引发重大灾难。 　　但就是在这样的情况下，机长手动操作飞机，仅靠目视，仅凭经验，把飞机安全降落在了四川成都，用时 20 多分钟，这是惊心动魄、命悬一线的 20 多分钟！了不起的川航机长！了不起的全体机组人员！降落之后，记者采访机长刘传健："返航过程中，您有没有关注自己的身体状况？"刘传健说："当时我只关注能不能把飞机安全操作下去，无法关注自己的身体状况。"也就是说，即使在那种恶劣的状况下，即使耳膜剧痛，身体冻僵，他的注意力也丝毫不在自己身上，他只关注一件事："我要安全地把飞机开回去。" 　　有人称他是英雄，网络上也有无数鲜花和掌声、无数赞美之词。但刘传健机长只说了一句话："职责所在。"这大概是我今年到目前为止听到的最动人的一句话，不是因为他是机长，也不是因为他把飞机安全开回来了，而是因为他在用生命践行职责！他知道自己的职责关系到很多个家庭，他要对这几百人的安全负责；他知道自己的职责关系到川航公司的声誉，他要对自己的公司负责；他知道自己的职责关系到身边同事和与他同机组的乘务人员的生命，他也要对他们负责。"职责所在"，简简单单四个字，但这位川航机长诠释了其真正的厚度。 　　如今，很多人听到"职责所在"也许会嗤之以鼻，但有人相信这句话，把职责当成自己的信仰，用自己的青春、汗水，甚至生命，践行这四个字。当你对一份工作肃然起敬，充满职业感时，就值得被敬仰与尊敬。越是平凡之事，越有不平凡的伟	**社会角色** 立足 职业岗位 服务 国家社会 **个体角色** 担当 时代责任 提升 生命价值 完善自我

续　表

	活动一：案例分析	
活动内容	大。不光是他们，我们每一个平凡而普通的人都是一样的。每一个有职业感的人，都是超级英雄！ 　　谢谢大家！ 　　（资料来源：国馆，《每个有职业感的人，是超级英雄》，有改动） **思考问题：** 　　1. 这篇演讲稿在选题立意方面有什么可取之处？ 　　2. 观看《开讲啦》或电影《中国机长》，你想和大家交流什么？请梳理思路，条理清晰地表达。	
活动实施	1. 小组讨论分析案例。 　　个人：分析演讲选题立意的思路，体悟演讲者的情感。 　　小组：倾听交流（注意倾听、表达的礼仪）。 2. 小组将讨论意见汇总，录制讨论过程，上传至课程平台"主题讨论"或"班级群"。 3. 参与课程平台主题讨论。 4. 也可汇总意见后，以小组为单位进行现场汇报。	信息处理 　能力 团队合作 　能力 口头表达 　能力
考核评价	**方式一(线上考核评价)：** 1. 参与"主题讨论"活动时获取课程积分，还可在课程分数权重项设置中获得"讨论"项分值； 2. 主题讨论词云投屏，教师点评。 **方式二(线下考核评价)：** 1. 小组现场汇报后，互评、教师点评。 2. 填写活动评价表。	

说明：1. 活动时长 30 分钟，分值 20 分，教师可根据实际进行调整。
　　　2. 可根据实际选择活动形式。
　　　3. 可根据活动形式调整考核评价方式。

表 1-1-6　视频对比活动

	活动二：视频对比	
活动内容	1. 观看《细数美丽毛家湾》《左家湾的记忆》以及《专家点评》，比对命题演讲中选题立意的不同。 2. 观看《我们这一代》《后浪》，比对这些演讲在选题立意方面的不同。 3. 各小组将每人搜集到的真实演讲比赛资料进行分享，分析不同的演讲内容在选题立意方面的技巧使用方法。 （3 选 1，也可各小组领取不同任务）	**社会角色** 立足 职业岗位 服务 国家社会 **个体角色** 担当 时代责任 提升 生命价值 收获 人生幸福

	活动二：视频对比	
活动实施	1. 小组讨论分析案例。 　个人：分析演讲选题立意，体会演讲者不同的选题角度。 　小组：倾听交流（注意倾听、表达的礼仪）。 2. 小组将讨论意见汇总，录制过程，上传至课程平台"主题讨论"或"班级群"。 3. 参与课程平台主题讨论。 4. 也可汇总意见后，采用小组现场汇报的形式。	信息处理能力 团队合作能力 口头表达能力
考核评价	方式一（线上考核评价）： 1. 参与"主题讨论"活动时获取课程积分，还可在课程分数权重项设置中获得"讨论"项分值。 2. 主题讨论词云投屏，教师点评。 方式二（线下考核评价）： 1. 小组现场汇报后，互评、教师点评。 2. 填写活动评价表。	

说明：1. 活动时长 20 分钟，分值 20 分，小组汇报可适当延长活动时间，教师可根据实际进行调整。
　　　2. 可根据实际选择活动形式。
　　　3. 可根据活动形式调整考核评价方式。

表 1-1-7　完成我的主题演讲选题活动

	活动三：完成我的主题演讲选题	
活动内容	**背景与情境：** 　　如果要你参加"喜迎二十大，奋进新征程"主题演讲活动，在选题立意方面，你的主题演讲题目会是什么？	**解决问题**
活动实施	1. 梳理预学单中收集的党的二十大的资料。 　个人：找出自己的关注点。 　小组：成员分享。 2. 观看各种官方媒体上与党的二十大相关的主题演讲比赛。 3. 结合个人经历身份与社会关注点，思考自己的演讲选题。 4. 若能确立选题，小组汇总；若不能确立选题，课后思考上报。	信息处理能力 解决问题能力
考核评价	教师根据各小组上报的选题以及活动表现，填写活动评价表。	

说明：1. 活动时长 20 分钟，分值 20 分，教师可根据实际进行调整。
　　　2. 可根据实际调整活动形式。
　　　3. 可根据活动形式调整考核评价方式。

选题立意训练评价表

班级：　　　　　姓名：　　　　　日期：　　年　　月　　日

表 1-1-8　选题立意训练评价表

项 目	评 价 标 准	分值	学生自评(30%)	小组互评(30%)	教师评价(40%)	小 计
素养培养	能以细致、严谨的态度参与实训活动，在实训活动中积极参与，善于合作，友好沟通	10				
	在实训过程中表现出精益求精的职业品质，能主动提出富有新意的观点	10				
	能够结合选题立意的技巧，认识选题立意在撰写演讲稿中的重要性，择取优质素材的意识强	10				
知识应用	在小组活动中能够准确陈述选题立意的技巧	10				
	在班级陈述中能够正确运用选题立意的理论知识陈述本组观点	10				
能力提升	能够将所学的选题立意的技巧运用到实训任务中，学以致用	10				
	结合具体的演讲任务，运用选题立意的技巧对具体的演讲任务进行分析	10				
项目成果展示	能够独立完成选题立意的任务，在活动中能主动提出问题、解决问题	10				
	在活动中汇报表达自如流畅，语速得当	10				
	项目成果能与时事结合紧密，体现家国情怀和时代担当	10				
合 计		100				

自测袋袋库

学习者如何评价自己的学习效果?"评估"是对自己学习收获的一个总结,可以完成自我观察,及时了解学习的成果,品尝获得能力提升的成就感,鼓舞学习热情。如有错误、不足,要提醒自己及时修正和补充。

评估:测测你的演讲选题立意能力

续　学　单
(学习改变思维　训练改变行为)

表 1-1-9　续 学 单

序号	续学内容	必做要求	拓展要求	评价(15%)	备注
1	知识测试:高阶测验	在线上课程平台完成	查找线上同类课程相关内容,进行练习	线上平台评价。可与预学单的达标测验对比,由老师评价	必做
2	能力实操:主题演讲选题	继续完成活动三主题演讲的选题任务	关注最新的真实演讲比赛视频,观看3~5位比赛选手的演讲	完成评价表中的小组自评、小组互评项目。依据拓展内容完成情况,老师进行增值性评价	必做
3	拓展提升:归纳职场主题演讲赛的选题规律	搜集职场演讲视频,汇总提交	整理汇编成班级喜爱的演讲视频目录	依据归纳的职场主题演讲赛的选题规律,老师视班级编辑情况与水准,予以总结性点评	必做

说明:1. 本次续学内容由学生个人完成。
　　　2. 评价占比10%(1项占5%,2项成绩记在活动三,3项占5%)。

评价要项占比及分值(参考)

表 1-1-10　评价要项占比及分值(参考)

要项	签到(5%)	预学单(15%)	共学单(60%)	评估(10%)	续学单(10%)	备注
分值	5分	15分(3项)	60分(3项)	10分	10分(2项)	

任务二 搭建框架训练
——"我"要树立大局意识

指导表

表 1－2－1 "四环三单"学习指导表

项目名称		项目一 演讲核心技能训练	任务名称	任务二 搭建框架训练
学习过程 四个环节	目标	素质目标	1. 激发逻辑性表达的意识,培养表述时良好的大局思维,精益求精、一丝不苟地构建演讲框架 2. 关注现实,精益求精,培养工匠精神 3. 懂得在现代化的新征程中要树立大局意识	
		知识目标	1. 了解搭建演讲框架之一——亮明观点的实际应用 2. 了解搭建演讲框架之二——表述逻辑的结构形式 3. 掌握搭建框架的相关知识,增强演讲表现力	
		能力目标	1. 能够运用亮明观点、选择合适的结构形式的方法技巧,完成一次搭建演讲框架的任务 2. 能够借助搭建演讲框架的方法,提高思考能力	
	任务	任务描述	背景与情境:如果单位让你参加"喜迎二十大,奋进新征程"主题演讲活动,在演讲表述方面,你该如何搭建框架?	
		预学单	1. 阅读"知识充电站"或观看线上课程视频(2选1) 2. 阅读演讲稿或观看演讲视频(2选1) 3. 搜集真实演讲比赛资料(必做)	
	活动	共学单	1. 案例分析——激活深化 2. 视频对比——关联转化 3. 完成我的主题演讲的框架搭建——迁移应用	
	评估	自我评估	测测你的搭建演讲框架的能力	
		续学单	1. 知识测试 2. 能力实操 3. 拓展提升	

目 标

学会搭建演讲框架的技巧

完成了选题立意的学习,接下来我们就得考虑演讲的框架结构了。搭建演讲的框架其实就是梳理好演讲的表述逻辑。

"亮明你的观点"是搭建演讲框架的第一步。观点不明,表述逻辑必定混乱。在亮明观点之后,就要思考演讲的表述结构层次了。"表述逻辑的结构"是搭建框架的第二步。

演讲的框架搭建得好,听众就可以轻松地捕捉到你演讲的核心内容和信息。

通过运用搭建框架的原则和技巧,确定有自己风格的演讲表述,在情境学习和训练中,实现下列目标。

素质目标:通过学习演讲搭建框架的原则和技巧的知识与技能,养成逻辑性表达的意识,培养演讲表述时的大局思维;关注现实,精益求精,培养工匠精神;懂得在现代化新征程中要树立大局意识。

知识目标:通过学习演讲搭建框架原则和技巧,能够叙述演讲搭建框架的基本原则和方法等。

能力目标:通过案例分析、视频分析、完成我的主题演讲搭建框架三活动的训练应用,学会运用搭建框架的技巧,增强演讲表现效果的能力。

任 务

完成一次主题演讲的框架搭建

如果单位让你参加"喜迎二十大,奋进新征程"主题演讲活动,你在搭建演讲框架方面必须明确以下问题:

1. 观点出现在哪个位置合适?
2. 演讲表述逻辑的结构形式有哪些?
3. 怎样完善演讲中的表述逻辑?

 小贴士

"不断为强国建设、民族复兴伟业添砖加瓦、增光添彩!"
——习近平在十四届全国人大一次会议上的重要讲话

预 学 单
（学习改变思维 训练改变行为）

表1-2-2 预 学 单

序号	预学内容	预学要求	拓展要求	评价(15%)	备注
1	阅读"知识充电站"	运用思维导图整理知识要点，完成线上达标测验	思考从阅读中收获了什么	课程平台评价。依据问答评价	2选1
2	观看线上课程视频	结合视频内容提出你最关注的一个问题。完成线上达标测验	可以在关注的问题后面附上原因	课程平台评价。依据问答由老师进行评价	
3	阅读演讲稿《平凡不等于平庸》《人生需要马拉松精神》	结合阅读的内容，谈谈在搭建框架方面你有什么启发	可以在阅读启发后附上自己的一些感想和体会	依据每一位同学总结的启发内容和感想体会，由老师进行评价	2选1
4	观看演讲视频《平凡不等于平庸》《踔厉奋发，勇毅前行》	在树立大局意识方面，在视频中是如何体现的？摘录2～3处对你有启发的内容	思考中国青年的大局意识是怎样体现的。请整理500字左右的文字资料	依据每一位同学回答的问题质量，由老师进行评价	
5	搜集真实演讲比赛资料	选择一个最喜欢的推荐给你所在的学习小组，上传课程教学平台	附上推荐理由。收集党的二十大报告内容（整理个人最关心的两个问题）	依据每一位同学上传的资料质量及推荐理由，由老师进行评价	必做

说明：1. 本次预学内容由学生个人完成(可以是其中的一项或几项)。
　　　2. 评价占比15%(3项各占5%)，评价方式依学习方式定。

 知识充电站

　　知识是能力形成的基础，学习应知应备的知识，是提高能力训练效果的重要前提。"知识充电站"明晰了演讲搭建框架的原则和技巧。

搭建框架
训练(1)

一、亮明你的观点

　　观点就是表述逻辑的骨架，也是表述逻辑中的一部分。
　　"亮明你的观点"，这是搭建演讲框架的第一步。

案例阅读

表述逻辑的梳理

以下是一则有关语言表述的材料。

A对B说："上个星期,我去了一趟云南。云南是一个非常美丽的地方。我们到一家游客很多的露天餐馆吃饭,在15分钟内,我至少见到了15个披着云南民族风披肩的人。而且,如果你在高铁站候车厅或飞机场的候机大厅转一转,你就会发现女性旅客几乎人手一件云南民族风披肩。"

思考:

(1) 你清楚A想表达什么吗?A在表述上出了什么错?

(2) 如果A是想表达"云南民族风披肩十分受欢迎,被游客广泛接受"的意思,那么他提到餐馆、候车厅、候机大厅等,只是想证明他的观点。

总之,A的逻辑是先告诉B他想表达的观点,再用事实证明他的观点。

修改:

A对B说："你知道吗?云南民族风披肩十分受欢迎,被游客广泛接受。上个星期,我去了一趟云南。云南是一个非常有民族风情的地方。我们到一家露天餐馆吃饭,在15分钟的时间里,我至少见到了15个披着云南民族风披肩的人。而且,如果你在高铁站候车厅或飞机场的候机大厅转一转,你就会发现女性旅客几乎人手一件云南民族披肩。"

通过分析,我们可以发现表述逻辑不清会直接导致理解上的困难。逻辑可通俗理解为"顺序""规律",先讲什么,后讲什么,就是一种顺序和规律。

想想你曾经遇到的尴尬:你说了一堆话,别人却听不懂你在讲什么,一脸茫然,或者别人讲了半天,你也抓不住他的话的重点,不知道该如何回应。这极有可能是表述逻辑出错了。

演讲表述要有一定的顺序和规律,知道先说什么,后说什么;主要说什么,次要说什么。演讲表述还要紧紧围绕观点来说,观点不明,表述逻辑必定混乱。观点就是表述逻辑的骨架,也是表述逻辑中的一部分。

亮明你的观点是搭建你演讲框架的第一步。但观点出现在演讲的哪个位置最合适呢?

其实,演讲中的观点的位置可前可后。观点在前,后面的演讲表述紧紧围绕观点来说;观点在后,前面的演讲表述仍由隐含的观点串联,只不过在后面点题,亮明观点。无论在前还是在后,观点都是表述逻辑的骨架。

演讲中提出观点后,一定会有一番讲道理、摆事实,多个素材串联完,听众可能就忘了最开始的观点甚至主题了,你一定要强调自己的主题,最后进行总结。

二、表述逻辑的结构

在亮明观点之后,就要思考演讲的表述结构层次了。

搭建框架
训练(2)

表述逻辑的结构是搭建框架的第二步。一般的演讲结构除了包括标题、称呼,还包括开头(开场白)、主体和结尾。

（一）开头

常见的开头主要有三种形式。① 零开场白,"我今天演讲的题目是……"这种开头适合初次登上演讲舞台的人,可以避免因为紧张而出错;② 常规性开场白,以"楔子"和"引子"开场。"楔子"是沟通情感的礼貌用语,与听众拉近距离、建立感情。"引子"指把话题引入正题,向正题过渡的话,包括自我介绍式、设定悬念式、提问式、叙述式、名言警句式、抒情式等;③ 非常规性开场白,包括故事、笑话式,展示物件式等"不走寻常路"的开场方式。

无论采用什么形式的开场,我们都得认真对待,因为登台最初的 30 秒是最重要的。好的开场既可以缓解紧张,又可以吸引听众,后面的演讲也会在无形中顺利很多。

（二）主体

表述逻辑的结构也就是主体部分的结构,常见的主体部分的结构有三种架构模式:① 时间模式,演讲内容按照时间顺序来架构,分享自己刻骨铭心的经历时我们就会自然而然地按照时间顺序来架构;② 空间模式,演讲内容按照空间区域来架构;③ 分类模式,演讲内容按照不同的类别来架构。

（三）结尾

演讲表述的结尾要传达两个信息。一是让听众知道演讲要结束了,二是深化演讲主题。同时我们最好设计一些发人深省的话,可以是流行语,也可以是讲述人生哲理的格言,以便让听众记住。好的演讲应该留下一些信息,让听众有所思考。

三、高效的表述逻辑训练

表述逻辑不仅在演讲中很重要,在我们的日常交流表达中也很重要。有意识地进行表述逻辑训练,可以让我们说的话听起来更加清晰明了。

强化在演讲中的表述逻辑,贵在平时就养成逻辑性表述的思维习惯。什么方式的训练能提升我们表述的逻辑性呢? 高效表述逻辑训练重在看、读、写、辩。

（一）看——拓宽自己的视野

说话缺少逻辑的人,往往视野比较窄,需要学会拓宽自己的视野。视野要开阔深邃,看问题要长远全面,要看到表象之下的本质。

（二）读——阅读,慢读

通过阅读哲理性、推理性强的书籍来提升自己的理性思维水平,进而能在表达时建立自己的逻辑框架。

（三）写——多练习写作

写作时,要有足够的时间思考,琢磨用词和逻辑的严密性。写完之后,一定要进行校对和修改。你在改错字、错句时,也会观察、分析、完善、修改自己的逻辑。通过这样一个过程,既可提升写作水平,又可培养逻辑思维能力。

（四）辩——参加辩论活动

辩,是表达进阶的提升方式。在辩论中最能体现一个人的逻辑思维与逻辑表达能力。

实践应用角

知识的价值只有在实践中才能得到证实。作为学习者,我们需要将从"知识充电站"获得的新知,在"实践应用角"中激活。有三个进阶性的"活动":案例分析,激活深化;视频对比,关联转化;在真实任务情境中的主题演讲中搭建演讲框架,迁移应用。将获得的新知与技能融入特定的演讲任务,我们才能真正掌握搭建框架的本领。

做事情不能凭空推断,只有投入其中去摸索,才能找到正确的方法。

> **小贴士**
>
> "以知为首,尊知而贱能,则能废。"
>
> ——王夫之《周易外传·系辞》

活 动

共 学 单
（学习改变思维　训练改变行为）

表 1-2-3　案例分析活动

活动一：案例分析		
活动内容	**董宇辉爆火的背后真相** 各位朋友: 　大家好! 　今天讲一讲"塑料袋理论"。有些家庭有一种习惯,就是攒塑料袋。有的时候,中午点了外卖,他们就会把干净的袋子留下来;出去买个菜,回来又收获了一个袋子。一来二去,就攒下了大大小小各种各样的塑料袋。家里人会把这些塑料袋都收拾好,放在一个柜子里。外人看到了偶尔也会说,都什么时代了,还留着一堆塑料袋不舍得扔。但神奇的是,有一天你不知道需要用什么去装物件的时候,你把那个柜子打开,总有一个袋子能派上用场。 　为什么要讲这个理论呢? 让我们来谈谈董宇辉。小时候的董宇辉,个头不高,性格有点敏感,还有些自卑。那时候,别的小伙伴放学后会相约玩耍,玩到满头大汗。内向的董宇辉却会一个人独自回家,默默看书。他喜欢看苏轼,喜欢看老庄,喜欢背格言,还喜欢读名著。一本《平凡的世界》,董宇辉从初三看到大学,反反复复看了好几遍。书本给了他力量,给了他知识,也给了他一夜爆红的实力。	**个体成长** 阅读是一种提升自我的过程

续　表

活动一：案例分析

活动内容

在蛰伏了五年后，董宇辉一朝凭借直播带货火遍全网。当别的主播都在哗众取宠、声嘶力竭地卖货时，只有董宇辉不慌不忙，娓娓道来。他卖铁锅时说："是妈妈的手，是父亲忧愁的面容，是老人盼游子回家的心……"他卖火腿时说："是风的味道，是盐的味道，是大自然的魔法和时光腌制而成……"这样的直播方式，对比浮夸的直播套路，简直让人如沐春风。于是，大批观众挤进直播间。

人生就是一个攒塑料袋的过程。那些看似无用的塑料袋，总有一天，会在你最需要的时候派上用场。了解了董宇辉的人生经历，你就会发现：读书也是这样的一个过程。有时候，我们也以为读过的书大都被忘记了，就像那些被收藏起来的塑料袋，被尘封在了某个角落里。却不知，你曾读过的每一本书，都会提升你的思维，淬炼你的灵魂。那些在读书上花的时间和心思，也许一朝一夕看不出效用，可能一时半会不能帮你解决眼下的难题，但总会在未来的某一天，带给你一份回报，赐予你一份惊喜。

对于热爱读书的人来说，知识从来不只是一纸学历。它是你人生的通行证，是迈向成功最可靠的垫脚石。

……

某社交平台上曾经有一个问题：读书的意义是什么？最高赞的回答说："当我还是个孩子时，我吃过很多食物，现在已经记不起来吃过什么了。但可以肯定的是，它们中的一部分已经长成我的骨头和肉。"人生在世，总是免不了会失去一些人、一些东西。但是通过读书获得的知识，谁也没法偷走，它会沉淀在你的脑海之中。有时你也以为读过的书都成了过眼云烟，不复记忆。实际上它们仍是存在于潜意识之中的，一旦被触动，就会喷薄而出。

……

这世上没有从天而降的才华，是读过的书换成了筹码，付出的努力得到了回报。一个人的成长，本质上是对过往经验的累积与总结。读过的书，看过的段落，学到的知识，其实都悄悄沉淀在你的脑海之中。那些东西看似无形，实际上像流水滴穿石头一样，默默雕刻出一个更加睿智的你。在未来的某一天，当你回望走过的路时，就会发现：人生没有白读的书，所有的成功和奇迹，追根溯源都不过是腹中学识的累积。

也许我们终其一生，都成不了十分成功的人。但如果你读书，在农村你可以摆脱旧方法，用一些新技术种地；如果你读书，在城市你可以选择比别人更有利的地理位置做生意；如果你读书，在时代的风口你会比别人更有把握抓住机遇；如果你读书，在教育孩子的过程中你会比别人更理智、更科学……读书，可以让你从无知变得有知，从人云亦云变得有主见、有思想。这些，都是一笔无形的财富、一股无形的力量，促使你登上更高的台阶。

"每一本书都是一道门，你想通往哪里，都可以自己掌握。"

当你读过的书越多，选择的余地就越大，看见的风景就越广阔。所有学到的知识和本领，终有一天都会化作你对抗逆境的利剑。

所以，从此刻起，翻开书，开始阅读吧。要相信，那些偶然间收起的"塑料袋"，都会在无形中变得有用，塑造出一个更优秀的你。

谢谢大家！

（资料来源：lily，《董宇辉爆火的背后真相》，有改动）

思考问题：

1. 这篇演讲稿亮明的观点是什么？它在稿子的什么位置？

2. 说说这篇演讲稿的表述逻辑结构和《平凡不等于平庸》在表述逻辑上有什么不同。梳理思路，条理清晰地表达。

	活动一：案例分析	
活动实施	1. 小组讨论分析案例。 　个人：分析演讲表述逻辑的思路，体悟演讲者的情感。 　小组：倾听交流(注意倾听、表达的礼仪)。 2. 小组将讨论意见汇总，录制讨论过程，上传至课程平台"主题讨论"或"班级群"。 3. 参与课程平台主题讨论。 4. 也可汇总意见后，采用小组现场汇报的形式进行汇报。	信息处理能力 团队合作能力 口头表达能力
考核评价	方式一(线上考核评价)： 1. 参与"主题讨论"活动时获取课程积分，还可在课程分数权重项设置中获得"讨论"项分值。 2. 主题讨论词云投屏，教师点评。 方式二(线下考核评价)： 1. 小组现场汇报后，互评、教师点评。 2. 填写活动评价表。	

说明：1. 活动时长 30 分钟，分值 20 分，教师可根据实际进行调整。
　　　2. 可根据实际选择活动形式。
　　　3. 可根据活动形式调整考核评价方式。

表 1 - 2 - 4　视频对比活动

	活动二：视频对比	
活动内容	1. 观看线上课程资源《用爱守护小康路上的每一个梦想》《税心托举中国梦》《走在铜基新材料领域的金光大道上》以及《专家点评》，比对演讲框架搭建方面的不同。 2. 观看《平凡不等于平庸》和《踔厉奋发，勇毅前行》，比对在演讲框架搭建方面的不同。 3. 各小组将每人搜集到的真实演讲比赛资料进行分享(预学单中的"5")，分析不同的演讲内容在选题立意方面的技巧的使用。 (3 选 1，也可各组领取不同任务)	**社会角色** 立足 职业岗位 服务 国家社会 **个体角色** 担当 时代责任 提升 生命价值 收获 人生幸福
活动实施	1. 小组讨论分析案例。 　个人：分析演讲选题立意，体会演讲者不同的选题角度。 　小组：倾听交流(注意倾听、表达的礼仪)。 2. 小组将讨论意见汇总，录制过程，上传至课程平台"主题讨论"或"班级群"。 3. 参与课程平台主题讨论。 4. 也可汇总意见后，采用小组现场汇报的形式进行汇报。	信息处理能力 团队合作能力 口头表达能力
考核评价	方式一(线上考核评价)： 1. 参与"主题讨论"活动时获取课程积分，还可在课程分数权重项设置中获得"讨论"项分值。 2. 主题讨论词云投屏，教师点评。	

	活动二：视频对比	
考核评价	方式二(线下考核评价)： 1. 小组现场汇报后，互评、教师点评。 2. 填写活动评价表。	

说明：1. 活动时长 20 分钟，分值 20 分，小组汇报可适当延长活动时间，教师可根据实际进行调整。
　　　2. 可根据实际选择活动形式。
　　　3. 可根据活动形式调整考核评价方式。

表 1-2-5　完成我的主题演讲的搭建框架活动

	活动三：完成我的主题演讲的搭建框架	
活动内容	**背景与情境：** 　　如果要你参加"喜迎二十大，奋进新征程"主题演讲活动，你会如何搭建演讲框架？	解决问题
活动实施	1. 梳理预学单中收集的党的二十大的资料。 　　个人：找出自己关注的点。 　　小组：成员分享。 2. 观看各种官方媒体上与党的二十大相关的主题演讲比赛。 3. 结合个人经历与社会热点，选择自己的主题演讲表述逻辑结构。 4. 若确立表述逻辑结构，小组汇总汇报；若不能，课后思考上报。	信息处理 能力 解决问题 能力
考核评价	教师根据各小组上报的具体情况以及活动表现，填写活动评价表。	

说明：1. 活动时长 20 分钟，分值 20 分，教师可根据实际进行调整。
　　　2. 可根据实际调整活动形式。
　　　3. 可根据活动形式调整考核评价方式。

搭建框架训练评价表

班级：　　　　　　　姓名：　　　　　　　日期：　　　年　　月　　日

表 1-2-6　搭建框架训练评价表

项目	评价标准	分值	学生自评 (30%)	小组互评 (30%)	教师评价 (40%)	小计
素养培养	能以细致、严谨的态度参与实训活动，在实训活动中积极参与，善于合作，友好沟通	10				

续　表

项目	评　价　标　准	分值	学生自评(30%)	小组互评(30%)	教师评价(40%)	小计
素养培养	在实训过程中表现出精益求精的职业品质,能主动提出富有新意的观点	10				
	能够结合搭建框架的技巧,认识到搭建框架在撰写演讲稿中的重要性,大局意识强	10				
知识应用	在小组活动中能够准确陈述演讲表述框架搭建的技巧	10				
	在班级陈述中能够正确运用搭建框架的理论知识陈述本组观点	10				
能力提升	能够将所学的搭建框架的技巧运用到实训任务中,学以致用	10				
	结合具体的演讲任务,运用搭建框架的技巧对具体的演讲任务进行分析	10				
项目成果展示	能够独立完成搭建框架的任务,在活动中能主动提出问题,解决问题	10				
	在活动中汇报表达自如流畅,语速得当	10				
	项目成果能与时事结合紧密,体现精益求精的工匠精神	10				
合计		100				

评估:测测你搭建演讲框架的能力

自测袋袋库

"评估"注重评价自我,即学习者对学习效果的"自知",是"学习式评价",也是对自我学习收获的一个总结。完成自我观察,即时品尝能力提升的成就感。如有错误和不足,要提醒自己及时修正和补充。

续 学 单
（学习改变思维 训练改变行为）

表 1-2-7 续 学 单

序号	续学内容	必做要求	拓展要求	评价(15%)	备注
1	知识测试：高阶测验	在线上课程平台完成	查找线上同类课程相关内容，进行练习	线上平台评价。可与预学单的达标测验对比，由老师评价	必做
2	能力实操：主题演讲框架的搭建	继续完成活动三主题演讲的搭建框架的任务	浏览最新的真实演讲比赛视频，观看3～5位比赛选手的演讲	完成评价表中的小组自评、小组互评项目。依据拓展内容完成情况，老师进行增值性评价	必做
3	拓展提升：归纳职场主题演讲赛的搭建框架的规律	搜集职场演讲视频，汇总提交	整理汇编成班级喜爱的演讲视频目录	依据归纳的职场主题演讲赛的搭建表述框架规律，老师视班级编辑情况与水准，予以总结性点评	必做

说明：1. 本次续学内容由学生个人完成。
　　　2. 评价占比 10%（1 项占 5%，2 项成绩记在活动三，3 项占 5%）。

评价要项占比及分值(参考)

表 1-2-8 评价要项占比及分值(参考)

要项	签到(5%)	预学单(15%)	共学单(60%)	评估(10%)	续学单(10%)	备注
分值	5 分	15 分(3 项)	60 分(3 项)	10 分	10 分(2 项)	

任务三　故事表述训练

——"我"要讲述中国故事

指导表

表 1-3-1　"四环三单"学习指导表

项目名称		项目一　演讲核心技能训练	任务名称	任务三　故事表述训练
学习过程 四个环节	目标	素质目标	1. 激发自我表达意识,从自身或他人的故事中吸取有价值的东西,丰富人生,锐意进取 2. 关注个人成长,爱岗敬业,追求更高人生境界 3. 懂得在现代化的新征程中要讲述中国故事	
		知识目标	1. 了解演讲中故事表述的基本内容 2. 了解故事表述技巧的实际应用 3. 掌握故事表述的相关知识,提升演讲感染力	
		能力目标	1. 能够从自我经历中挖掘出演讲故事,完成一次在演讲中进行故事表述的任务 2. 能够借助故事表述的方法,提高个人成长思考力	
	任务	任务描述	背景与情境:如果单位让你参加"喜迎二十大,奋进新征程"主题演讲活动,在演讲中你要讲述故事,该如何做?	
		预学单	1. 阅读"知识充电站"或观看线上课程视频(2 选 1) 2. 阅读演讲稿或观看演讲视频(2 选 1) 3. 搜集真实演讲比赛资料(必做)	
	活动	共学单	1. 案例分析——激活深化	
			2. 视频对比——关联转化	
			3. 完成我的主题演讲的故事表述——迁移应用	
	评估	自我评估	测测你的演讲故事表述的能力	
		续学单	1. 知识测试 2. 能力实操 3. 拓展提升	

目 标

学会演讲中故事表述的技巧

你在台上演讲,听众在台下"听你说",要想获得听众的信任,你就必须从个人故事入手——这就是演讲的切入点,是演讲中的故事表述。故事表述在演讲中很重要,它可以让演讲血肉丰满,直抵人心。

听众"听你说什么""听你怎么说""听你说的意义",这是演讲故事表述的三个内容方面。

通过运用故事表述的技巧,确定有自己风格的演讲表述。在特定背景与情境的学习和训练中,你将能够实现下列目标。

素质目标: 通过学习故事表述的技巧知识与技能,激发自我表达的意识,培养演讲表述时良好的思维习惯;关注个人成长,爱岗敬业,追求更高的人生境界;懂得在现代化新征程中要讲好中国故事。

知识目标: 通过学习故事表述的技巧,能够叙述演讲中故事表述的基本方法等。

能力目标: 通过案例分析、视频分析、完成我的主题演讲故事表述三个活动的训练与应用,了解运用故事表述的技巧知识,提升演讲表现力。

任 务

完成一次主题演讲的故事表述

如果单位让你参加"喜迎二十大,奋进新征程"主题演讲活动,要使你的演讲更具感染力,在故事表述方面,你必须明确以下问题:

1. 演讲中怎样讲故事才能打动听众?

2. 演讲中为什么要讲述"一把辛酸泪的故事"?

3. 故事表述的经典情节是什么?

预　学　单

（学习改变思维　训练改变行为）

表 1 - 3 - 2 　预 学 单

序号	预学内容	预学要求	拓展要求	评价(15%)	备注
1	阅读"知识充电站"	运用思维导图整理知识要点,完成线上达标测验	思考从阅读中收获了什么	课程平台评价。依据问答评价	2选1
2	观看线上课程视频	结合视频内容提出你最关注的一个问题。完成线上达标测验	可以在关注的问题后面附上原因	课程平台评价。依据问答由老师进行评价	
3	阅读演讲稿《我的斜杠青春》《曙光》	结合阅读的内容,谈谈故事表述方面对你有什么启发	可以在阅读启发后附上自己的一些感想和体会	依据每一位同学总结的启发内容和感想体会,由老师进行评价	2选1
4	观看演讲视频《我的斜杠青春》《青春就是做梦和犯傻》《每一秒,都在积蓄成长的力量》	"我"要讲述中国故事,在视频中是如何体现的? 摘录 2～3 处对你有启发的内容	思考中国青年的时代担当是怎样体现的。整理 500 字左右的文字资料	依据每一位同学回答问题的质量,由老师进行评价	
5	搜集真实演讲比赛资料	选一个最喜欢的推荐给你所在的学习小组,上传课程教学平台	可附上推荐理由。收集党的二十大报告内容,整理个人最关心的两个问题	依据每一位同学上传资料的质量及推荐理由,由老师进行评价	必做

说明：1. 本次预学内容由学生个人完成(可以是其中的一项或几项)。
　　　2. 评价占比 15%(3 项各占 5%),评价方式依学习方式定。

 知识充电站

　　知识是能力形成的基础,学习应知应备的知识,是提高能力训练效果的重要前提。"知识充电站"明晰了演讲中故事表述的原则和技巧。

故事表述
训练(1)

一、表述什么故事/听你说什么

　　"表述什么故事",就是台下听众"听你说什么"。故事表述是演讲打动听众的重要手段。要想获得听众的信任,就必须从个人故事入手,这是演讲的切入点。听众想听的,就是你的故事。

在演讲中你要做你自己。请大胆说出你的故事，说出你身边人的故事。

二、如何表述故事/听你怎么说

在说你或你身边人的故事时，我们该怎么表述呢？

当然，我们得遵循一般故事表述的基本要求，关注故事表述的四个要素：时间、地点、人物、情节。

（一）故事表述技巧一：要真实、有细节、带感情

在演讲的故事表述中，我们要真实、有细节、带情感地说出自己或者自己身边人的故事。

真实，就是要在演讲中建立彼此的信任。有细节、带情感，是通过细致入微又饱含情感的描述，把听众带入身临其境的故事情景中，给听众极强的"代入感"和真诚的感觉。

（二）故事表述技巧二：讲述"一把辛酸泪的故事"

何为"一把辛酸泪的故事"？就是人生经历中包含辛酸苦辣的故事，包含了自己艰难困苦的经历，表达了"没有人能够随随便便成功""吃得苦中苦，方为人上人"等道理的故事。这也是演讲的动情点。下面有几个演讲：① 窦文涛《珍惜当众说话的机会》；② 俞敏洪《摆脱恐惧》；③ 刘媛媛《请不要以结婚为目的地恋爱吧》；④ 林义杰《没有试过，你永远不知道》；⑤ 董丽娜《别把梦想逼上绝路》；⑥ 梁植《"笨"想未来》；⑦ 俞敏洪《青春就是做梦和犯傻》；⑧ 梁凯恩《倒下去，给自己一个站起来的理由》；⑨ 杨超君《三代人的初心》。

在这些演讲的故事表述里，有的讲第一次登台演讲紧张到尿裤子；有的讲爱面子，怕别人用异样的目光看自己；有的讲暗恋别人的惊心动魄；有的讲穿越亚马孙河流域、热带雨林和北极的危险；有的讲不甘命运安排，独自一人追求人生梦想；有的讲自己笨，最怕做数学题，想要变聪明；有的讲追求女生而不得；有的讲不喜欢当医生，被父亲逼迫选择学习医学，却爱上了这个职业……

无论他们讲的故事多么不同，但都具有"一把辛酸泪"的特征。

三、表述的价值是什么/听你说的意义

"表述的价值是什么"也就是"听你说的意义"。

我们在演讲中讲述自己的"一把辛酸泪"，不是为了博取听众的同情，尽管听众喜欢听你讲不开心的事，但更重要的是这些不开心的事教会了我们打败困难，战胜挫折。

所以，讲述"一把辛酸泪"的故事的意义是重要的亮点。

故事表述技巧三：讲述"一把辛酸泪"，升华演讲主题和观点

1. 经典情节："坏人"作恶，"英雄"打败"坏人"

说出你、你身边人的"苦"且有收获的事，运用经典情节，类似"坏人"作恶，"英雄"打败"坏人"等。"坏人"可指困难、问题、痛苦、挫折等。"英雄"指好的体验、解决方案、好的行动、好的营销方案等。

故事表述
训练(2)

2. "一把辛酸泪"的价值是演讲的升华点

故事表述的价值就是通过讲"一把辛酸泪",升华演讲主题,在悲壮中提升主题,在悲情中升华观点,让演讲更具韵味和感染力。

（1）演讲升华点：对材料的本质、内涵加以分析、概括、提炼、延伸,并通过富有理性色彩的语言的点拨、渲染,将听众的思维引向一个更深邃、更崇高的境界,使演讲主题得以升华,达到一个演讲的高潮。

（2）故事表述升华点：演讲中的故事表述,最终体现的是这些经历和故事让演讲者收获了什么,这就是故事的"升华点",也是听众"听你说的意义"。这个升华点也是演讲中深化主题、升华故事的关键点。

所以,演讲中的故事表述绝不是泛泛地讲故事、聊天,所有故事最终都应指向演讲主题和演讲者的主要观点。

几种升华演讲主题的方法：由点及面的扩展、由表及里的深化、由此及彼的引申、由陈出新的点化、由境及情的交融、由抑及扬的反衬。

问题：我们明白了在演讲中要讲述自己的人生故事,且从人生苦乐中体会了梦想、生活、人生的诸多价值。那么,怎样才能挖掘出自己经历中有价值的人生故事呢？

1. 平平淡淡的人生

如果你觉得自己的人生经历平平淡淡,那么你就寻找对你的心灵、思想产生触动,对你后来的人生选择和处理问题的方式都产生了影响的事情。

2. 起起落落的人生

如果你经历了坎坷,有着起起落落的人生,别怕,上天给你痛苦的同时也给了你成长的机会,你就寻找在人生转角发生的、对你的思想产生过质的影响的故事。

3. 画龙点睛的处理

无论你讲述的是怎样的人生故事,都要记得故事讲完之后,要落脚到故事带来的人生感悟、心灵触动或思想成长上,直击自我心灵,这样更有利于启发听众思考人生,汲取经验。

四、怎样成为有故事的人

"有故事的你"的演讲会更具"个性"色彩。

可能你会这样想：可"我"普普通通,没什么故事可讲。没关系,人生就是不断地体验和成长。

问题：我怎样成为一个有故事的人？

1. 在两点一线的生活中注入新的因子

很多人学了很多讲故事的模型和套路,结果自己的生活单调、一成不变,根本无故事可讲。

如果你的生活两点一线,十分单调,那可以去接触一些身边在某方面厉害的人,开阔眼界,逐步丰富人生。

 **小贴士**

"讲好中国故事、传播好中国声音,展现可信、可爱、可敬的中国形象。"

——党的二十大报告

2. 把平凡做到极致就是不平凡

也有人说自己生来就是一个平凡人,平凡人的生活都差不多,没什么故事可讲。其实把平凡的工作做到极致就是不平凡。

可以在备忘录里把听到、看到或经历的好故事马上记下来,厚积薄发,从量变到质变;也可以找个搭档,两人每天轮流讲故事;每天写文章或记日记,这会让你对生活更加敏感,写作、发言也是非常好的输出方式。

3. 离开心理舒适区,做些有挑战性的事

一些人的生活四平八稳,很久没有做有挑战的事了。坚持去做有挑战的事,持续突破心理舒适区,多则半年,少则一个月,你就能明显看到自己的进步,进步的过程中充满了好故事。

表达的核心不在于学习了多少技巧,而在于自己的经历、沉淀,以及站上舞台的次数,在挑战中不断提升自我。

我们每一个人都要热爱生活、勇于挑战。

 实践应用角

知识的价值只有在实践中才能得到证实。作为学习者,在活动中能将"知识充电站"获得的新知,激活深化、关联转化、迁移应用,我们才算真正掌握了演讲的故事表述的本领。

共学单的三个进阶性"活动"具体如下:

有思,活动一——案例分析;

有辨,活动二——视频对比;

有行,活动三——主题演讲故事表述的实践应用。

活　动

共　学　单
(学习改变思维　训练改变行为)

表 1 - 3 - 3　案例分析活动

活动一:案例分析

活动内容	守护光明 尊敬的各位评委: 　　大家下午好! 我是眼科的陶勇,今天我演讲的题目是"守护光明"。 　　我来自江西,江西曾经是沙眼重灾区。我的母亲就是一位沙眼患者,7岁时,

活动一：案例分析	
活动内容	我目睹医生用细针从我母亲的眼睛里一颗一颗挑出了 20 多颗白色的结石。20 年后，我成了眼科医生，也亲手帮无数的眼病患者解决了他们的痛苦。 2009 年，作为首都眼科专家，我特别幸运地参加了中华健康快车的公益扶贫行动，回到江西，报效家乡。当时我们在一列火车上吃住了 3 个月，为当地贫困的白内障患者进行免费的复明手术。每一天都会有一辆大巴车，从深山沟里把村民们接到火车上，由我进行眼部检查，决定是否手术。 有一次，有个王阿婆引起了我的注意。她的驼背特别严重，几乎呈 90 度，每走一步都刹不住地要向前冲。她的眼部情况也很糟糕，是典型的南方老人的眼睛，深眼窝、小睑裂，白内障也特别重。 这样的情况，即使放在北京的大医院，也算绝对的复杂病例，更何况是在停靠在穷乡僻壤的一列火车上，我当时不假思索地和当地的接洽员说了 3 个字："做不了"。 可让我很意外的是，接洽员开始为她求情。他告诉我，王阿婆的丈夫已经过世 10 年，5 年前，她唯一的儿子也在意外事故中遇难，家里就剩她一个人。最近，王阿婆肚子里长了个瘤子，没多少日子了。这次可能是她唯一一次重获光明的机会。 我开始有些犹豫，但是一看到王阿婆近乎虾米一样的驼背，就想打退堂鼓。这个时候，王阿婆说了一句话："阿泅治浅秀侬嘞"。 我是江西人，我听懂了她的方言，她想给自己做件寿衣。在江西，阿婆们过世前，要用陪嫁的布料做件寿衣，否则，家里人会认不出来。 王阿婆还想在临走前，再看看自己生活了一辈子的村庄，再看看多年来照顾她的村民，再看看家乡的山山水水。简单的愿望，朴素而真实。我被打动了，为王阿婆做了手术。 手术的时候，她的驼背导致她无法平躺在手术台上，我帮她找了半米高的垫子垫着腿，而且破天荒地给她双眼同时进行了手术。这在眼科手术里一般是不允许的，但这一切只为了确保她术后有希望看见东西。 手术后的第二天，她的视力达到了 0.5，老人很满意地回去了。 等我们结束了这趟行动，要启程回京的时候，接洽员告诉我王阿婆在手术一个星期后，带着对这个世界的美好回忆，非常满意、安详地过世了。 那一个星期里，她给自己做了件寿衣，衣服上缝了两个口袋，一个口袋里装着她丈夫和儿子的照片，还有一个口袋，装着她出嫁时，母亲送她的梳子。这两个口袋的开口都被她缝住了，不用担心掉出来。 王阿婆让接洽员转告我，谢谢我给了她 7 天的光明，完成了她的夙愿，谢谢我帮她找到回家的路。 这件事让我懂得，想要获得光明的心，不分贫富贵贱。 在我治疗的患者中，有身无分文、只能睡在北京西站候车室的眼部恶性肿瘤儿童，尽管已经手术摘除双眼，但他仍然感恩医生没有因为贫穷而放弃他，内心没有怨恨，健康成长着；也有免疫力低下，曾因为手术风险大，被拒绝治疗的双目失明的白血病患者，恢复视力后参加绘画比赛，将获得的 5 000 元奖金捐献给更加需要的病人。 在我治疗的患者中，还有身为家中顶梁柱却因煤矿煤气爆炸遭受眼外伤的工人，艾滋病眼病患者，监狱的死刑犯…… 这些人，有些治疗效果很好，有些效果不好，但我从未放弃，患者也都心存感激。 因为我知道，守护光明的我，不仅要帮助患者恢复视力，更要让温暖的阳光穿	**社会角色** 立足 职业岗位 服务 国家社会 **个体角色** 担当 时代责任 提升 生命价值 自我完善

右上角：续　表

	活动一：案例分析	
活动内容	越一切阴霾,洒进每个人的心里。 　　谢谢大家! （资料来源:陶勇,《守护光明》,有改动) **思考问题:** 　　1. 分析这篇演讲稿在故事表述时运用了哪些技巧? 　　2. 这篇演讲稿和《董宇辉爆火的背后真相》在演讲表述上有何异同? 请梳理思路,条理清晰地表达。 　　3. 师生互动,分享一个促进个人成长的小故事。	
活动实施	1. 小组讨论分析案例。 　　个人:分析演讲故事表述技巧的使用,体悟"代入感"。 　　小组:倾听交流(注意倾听、表达的礼仪)。 2. 小组将讨论意见汇总,录制讨论过程,上传至课程平台"主题讨论"或"班级群"。 3. 参与课程平台主题讨论。 4. 也可汇总意见后,采用小组现场汇报的形式进行汇报。	信息处理 能力 团队合作 能力 口头表达 能力
考核评价	**方式一(线上考核评价):** 1. 参与"主题讨论"活动时获取课程积分,还可在课程分数权重项设置中获得"讨论"项分值。 2. 主题讨论词云投屏,教师点评。 **方式二(线下考核评价):** 1. 小组现场汇报后,互评、教师点评。 2. 填写活动评价表。	

说明: 1. 活动时长 30 分钟,分值 20 分,教师可根据实际进行调整。
　　　 2. 可根据实际选择活动形式。
　　　 3. 可根据活动形式调整考核评价方式。

表 1 - 3 - 4　视频对比活动

	活动二：视频对比	
活动内容	1. 观看《用爱守护小康路上每一个梦想》《税心托举中国梦》以及《专家点评》,对比其在演讲故事表述方面的不同。 2. 观看演讲视频《我的斜杠青春》《青春就是做梦和犯傻》《每一秒,都在积蓄成长的力量》,对比其在演讲故事表述方面的不同。 3. 各小组将每人搜集到的真实演讲比赛资料进行分享(预学单中的"5"),分析不同的演讲内容在故事表述方面的技巧的使用方法。 (3 选 1,也可各组领取不同任务)	**社会角色** 立足 职业岗位 服务 强国建设 民族复兴伟业 **个体角色** 担当 时代责任 练就 过硬本领 书写 人生华章

续　表

	活动二：视频对比	
活动实施	1. 小组讨论分析案例。 　个人：分析演讲故事表述，体会在演讲中要做自己。 　小组：倾听交流（注意倾听、表达的礼仪）。 2. 小组将讨论意见汇总，录制过程，上传至课程平台"主题讨论"或"班级群"。 3. 参与课程平台主题讨论。 4. 也可汇总意见后，采用小组现场汇报的形式进行汇报。	信息处理 能力 团队合作 能力 口头表达 能力
考核评价	方式一（线上考核评价）： 1. 参与"主题讨论"活动时获取课程积分，还可在课程分数权重项设置中获得 　"讨论"项分值。 2. 主题讨论词云投屏，教师点评。 方式二（线下考核评价）： 1. 小组现场汇报后，互评、教师点评。 2. 填写活动评价表。	

说明：1. 活动时长 20 分钟，分值 20 分，小组汇报可适当延长活动时间，教师可根据实际进行
　　　　调整。
　　　2. 可根据实际选择活动形式。
　　　3. 可根据活动形式调整考核评价方式。

表 1 - 3 - 5　完成我的主题演讲的故事表述活动

	活动三：完成我的主题演讲的故事表述	
活动内容	**背景与情境：** 　　如果要你参加"喜迎二十大，奋进新征程"主题演讲活动，在演讲故事表述方面，你会如何做？	**解决问题**
活动实施	1. 梳理预学单中收集的党的二十大的资料。 　个人：找出自己关注的点。 　小组：成员分享。 2. 观看各种官方媒体上与党的二十大相关的主题演讲比赛。 3. 结合个人经历与社会热点，选择自己的演讲故事。 4. 若确定了自己的故事素材，则以小组为单位进行汇总；若不能确定，课后思 　考后报回。	信息处理 能力 解决问题 能力 演讲口才 能力
考核评价	教师根据各小组报回的具体情况以及活动表现，填写活动评价表。	

说明：1. 活动时长 20 分钟，分值 20 分，教师可根据实际进行调整。
　　　2. 可根据实际调整活动形式。
　　　3. 可根据活动形式调整考核评价方式。

故事表述训练评价表

班级：　　　　　姓名：　　　　　日期：　　年　　月　　日

表 1 - 3 - 6　故事表述训练评价表

项　目	评 价 标 准	分值	学生自评（30%）	小组互评（30%）	教师评价（40%）	小计
素养培养	能以细致、严谨的态度参与实训活动，在实训活动中积极参与，善于合作，友好沟通	10				
	在实训过程中表现出锐意进取的职业品质，能主动提出富有新意的观点	10				
	能够结合故事表述的技巧，认识到故事表述在撰写演讲稿中的重要性，择取优质素材的意识强	10				
知识应用	在小组活动中能够准确陈述演讲故事表述的技巧	10				
	在班级陈述中能够正确运用故事表述的理论知识陈述本组观点	10				
能力提升	能够将所学的故事表述的技巧运用到实训任务中，学以致用	10				
	结合具体的演讲任务，运用故事表述的技巧对具体的演讲任务进行分析	10				
项目成果展示	能够独立完成故事表述的任务，在活动中能主动提出问题，解决问题	10				
	在活动中汇报表达自如流畅，语速得当	10				
	项目成果能与时事结合紧密，体现锐意进取，讲述中国故事	10				
合计		100				

 自测袋袋库

　　"评估"是学习者对学习效果的"自知"，是"学习式评价"，也是对自我学习收获的一个总结。完成自我观察，即时品尝能力提升的成就感。如有错误和不足，要提醒自己及时修正和补充。

评估：测测你演讲故事表述的能力

续 学 单
（学习改变思维 训练改变行为）

表 1 - 3 - 7 续 学 单

序号	续学内容	必做要求	拓展要求	评价(15%)	备注
1	知识测试：高阶测验	在线上课程平台完成	查找线上同类课程相关内容,进行练习	线上平台评价。可与预学单的达标测验对比,由老师进行评价	必做
2	能力实操：主题演讲的故事表述能力	继续完成活动三主题演讲的故事表述的任务	浏览最新的真实演讲比赛视频,浏览3～5位比赛选手的演讲	完成评价表中的小组自评、小组互评项目。依据拓展内容完成情况,老师进行增值性评价	必做
3	拓展提升：归纳职场主题演讲赛的故事表述的规律	搜集职场演讲视频,汇总提交	整理汇编成班级喜爱的演讲视频目录	依据归纳的职场主题演讲赛的故事表述的规律,老师视班级编辑情况与水准,予以总结性点评	必做

说明：1. 本次续学内容由学生个人完成。
   2. 评价占比10%(1项占5%,2项成绩记在活动三,3项占5%)。

评价要项占比及分值(参考)

表 1 - 3 - 8 评价要项占比及分值(参考)

要项	签到(5%)	预学单(15%)	共学单(60%)	评估(10%)	续学单(10%)	备注
分值	5分	15分(3项)	60分(3项)	10分	10分(2项)	

任务四 演讲写作训练(一)材料与语言
——"我"要书写美好未来

指导表

表 1-4-1 "四环三单"学习指导表

项目名称			项目一 演讲核心技能训练	任务名称	任务三 演讲写作训练(一) 材料与语言
学习过程 四个环节	目标	素质目标	1. 激发演讲、写作的意识,培养平时收集材料的良好习惯,用演讲传递正能量 2. 关注现实,懂得生命至上,强化社会责任感 3. 懂得在现代化的新征程中要用文字书写美好未来		
		知识目标	1. 了解演讲稿与演讲的基本关系 2. 了解演讲材料收集和处理的基本方法 3. 掌握演讲语言的基本要求		
		能力目标	1. 能够借助演讲材料的收集和处理的方法,完成一次演讲材料收集的任务 2. 能够围绕演讲选题立意,运用"说得方便""听得明白"的演讲语言,完成演讲语言风格的确定		
	任务	任务描述	背景与情境:如果单位让你参加"喜迎二十大,奋进新征程"主题演讲活动,在写作演讲稿的材料与语言方面,你该做什么?		
		预学单	1. 阅读"知识充电站"或观看线上课程视频(2选1) 2. 阅读演讲稿或观看演讲视频(2选1) 3. 搜集真实演讲比赛资料(必做)		
	活动	共学单	1. 案例分析——激活深化		
			2. 视频对比——关联转化		
			3. 完成你的主题演讲写作材料处理——迁移应用		
	评估	自我评估	测测你的演讲材料与语言的使用能力		
		续学单	1. 知识测试 2. 能力实操 3. 拓展提升		

目 标

学会演讲材料与语言处理的技巧

演讲稿是为演讲而准备的文字材料,它是演讲获得成功的重要保证。

在写作演讲稿之前,我们要做的基础性工作就是搜集材料。选题是演讲的第一步,然后就需要围绕选题立意搜集诸多材料,尤其是新颖的材料。有经验的演讲者往往在平时就注意材料的积累和搜集。

一篇好的演讲稿要兼顾到演讲者和听众,通俗地讲就是"上口、入耳"。这是对演讲稿语言的两条硬标准。

通过运用材料与语言处理的原则和技巧,确定有自己风格的演讲写作。通过特定背景与情境下的学习和训练,你将能够实现下列目标。

素质目标: 通过学习材料与语言处理的原则和技巧的知识与技能,激发演讲、写作的意识,培养搜集材料的良好习惯;关注现实,热爱生活,传递正能量;懂得在现代化新征程中要用文字书写美好未来。

知识目标: 通过学习材料与语言处理的原则和技巧,能够叙述材料搜集与处理、演讲语言的基本原则和方法等。

能力目标: 通过案例分析、视频分析、完成我的主题演讲等三个活动的训练应用,培养运用材料与语言的技巧知识,增强提升演讲表现效果的能力。

任 务

完成一次主题演讲中材料的处理和 语言风格的确定

如果单位让你参加"喜迎二十大,奋进新征程"主题演讲活动,要材料搜集预处理以及演讲语言方面,你必须明确以下问题:

1. 在演讲前要不要准备演讲稿?
2. 演讲稿的类型有哪些?
3. 怎样围绕选题立意搜集材料?
4. 演讲稿在语言上有哪些要求?

预 学 单
(学习改变思维　训练改变行为)

表 1-4-2　预 学 单

序号	预学内容	预学要求	拓展要求	评价(15%)	备注
1	阅读"知识充电站"	运用思维导图整理知识要点,完成线上达标测验	思考从阅读中收获了什么	课程平台评价。依据问答评价	2选1
2	观看线上课程视频	结合视频内容提出你最关注的一个问题。完成线上达标测验	可以在关注的问题后面附上原因	课程平台评价。依据问答由老师进行评价	
3	阅读演讲稿《认识的人 了解的事》《补要适当才好》《最后一次演讲》	结合阅读的内容,谈谈在材料处理以及语言方面你有什么启发	可以在阅读启发后附上自己的一些感想和体会	依据每一位同学总结的启发内容和感想体会,由老师进行评价	2选1
4	观看演讲视频《最后一次演讲》《唱响世界舞台》	责任与担当在视频中是如何体现的?摘录2~3处对你有启发的内容	中国青年的时代担当怎样体现?整理成 500 字左右的文字资料	依据每一位同学回答问题的质量,由老师进行评价	
5	搜集真实演讲比赛资料	选择一个最喜欢的推荐给你所在的学习小组,上传课程教学平台	可附上推荐理由。收集党的二十大报告内容,整理个人最关心的两个问题	依据每一位同学上传资料的质量及推荐理由,由老师进行评价	必做

说明：1. 本次预学内容由学生个人完成(可以是其中的一项或几项)。

　　　2. 评价占比 15%(3 项各占 5%),评价方式依学习方式定。

知识充电站

　　知识是能力形成的基础,学习应知应备的知识,是提高能力训练效果的重要前提。"知识充电站"明晰了演讲写作中材料搜集与处理、演讲语言风格的原则和技巧。

演讲写作训练：材料与语言(1)

一、演讲前,要不要写演讲稿——演讲稿与演讲的关系

(一) 相关问题

　　"我最怕写稿子了,话都说不明白,怎么写演讲稿?""演讲稿写好了,上台时,让不让带?""如果能带,照着演讲稿念吗? 如果不让带,就背出来吗?""背吧,上台后,脑子里总在

想下一句台词是什么,神情呆滞,缺少情感;不背吧,说话不利索,卡壳、跑题是常事。好难啊!"

这些都是初学演讲的人会遇到的实际难题,该如何解决这些问题呢?

解决问题的办法是处理好演讲稿与演讲的关系。在处理两者的关系之前,我们得先弄清楚演讲稿有哪些类型。

（二）演讲稿的类型

由于演讲的类型、方式、场合以及时间等因素的影响,有些演讲是不写演讲稿的,比如即兴演讲、列提纲演讲。

演讲稿主要有三种类型：腹稿、大纲式演讲稿、详细的文字稿。

1. 腹稿

即兴演讲或一些简短的演讲、致辞,像致欢迎辞等,时常需要"打腹稿"。打腹稿需要演讲者才思敏捷。因为时间紧迫,只能在心里默默做些准备,就上台演讲。演讲者还需要有多方面的修养和丰富的演讲经验,上台演讲才能胸有成竹。

即兴演讲,演讲者必须具有敏捷的才思,否则绝无成功的可能。而那些能做精彩即兴演讲的演讲家们,往往也都有着从写演讲稿到列提纲再到即兴演讲的历程,而且他们在做重要演讲前,只要时间允许,为了万无一失,也会精心撰写演讲稿并反复推敲。

2. 大纲式演讲稿

时长 20 到 30 分钟、讨论式、互动性强的演讲,一般话题轻松、形式自由,比如英模报告会、经验交流会,这些场合适合大纲式演讲稿。这种演讲稿只需把要表达的主要内容写成一个简略的纲要,先讲什么、后讲什么,列出一、二、三、四,便可以了。演讲时这个大纲也只作为一个基础,具体内容要看现场氛围以及讨论的问题等情况即兴发挥。

3. 详细的文字稿

详细的文字稿也就是常见的演讲稿,一般适用于时间长、话题严肃、听众多、场合郑重的常规性演讲。这种演讲稿需要我们花较多的时间来学习怎样创作,演讲前一定要创作好。到演讲时,视具体情况进行调整,加上临时发挥。注意,无论文字稿多么的详细,也不能单纯地去背稿,如果没有临时的发挥和灵感火花的迸现,演讲就是失败的,你可能会看到"灾难性"的后果。

其实,演讲稿就是为演讲而准备的文字材料。演讲稿是演讲的依据,是对演讲内容和形式的规范和提示,体现出演讲的目的和手段、演讲的内容和形式。它是演讲获得成功的重要保证。

（三）问题与思考

现在我们回过头来,理一理写不写、带不带、背不背演讲稿等问题。前面问题的出现,反映出的是初学演讲的人人为地割裂了演讲稿与演讲的有机联系,分为以下几种情况。

（1）把心思全放在演讲上,只考虑着上台后如何去"演"去"讲",对演讲稿为演讲服务的重要性认识不足,即使有充分的时间也不愿去创作演讲稿,或者写了也将之当作可有可无的"道具",心态浮躁。

(2) 倾尽全力在"写"上下功夫,成语、典故、格言连篇累牍,但忽略了演讲稿和演讲时语体上的有机转换,失去了口头语言应有的通俗、朴素、简短、流畅等特点,演讲的可听性弱,上台后唯稿是从,不敢越雷池一步,结果把演讲变成了"作文朗读"或者是"作文背诵"。

(3) 怕写不好演讲稿。自己不会写怎么办? 我们可以在网上搜模板再加以改动,但网上的演讲稿往往不一定适合自己,且不易讲出真情实感,最重要的是容易"撞稿",十分尴尬。

那在处理演讲稿与演讲的关系时,我们该怎么做呢?

(1) 演讲初学者要写演讲稿。演讲必须有内容,有思想,有一定的深度和逻辑,如果事先不准备,靠临场发挥很难体现出来。撰写演讲稿的目的,就是让自己在演讲时,语言生动流畅,内容有趣,思想有深度。总之,是为了让台上的自己说话更有水平。

(2) 演讲初学者要认真创作演讲稿。充分把握演讲稿的写作要求,逐步培养演讲写作能力。只有亲自创作,演讲稿才能适合自己的演讲风格。

(3) 正确处理演讲稿与演讲的关系,不视演讲稿"可有可无",也不能"唯稿是从"。把演讲稿当作演讲的依据,演讲现场又能根据具体状况适当调整,真正实现让演讲稿为演讲服务的目的。

二、如何收集和处理演讲稿的材料

选题是演讲的第一步,立意是演讲的灵魂,而立意又贵在创新。所以演讲的选题立意确定了,就需要围绕选题立意搜集诸多材料,尤其是新颖的材料。

选题明了了,就需要搭建框架,搭建演讲框架的第一步就是亮明观点,而材料是观点形成的基础。

在演讲稿中,我们要对材料进行组合搭配,呈现演讲观点。材料的选择、分析、概括和排列对于增强演讲的说服力、吸引力有着十分重要的意义。

演讲写作训练:材料与语言(2)

认识的人,了解的事

"十年前,在从拉萨飞回北京的飞机上,我的身边坐了一个50多岁的女人。她是……这个人姓熊,是拉萨一中的女教师。

"五年前,我采访过一个人。他在火车上买了一瓶1块5毛钱的水……他叫郝劲松,是一名34岁的律师。

"去年我认识一个人,我们一起吃饭,这个60多岁的男人,说起丰台区的一所民工小学被拆迁的事儿……这个人姓陈,是中央财经领导小组成员。

"一个国家是由具体的人构成的,它由这些人创造,并且决定。寻求真理的人,能够独立思考的人,能够记录真实的人,能够不计利害为这片土地付出的人,能够捍卫自己权利的人,能够知道这个世界并不完美但仍不言乏力、不言放弃的人……只有一个国家拥有这样的头脑和灵魂,我们才能说,我们为祖国骄傲。只有一个国家能够真正拥有这样头脑和灵魂,我们才能说我们有信心,让明天更好。"

材料分析

(1)三则材料。

① 拉萨一中的女教师;   ② 郝劲松,34 岁的律师;

③ 中央财经领导小组成员。

(2)"我"见证或采访获得的材料。

有关这三个人的事例,演讲者分别以"我的身边坐了一个""我采访过一个人""我认识一个人""我问过一个老人"——"我"参与、"我"见证的方式娓娓道来,自然地引出材料,自然地排列组合。

(3)概括材料,形成演讲观点。

这些材料看似随意,实则布局严密。这三个人分别是教师、律师、公务员;这三个人分别代表"记录真实的人""捍卫自己权利的人""不计利害为这片土地付出的人",这些具体的人共同形成演讲的观点:认识的人,了解的事。

(4)由点及面,升华演讲观点。

由"认识的人,了解的事"的点及面——"一个国家是由具体的人构成的,它由这些人创造,并且决定"。又对面进行深化:"寻求真理的人,能够独立思考的人,能够记录真实的人,能够不计利害为这片土地付出的人,能够捍卫自己权利的人,能够知道这个世界并不完美但仍不言乏力、不言放弃的人……只有一个国家拥有这样的头脑和灵魂,我们才能说,我们为祖国骄傲。只有一个国家能够真正有这样头脑和灵魂,我们才能说我们有信心,让明天更好。"三个"只有"的句式深化了演讲观点,能唤起听众的爱国情感,产生强大的号召力。

分析结论

一篇演讲稿的成功与否,价值大小,关键在于材料的选择和处理。

(一) 收集材料的途径和方法

收集材料的途径和方法主要有以下三种,一是取自"我"的故事和感受;二是取自社会热点及民众普遍关心的话题;三是引用文献、典故、格言警句、名人事迹等。

1."我"的故事和感受

材料要以演讲者自身的经历和感受为主。听众来听你演讲,就是想听你的故事和感受。所以收集材料时要多挖掘自己的经历和感受。

2.社会热点及民众普遍关心的话题

收集社会热点及民众普遍关心的话题,主要是为了在演讲中更大限度地引起听众的兴趣,深挖演讲主题。但切记不找特殊的案例,选材上要考虑普遍性和听众的兴趣。

3. 文献、典故、格言警句、名人事迹等

多读书、多读文献、多阅读诗歌,储备知识,增加材料。搜集文献、历史典故、格言警句、名人事迹可以更有力地佐证自己的观点,这方面材料的使用要适可而止,以免有"掉书袋"的嫌疑。

现在我们搜集材料可利用网络、新媒体等,但仍然需要养成勤记录、勤整理的习惯,我们可以将其记在自己的手机备忘录里;搜集材料时,有时也需要我们亲自调查、统计数据等。需要多搜集"我"的故事和感受或"我"调查得来的材料,这些直接材料,不仅让演讲者讲时得心应手,而且更易赢得听众的赞同。

选材要选择与听众的切身感受、利益息息相关的人和事,这样讲起来才有亲切感和说服力。

搜集材料是一项琐碎细致的基础工作,必须坚持不懈、持之以恒,同时也要得法,无论是直接材料还是间接材料都得广泛采撷、精心筛选、归档整理。

收集好材料后,收集回来的材料在演讲稿中怎么使用呢?

这就涉及对材料的处理、升华。

所谓升华,就是演讲中在叙述材料的基础上,对材料加以分析、概括、提炼、延伸,并以理性的语言表述、渲染,从而将听众的思想引向一个更深邃的境界。

(二) 材料的处理、使用方法

常见的对材料升华处理的方法有以下几种:由点及面的扩展、由表及里的深化、由此及彼的引申、由陈出新的点化、由境及情的交融、由抑及扬的反衬。

案例
阅读

立德树人,同心共筑×院梦

——教师节发言

尊敬的各位领导、亲爱的同事们:

大家节日快乐! 非常荣幸能有这样的机会代表全体教师进行发言。

"大学之道,在明明德,在亲民,在止于至善。"简言之,就是大学的宗旨在于发扬学生先天固有的美德,在于革除旧习、善于创新,在于到达自我完善的境地,这是儒家做学问的"三纲",这与现代教育的立德树人、鼓励创新、完善自我有相通之处。

"志于道,据于德,依于仁,游于艺。"把道作为自己的志向,把仁和德作为纲领,以六艺为基本,使学生得到全面均衡的发展,这是孔子培养学生的思想,与高等职业教育注重培养技能、强调立德树人有异曲同工之妙。

记得刚入大学时,学校大门后面的顶部书写有这样的大字:学高为师,德高为范。"立德",从那时起就成为我从教的基本理念。早在《左传》中就有记载,"太上有立德,其次有立功,其次有立言,虽久不废,此之为不朽"。人生三不朽中"立德"居首位,可见万事从做人始。

又到一年金秋时,我会在每年这个时候,以这样的方式向我的学生们提出修身、立德的要求。2003年9月,也是这个时候,我来到这里,成为教育战线上的一名追梦者,十年过去了,不知不觉中昔日的追梦者已成为别人实现梦想的助推者。在追梦途中我们有时会迷茫,那时多么需要内心的强大和温暖。所以,我常常思考怎样做才能穿越古今的阻隔,让文字直指学生内心,让无限的文字世界给学生们的内心带来一种向上、积极的光芒,让他们能以强大的小宇宙去享受生活,面对梦想,咂摸人生的苦与乐。内心丰富,才可应对匆匆忙忙、周而复始的生活和工作,你我如此,学生的未来亦会如此。

我走过这十年,深知我们彼此都不缺少宏大的理想和梦想,唯一缺少的是到达梦想的切实之路。从怀揣新校区的梦想到现在全校的就地翻新与整修,从2007年人才培养水平评估再到2012年专业人才培养质量评估,从人才培养方案的反复修订再到课程改革与建设,我们经历了一次又一次的蜕变,我们走过了十余年,只为学院的发展与辉煌!"士不可以不弘毅",作为×院的一分子,我深知,在座的前辈和同行在"立德树人"的道路上已经走了很久,但要培养出更多更好的适应市场需求的金融英才,我们还任重而道远,辉煌梦想的实现还需要我们艰辛的付出!

党的二十大把"立德树人"作为教育的根本任务,今年教师节也把"立德树人,同心共筑中国梦"作为主题,其实,你、我、我们一直在践行立德树人,现在我们拥有了更有凝聚力的校园文化,那就携起手来吧,让我们共筑教育梦!

谢谢大家!

材料分析:

(1)由表及里。

解读"大学之道,在明明德,在亲民,在止于至善",指出其与现代教育的"立德树人、鼓励创新、完善自我"有相通之处;点破"志于道,据于德,依于仁,游于艺"——孔子培养学生的思想与高等职业教育注重培养技能、强调立德树人有异曲同工之妙。开篇两段通过材料提示与对照,找到演讲观点"立德树人"的历史联系与渊源,深化演讲主题。

(2)由此及彼。

① 由"学高为师,德高为范"的从教职责,延伸联系到《左传》人生三不朽中"立德"居首位,以增强从业的自豪感,唤起听众的责任感、使命感;

② 由"我"立德树人的职责、教学实践延伸到"我们"践行的实际工作,再到学院的发展,不仅代表个人演讲,更体现出教师代表的身份,为大家发声,以期获得听众的认同。

(3) 由境及情。

① 回顾追梦十年中自己曾遭遇的迷茫,联系到内心强大、坚定的情感,跳转到学生们在成长过程中也需要积极向上的心理建设,这种由自我的"境"到学生的"境"中渗透饱满真挚的情感,易引发共鸣;

② 结尾两段也出现由境及情的交融,将演讲"立德树人,同心共筑学院梦"引向携手共进的方向。

分析结论:

(1) 一篇演讲稿的材料处理可综合运用多种升华方式。

(2) 演讲稿的材料要巧搭配,让演讲内容更丰富,增强说服力、吸引力。

(3) 演讲稿的选材要严格、真实、典型、新颖。

三、演讲稿的语言有什么要求

一篇好的演讲稿对演讲者而言,要说得方便;对听众来说,应听得明白。用两个词概括就是"上口、入耳"。这是对演讲稿语言的两条硬标准。

问题:演讲稿中的语言应怎么处理,才能"说得方便"?

一是多用简短有力的句子,避免使用太多书面语,要便于口头表达。行文上介于书面语与口头语之间,既有书面语的美感,又有口头语易"上口"的特点。

二是选择让演讲者"朗朗上口",适合演讲者的语言。每个演讲者都有独特的语言风格,不要一味模仿别人,重要的是将学到的经验融入自己的语言风格中,塑造自己最完美的演讲风格。

(一)"说得方便"

满足演讲者"说得方便"的需要,就得使用简短有力、口语化且适合演讲者自己演讲风格的语言。那么,在实际运用中该如何体现呢?

案例阅读

闻一多的演讲词

这几天,大家晓得,在昆明出现了历史上最卑污、最无耻的事情!李先生究竟犯了什么罪,竟遭此毒手? 他只不过用笔写写文章,用嘴说说话,而他所写的、所说的,都无非是一个没有失掉良心的中国人的话! 大家都有一支笔,有一张嘴,有什么理由拿出来讲啊! 有事实拿出来讲啊! 为什么要打要杀,这成什么话?

今天,这里有没有特务? 你站出来! 是好汉的站出来! 你出来讲! 凭什么要杀死李先生? 杀死了人,又不敢承认,还要污蔑人,说什么"桃色新闻",说什么共产党杀共产党,无耻啊!无耻啊!这是某集团的无耻,恰是李先生的光荣!李先生在昆明被暗杀,是李先生留给昆明人的光荣,也是昆明人的光荣!

（资料来源：闻一多,《最后一次演讲》,中国工人出版社2016年版）

"有事实拿出来讲啊!为什么要打要杀,这成什么话?

你站出来!是好汉的站出来!你出来讲!凭什么要杀死李先生?"

简短有力的句子,便于演讲者抒发强烈、浓郁、悲愤的情感。

"这几天,大家晓得……"

"说什么'桃色新闻',说什么共产党杀共产党,无耻啊!无耻啊!"

口语化的表述,这种"说得方便"的演讲语言让演讲者愤怒谴责的情感自然流露。

"说得方便"要兼顾演讲者的演讲风格,我们常见的演讲风格有下列几种:慷慨激昂式、风趣幽默式、朴实无华式、凝重庄严式、亲切柔和式、绮丽秀美式。

其实选择哪种演讲风格并不重要,重要的是我们要有自己的演讲风格,只要演讲风格与自身特点相和谐,就是一种美。

① 慷慨激昂式演讲,具有激情高昂、英武奔放的语言风格,语言节奏紧张急促,具有穿透力;② 风趣幽默式演讲,具有生动形象、俏皮幽默的语言风格,可通过使用比拟、夸张、反语、双关、谐音等修辞手法实现;③ 朴实无华式演讲,演讲语意纯净真诚,不加雕饰,像拉家常,语言质朴无华,平白如水,清新自然;④ 凝重庄严式演讲,具有庄严肃穆、沉稳典雅的语言格调,用语严密、逻辑性强,多运用蕴含丰富、意义深刻的词语和修辞方式;⑤ 亲切柔和式演讲,具有轻柔委婉、平和潇洒、曲折生动的语气风格,言语平和、平铺直叙;⑥ 绮丽秀美式演讲,具有用词优美华丽、情感浓郁的特点,多采用富有色彩的词汇、多变的句式、绮丽的语言,比拟、比喻、排比、反复等多种修辞交替使用。

每一个演讲者都是独具特色、与众不同的,无论是"气势磅礴",还是"吟吟如诗",只要能打动听众,就是成功的演讲。演讲风格虽具有相对的稳定性,但同时也有一定的变异性。我们可以借鉴、学习别人的风格,但不可盲目照搬,将学到的经验很好地融入自己的语言风格中,塑造自己最完美的演讲风格。

解决了演讲稿"上口"的问题,还要考虑演讲听众听的感受,做到"入耳"。

问题：演讲稿中的语言应当怎么处理,才能让人"听得明白"?

一要使用准确、清晰、生动、口语化的语言,满足听众"入耳"的需要。演讲者的语言必须非常清楚,让听众一听就懂,不能产生误解或不懂。二要适合听众。尤其是专业性强的演讲,要顾及听众的层次、水平以及理解程度,对于普通听众要避免使用专业术语、习惯用语等可能让他们困惑、不解、不舒服的语言。

（二）"听得明白"

要满足听众"听得明白"的需要,就得使用准确、清晰、生动、口语化的语言。那么,在实际运用中该如何体现呢?

1. 准确

"准确"这个标准,包含以下三层意思。

① 表达准确贴切,符合客观实际。要表达准确贴切,演讲者就得思想认识正确、深刻,能一语点破事物本质,并做出中肯精当的表述。② 遣词造句恰如其分。遣词造句符合语法规范,不能使句子成分残缺不全、语意模糊、语气紊乱。要恰如其分地传递出演讲者的思想、情感。③ 词以达意,不求华丽。演讲语言以准确表达、词以达意为目的,不可过分雕琢,不以辞藻华丽取胜。

仍以《认识的人,了解的事》为例,这篇演讲稿讲述了拉萨一中的女教师、34 岁的律师郝劲松、中央财经领导小组成员三个人的事例,如果演讲者只是将"我"见证或采访的材料连缀成篇,那么听众能"听得明白"这三个故事,却不明白为什么这三个故事要放在一起,要想听众明白故事背后连缀在一起的那根"线",就需要演讲者透过事例表象一语点破事例本质,演讲稿结尾处的升华正是揭示这个本质的精当表述。有了这样的一语道破的"准确",听众才能"听得明白"。

2. 清晰

"清晰"这个标准,也包含三层意思。

① 语言通俗易懂。演讲时,语言稍纵即逝,使用通俗易懂的言语词汇,听众一听就明白。② 表述线索简洁明了。表述内容简洁,线索清晰,主干突出,短句子多,节奏感强。③ 精练、不啰唆。演讲语言杜绝冗长,语言要干净利落。

3. 生动

有的人演讲,叙事清楚,语句也通顺,但听后往往不能给人留下深刻印象。这是为什么?语言不生动形象就是原因之一。

生动是演讲语言艺术化的标志。通过使用比喻、排比、反复、设问、对比等各种修辞手法,让演讲的思想和内容生动形象地展现,演讲自然会给听众留下深刻印象。

毕淑敏演讲中的设问

蜜蜂会造蜂巢,蚂蚁会造蚁穴;人会造房屋、机器,造美丽的艺术品和动听的歌。但是,对于我们最重要、最宝贵的东西——自己的心,谁是它的建造者?孔雀绚丽的羽毛,是大自然物竞天择造出;白杨笔直刺向碧宇,是密集的群体和高远的阳光造出;清香的花草和缤纷的落英,是植物吸引异性繁衍后代的本能造出;卓尔不群、坚忍顽强的性格,是禀赋的优异和生活的历练造出。我们的心,则是长久地不知不觉地以自己的双手塑造而成。

（资料来源:毕淑敏,《自己的心,谁是它的建造者?》,有改动）

分析: "我们自己的心,谁是它的建造者"的设问,在蜜蜂会造蜂巢、人会造房屋的对比中引出,引起听众思考,又在动植物及其特性的排比中引出问题答案。演讲中巧用设问,有利于提醒听众对问题进一步思考,增强演讲的表达效果。

演讲稿的语言除了有"说得明白"(适合演讲者)、"听得明白"(适合听众)的基本要求,还需要得体,适合演讲场合和主题。演讲者需要根据不同的场合调整演讲语言,甚至相同的演讲内容和主题在不同的演讲场合也要进行语言方面的调整。

 实践应用角

"知行兼举",作为学习者,需将"知识充电站"的新知在"实践应用角"激活。3 个共学单的"活动"具有进阶性。活动一——案例分析,巩固新知;活动二——视频对比,在对比中获得对写作材料组织、使用,以及演讲语言的真切感受;活动三——主题演讲写作材料的选定以及语言风格的确定,迁移应用,借具体任务的完成获得具体能力。

只有通过不断实践才能得到真理,提高能力。

> **小贴士**
>
> "耳闻不如目见,目见不如足践。"
>
> ——刘向《说苑》

活 动

共 学 单
(学习改变思维 训练改变行为)

表 1−4−3 案例分析活动

活动一：案例分析	
活动内容	**感恩,源自最有温度的内心** 朋友们: 　　大家好! 　　这些天,在网上看重庆山火救援的新闻,自以为很坚强的我,到最后还是落泪了。 　　2022 年 8 月 28 日,增援重庆扑灭山火的云南森林消防总队,最后 304 名指战员撤离。从那天开始,一个"没端火锅是重庆人最后的克制"的词条上了热搜。"克制"的重庆人,却吓到了无数的网友。原来,重庆人是这么对待恩人的。 　　一大早,路边就挤满了夹道欢送的人群,把车辆围得水泄不通。人群中,有学生,有老人,有一家几口。在 40 多摄氏度的高温里,听闻消息的重庆人,能来的几乎全部赶来了。一个五六岁的小男孩,特意骑到了父亲的肩膀上。对着消防车,他郑重地敬了一个礼。 　　人太多,消防车辆只能缓缓开过,但仍不断有市民向消防车里递送东西。到最后,重庆人干脆什么都不说,把东西直接扔进车厢。一个大哥扔进了一个大西瓜。因为他们觉得,这几天"消防员辛苦了,却啥都没吃到"。 　　这次消防队员没吃到火锅,重庆人直接送了火锅底料。有人煮了一篮鸡蛋,并在上面一笔一画地写上"致敬烈火中的英雄"。她说:"回家的路这么远,他们在路上饿肚子怎么办? 我一定要把鸡蛋送给他们。"	**社会角色** 立足 职业岗位 服务 国家社会

续　表

活动一：案例分析	
送东西的人太多太热情，消防队员都不敢开车门了。因为一开门，车厢马上就会被各种东西塞满。但重庆人立马改变了策略，"包围"了车，不开门就不让走，消防员还是不开门，他们就直接把东西挂到车窗上，挂到后视镜上。到最后，连消防车的车窗上都挂满了棒棒糖。不知道这长长的一条棒棒糖，是哪位小朋友系上去的…… 看到这些照片，觉得好笑，突然又觉得很想哭。原来，这就是重庆人；原来，重庆人的骨子里，不仅有义无反顾的"勇敢"，也有肝胆相照的"义气"；原来，这就是英雄和重庆人的双向奔赴。你曾以命相救，我太多话语，难以言表，只能以热泪涌泉相报。 重庆人的气质，是勇，更是义。这也是中国人的英雄气。 我想起那一年的九江。特大洪水侵袭，长江危在旦夕。解放军和武警战士深夜驰援，他们用血肉之躯组成人墙，不让洪水毁掉这座城市。他们发出最强的吼声："人在，堤在。"他们身上几乎都脱了几层皮，累倒在泥泞中。 一个多月后，洪水退去。 九江人用最短的时间，搭起人墙，为他们送行。看着远去的列车，数不清的九江市民泣不成声。一个小男孩在人群中举出了一张纸，上面写道："长大了，我也要去当兵。" 这份恩情，永远不会忘。"长大后，我要成为你。" 又想起那一年的汶川。大地开裂，痛彻心扉。无数人从中国的四面八方赶来，参与最紧急最危险的救援。他们从废墟下救起伤者，他们安慰着那些失去亲人的家庭，他们为不幸的人流泪。 奋战三个月后，救援队伍宣告撤离。天刚蒙蒙亮，汶川县城街头已经站满了老百姓。一位老人，用最高的礼节，吹起了《送客调》；一个还坐在轮椅上的小朋友，为解放军叔叔戴上大红花；他们的家园已成废墟，却仍然拿出了自己剩余不多的东西，拼命地往车上塞。 他们刚刚经历了人世间最大的痛，但他们依旧有着人世间最深的情，最有温度的内心。 某社交平台上有一个问题：中国为什么迟迟没有出现"超级英雄"题材的电影？问题下面有这样一个答案获得了很多人的赞同：因为在中国，好多人都是英雄。他们是医务工作者、消防队员、解放军战士，也是路边最普通的外卖小哥、售货员与看起来最平常的路人。 这个国家，不仅有最好的英雄，也有最好的老百姓。他们感恩，勤勤恳恳，珍惜所有的好。他们彼此成就。他们生于斯、长于斯、歌于斯，对这个国家，有最深沉的爱。 这就是吾国吾民。人民就是江山，江山就是人民。 我永远不会忘记重庆的这个夏天，我永远不会对脚下这片土地失望；我永远相信，在未来，不管再遭遇什么，中国人都会携手并肩，做彼此的光。 谢谢大家！ 　　　　　　　　　　　　(资料来源：脆皮先生，《感恩，源自最有温度的内心》，有改动) **思考问题：** 　　1. 这篇演讲稿选择了哪些材料？在材料处理上是怎么做的？ 　　2. 这篇演讲稿在语言上，给你留下什么印象？语言风格是什么类型？请梳理思路，条理清晰地表达。	**个体角色** 担当 时代责任 提升 生命价值 自我完善

活动内容

	活动一：案例分析	
活动实施	1. 小组讨论分析案例。 　个人：分析演讲材料与语言的使用，体悟内容的正能量。 　小组：倾听交流(注意倾听、表达的礼仪)。 2. 小组将讨论意见汇总，录制讨论过程，上传至课程平台"主题讨论"或"班级群"。 3. 参与课程平台主题讨论。 4. 也可汇总意见后，采用小组现场汇报的形式进行汇报。	信息处理能力 团队合作能力 口头表达能力
考核评价	方式一(线上考核评价)： 1. 参与"主题讨论"活动时获取课程积分，还可在课程分数权重项设置中获得"讨论"项分值。 2. 主题讨论词云投屏，教师点评。 方式二(线下考核评价)： 1. 小组现场汇报后，互评、教师点评。 2. 填写活动评价表。	

说明：1. 活动时长 30 分钟，分值 20 分，教师可根据实际进行调整。
　　　2. 可根据实际选择活动形式。
　　　3. 可根据活动形式调整考核评价方式。

表 1-4-4　视频对比活动

	活动二：视频对比	
活动内容	1. 观看线上课程资源《一枚平安玉，浓浓矿山情》《怀匠心，做匠人》以及《专家点评》，比对演讲材料选择与处理方面的不同。 2. 观看演讲视频梁植《"笨"向未来》和李帅《幸福来敲门》，比对在演讲材料处理以及语言方面的不同。 3. 各小组将每人搜集到的真实演讲比赛资料分享(预学单中的"5")，分析不同的演讲内容在故事表述方面的技巧使用。 (3 选 1，也可各组领取不同任务)	社会角色 立足 职业岗位 服务 国家社会 个体角色 担当 时代责任 提升 生命价值 收获 人生幸福
活动实施	1. 小组讨论分析案例。 　个人：分析演讲材料的选择，体会演讲就是要做自己。 　小组：倾听交流(注意倾听、表达的礼仪)。 2. 小组将讨论意见汇总，录制过程，上传至课程平台"主题讨论"或"班级群"。 3. 参与课程平台主题讨论。 4. 也可汇总意见后，采用小组现场汇报的形式进行汇报。	信息处理能力 团队合作能力 口头表达能力
考核评价	方式一(线上考核评价)： 1. 参与"主题讨论"活动时获取课程积分，还可在课程分数权重项设置中获得"讨论"项分值。 2. 主题讨论词云投屏，教师点评。	

续　表

	活动二：视频对比	
考核评价	方式二(线下考核评价)： 1. 小组现场汇报后,互评、教师点评。 2. 填写活动评价表。	

说明：1. 活动时长 20 分钟,分值 20 分,小组汇报可适当延长活动时间,教师可根据实际进行调整。
　　　2. 可根据实际选择活动形式。
　　　3. 可根据活动形式调整考核评价方式。

表 1-4-5　完成我的主题演讲材料的处理和语言风格的确定活动

	活动三：完成我的主题演讲材料的处理和语言风格的确定	
活动内容	**背景与情境：** 　　如果要你参加"喜迎二十大,奋进新征程"主题演讲活动,在演讲材料和语言方面,你会如何做?	**解决问题**
活动实施	1. 梳理预学单中搜集的关于党的二十大的资料。 　　个人：找出自己关注的点。 　　小组：成员分享。 2. 观看各种官方媒体上与党的二十大相关的主题演讲比赛。 3. 结合个人经历与社会热点,选择契合自己演讲选题的材料,并确定自己的演讲语言风格。 4. 若确定自己的故事素材,小组汇总;若不能确定,课后思考上报。	信息处理 能力 解决问题 能力
考核评价	教师根据各小组上报的具体情况以及活动表现,填写活动评价表。	

说明：1. 活动时长 20 分钟,分值 20 分,教师可根据实际进行调整。
　　　2. 可根据实际调整活动形式。
　　　3. 可根据活动形式调整考核评价方式。

演讲写作训练(一)材料与语言评价表

班级：　　　　　姓名：　　　　　日期：　　年　月　日

表 1-4-6　演讲写作训练(一)材料与语言评价表

项　目	评 价 标 准	分值	学生 自评 (30%)	小组 互评 (30%)	教师 评价 (40%)	小计
素养培养	能以细致、严谨的态度参与实训活动,在实训活动中积极参与,善于合作,友好沟通	10				

续　表

项目	评价标准	分值	学生自评(30%)	小组互评(30%)	教师评价(40%)	小计
素养培养	在实训过程中表现出社会责任感和职业品质,能关注现实	10				
	能够结合演讲材料与语言的技巧,认识到材料与语言在撰写演讲稿中的重要性,择取优质素材和合适语言的意识强	10				
知识应用	在小组活动中能够准确陈述演讲材料与语言的技巧	10				
	在班级陈述中能够正确运用演讲材料收集与处理和演讲语言的理论知识陈述本组观点	10				
能力提升	能够将所学的材料与语言的技巧运用到实训任务中,学以致用	10				
	结合具体的演讲任务,运用材料与语言的技巧对具体的演讲任务进行分析	10				
项目成果展示	能够独立完成的任务,在活动中能主动提出问题,解决问题	10				
	在活动中汇报表达自如流畅,语速得当	10				
	项目成果能与时事结合紧密,体现社会担当,传递正能量	10				
合计		100				

评估:测测你演讲材料与语言的使用能力

自测袋袋库

　　"评估",是"学习式评价",也是对自我学习收获的一个总结。完成自我观察,即时品尝个人能力提升的成就感。如有错误和不足,反之,要提醒自己及时修正和补充。

续 学 单
(学习改变思维 训练改变行为)

表1-4-7 续 学 单

序号	续学内容	必做要求	拓展要求	评价(15%)	备注
1	知识测试:高阶测验	在线上课程平台完成	查找线上同类课程相关内容,进行练习	线上平台评价。可与预学单的达标测验对比,由老师进行评价	必做
2	能力实操:确定主题演讲的材料和语言风格	继续完成活动三主题演讲材料选择与语言风格确定的任务	浏览最新的真实演讲比赛视频,浏览3~5位比赛选手的演讲	完成评价表中的小组自评、小组互评项目。依据拓展内容完成情况,老师进行增值性评价	必做
3	拓展提升:归纳职场主题演讲比赛的材料与语言风格的规律	搜集职场演讲视频。汇总提交	整理汇编成班级喜爱的演讲视频目录	依据归纳的职场主题演讲比赛的材料与语言规律,老师视班级编辑情况与水准,予以总结性点评	必做

说明:1. 本次续学内容由学生个人完成。
2. 评价占比10%(1项占5%,2项成绩记在活动三,3项占5%)。

评价要项占比及分值(参考)

表1-4-8 评价要项占比及分值(参考)

要项	签到(5%)	预学单(15%)	共学单(60%)	评估(10%)	续学单(10%)	备注
分值	5分	15分(3项)	60分(3项)	10分	10分(2项)	

任务四　演讲写作训练(二)写作结构

——"我"要书写美好未来

指导表

表 1-4-9　"四环三单"学习指导表

项目名称		项目一　演讲核心技能训练		任务名称	任务三　演讲写作训练(二)写作结构
学习过程 四个环节	目标	素质目标	1. 激发演讲、写作的意识,培养演讲写作时设计结构的习惯,用演讲传递正能量 2. 关注现实,懂得生命至上,养成社会责任感 3. 懂得在现代化的新征程中要用文字书写美好未来		
		知识目标	1. 了解讲稿提纲与演讲提纲的基本关系 2. 了解演讲稿主体部分的基本内容 3. 掌握演讲稿标题、开头、结尾的基本要求		
		能力目标	1. 能够借助演讲写作结构的技巧,完成一次演讲稿撰写的任务 2. 能够借助演讲的写作结构技巧与方法,提升演讲的写作与思考的能力		
	任务	任务描述	背景与情境:如果单位让你参加"喜迎二十大,奋进新征程"主题演讲活动,在演讲稿的写作结构方面,你该做什么		
		预学单	1. 阅读"知识充电站"或观看线上课程视频(2 选 1) 2. 阅读演讲稿或观看演讲视频(2 选 1) 3. 搜集真实演讲比赛资料(必做)		
	活动	共学单	1. 案例分析——激活深化		
			2. 视频对比——关联转化		
			3. 完成你的主题演讲选题——迁移应用		
	评估	自我评估	测测你的演讲写作结构设计的能力		
		续学单	1. 知识测试 2. 能力实操 3. 拓展提升		

目　标

学会演讲稿写作结构设计的技巧

写演讲稿之前，除了做好基础性工作——搜集材料，还需要确定演讲稿的写作结构。演讲的结构安排好了，不仅可以使听众听得清晰明了，也可以增强演讲效果。

一篇演讲稿的写作结构包括标题、开头、主体以及结尾部分，尤其主体部分的内容结构至关重要。

通过运用演讲稿写作结构设计的原则和技巧，确定有自己风格的演讲写作结构，在特定背景与情境的学习和训练中，你将能够实现下列目标。

素质目标：通过学习演讲稿写作结构设计的原则和技巧的知识与技能，激发演讲、写作的意识，培养演讲写作时设计结构的良好习惯；关注现实，热爱生活，传递正能量；懂得在现代化新征程中要用文字书写美好未来。

知识目标：通过学习演讲稿写作结构的原则和技巧，能够叙述演讲写作结构的基本原则和方法等。

能力目标：通过案例分析、讲稿对比、完成我的主题演讲写作结构三个活动的训练应用，培养运用演讲写作结构的技巧知识增强演讲表现效果的能力。

任　务

演讲写作训练：写作结构（1）

完成一次主题演讲写作中演讲写作结构的确定

如果单位让你参加"喜迎二十大，奋进新征程"主题演讲活动，在演讲稿写作结构方面，你必须明确以下问题：

1. 讲稿提纲和演讲提纲有什么不同？
2. 演讲稿中最重要、最难的部分是什么？
3. 演讲稿的标题怎样撰写会更加醒目有力？
4. 演讲稿的开头和结尾有哪些撰写方式？

> **小贴士**
>
> "强国建设，民族复兴的接力棒，历史地落在我们这一代人身上。"
>
> ——习近平在十四届全国人大一次会议闭幕会上的讲话

预 学 单

（学习改变思维　训练改变行为）

表 1-4-10　预 学 单

序号	预学内容	预学要求	拓展要求	评价(15%)	备注
1	阅读"知识充电站"	运用思维导图整理知识要点，完成线上达标测验	思考从阅读中收获了什么	课程平台评价。依据问答评价	2选1
2	观看线上课程视频	结合视频内容提出你最关注的一个问题。完成线上达标测验	可以在关注的问题后面，附上原因	课程平台评价。依据问答由老师进行评价	
3	阅读演讲稿：周恩来的《在万隆会议上的补充发言》、毛泽东的《愚公移山》	结合阅读的内容，谈谈在演讲稿写作结构方面对你有什么启发	可以在阅读启发后附上自己的一些感想和体会	依据每一位同学总结的启发内容和感想体会，由老师进行评价	2选1
4	观看视频：《别把梦想逼上绝路》《在庆祝中国共产主义青年团成立100周年大会上的讲话》	"我"要传递正能量，在视频中是如何体现的？摘录2~3处对你有启发的内容	中国青年书写美好未来怎样体现？请整理500字左右的文字资料	依据每一位同学回答的问题质量，由老师进行评价	
5	搜集真实演讲比赛资料	选择一个最喜欢的推荐给你的学习小组，上传课程教学平台	可附上推荐理由。收集党的二十大报告内容，整理个人最关心的两个问题。	依据每一位同学上传的资料质量及推荐理由，由老师进行评价	必做

说明：1. 本次预学内容由学生个人完成(可以是其中的一项或几项)。
　　　2. 评价占比 15%(3 项各占 5%)，评价方式依学习方式定。

🪧 知识充电站

　　知识是能力形成的基础，学习应知应备的知识，是提高能力训练效果的重要前提。"知识充电站"明晰了演讲写作结构的原则和技巧。

一、讲稿提纲与演讲提纲

（一）时间节点不同

讲稿提纲就是在准备演讲稿的过程中使用的提纲，详细而具体；演讲提纲是用于发表演讲之时的提纲,简明扼要。

讲稿提纲要通过提要或图表,将演讲的具体目标、中心思想、主干结构和布局列出来,便于演讲者推敲整个演讲稿的设计是否合理、层次是否清晰、段落是否均衡等。而演讲提纲可以帮助演讲者记住想说的话、关键词、短语、数据、引言等,是一些标记性的信息。

(二)讲稿提纲范例及分析

表 1-4-11　讲稿提纲范例及分析

《立德树人,同心共筑×院梦》讲稿提纲	分　析
具体目标:响应教师节"立德树人,同心共筑中国梦"的主题。 **中心思想:**践行"立德树人"的职责。	利用"具体目标""中心思想"判断提纲结构是否达到演讲目标、传达中心思想。
开头 1. 祝福节日快乐,代表教师发言。 2. 亮出发言题目。	礼貌问候,直奔主题。 标明演讲的开篇、主体和结尾,使演讲稿提纲层次分明、一目了然。
主体 1. 古代教育与现代教育在"立德树人"方面的联系。 　(1) 儒家学派的"三纲"与现代教育"立德树人"的相通之处。 　(2) "六艺"与当下高等职业教育的联系。 　(3) "立德"植根于我的职业职责的内心深处。	第一个要点下的三个分论点分别标示,要点与分论点表述清晰、具体,确保演讲者全面思考了所列出的要点。
2. 我与同事们在"立德树人"上的践行以及"×院梦"的实现。 　(1) 从教十年,我从教学中体会到的"立德树人"。 　① 我从追梦者到别人实现梦想助推者的心路历程。 　② "文学世界"穿越阻隔让学生努力向上,内心充满光芒。 　(2) 走过十年,我们追寻梦想之路。 　① 历数学院近几年教师们经历的"大事",为实现梦想的辛苦付出。 　② "士不可以不弘毅",实现"×院梦"任重而道远。	第二个要点的两个分论点之下又分别有两个次级分论点,用数字依次标示,层级分明。 整篇讲稿提纲不断向右缩进的格式,视觉上十分直观。标明要点、分论点、次级分论点之间的关系。
结尾 1. 联系当下有关"立德树人"的政策,发出号召。 　(1) 党的二十大把"立德树人"作为教育的根本任务。 　(2) 教师节也把"立德树人,同心共筑中国梦"作为主题。 　(3) 你、我、我们一直就在践行立德树人,现在我们就携起手来吧,让我们共筑教育梦! 2. 表示感谢。	结尾强化"立德树人"中心思想,并把听众和演讲者与演讲主题再次联系在一起,愉快地结束演讲。

讲稿提纲包括演讲标题、具体目标、中心思想、开头、主体(要点、分论点)、结尾。

讲稿提纲写起来虽然会花费较多的时间,但对于成功的演讲,它是不可或缺的。

我们要设计具有可视化框架的演讲提纲,除了范例中的样式,还可以采用图表,比如思维导图。值得注意的是,提纲要采用统一的标记符号和缩进格式。

（三）演讲提纲范例及分析

表 1－4－12　演讲提纲示例及分析

《立德树人,同心共筑×院梦》演讲提纲	分析
微笑环顾全场 **开头** 1. 尊敬的各位领导、亲爱的同事们: 　　大家节日快乐! 非常荣幸能有这样的机会代表全体教师进行发言。	标注提醒演讲者的体态语。 开头全部呈现,防止上场忘词,以便顺利开场。
鞠躬 2. 今天我发言的题目是"立德树人,同心共筑×院梦"。	提示礼节。
主体 1. 三个联系。(放慢语速) 　(1) 大学之道,在明明德,在亲民,在止于至善。 　(2) 志于道,据于德,依于仁,游于艺。 　(3) 太上有立德,其次有立功,其次有立言,虽久不废,此之为不朽。	演讲提纲中大多会标明"主体"部分。 要点一是三个引言提示。 提示引言要读得稍慢一些。 把引言写入演讲提纲,提醒演讲者演讲时逐一引述。
2. 我和我们的践行。 　(1) 我的践行。 　　① 又到一年金秋时⋯⋯ 　　② 十年过去了,追梦者已成为实现梦想的助推者。 　(2) 我们的践行。 　　① 走过这十年⋯⋯ 　　② 从怀揣⋯⋯从 2007⋯⋯从假期⋯⋯ 　　③ 我们走过了十余年⋯⋯	要点二把重要时间节点在演讲提纲中列出,提醒演讲者按时间顺序讲述事例。
此处停顿 **结尾** 1. 党的二十大将"立德树人"作为教育的根本任务。	提示演讲即将结束。 结尾像开头一样,将全部内容列出,保证演讲圆满结束。
2. 第 29 个教师节将"立德树人,同心共筑中国梦"作为主题。 3. 你、我、我们一直就在践行立德树人,现在我们就携起手来吧,让我们共筑教育梦! 谢谢大家!	

　　演讲提纲是在写完演讲稿之后,上台演讲之前完成的。演讲提纲主要是帮助你记忆的关键词、短语,还有你担心忘记的数据、引语等,所以要清晰明了,尽量简洁,采用可视化框架。

　　需要注意的是,演讲提纲必须一目了然,否则毫无价值。可选用大号字体,加大行距,且只单面书写。

　　通过同一篇演讲的讲稿提纲和演讲提纲的对比学习,我们对于讲稿提纲和演讲提纲就有了更为清晰的认识。

二、演讲稿的标题

(一) 演讲稿的标题拟写的时间

其实,先拟标题还是后拟标题都可以。先拟的好处是按题行动,容易做到文题相符、不走笔,为修改打下良好基础;后拟是写完演讲稿再起名,这样做的好处是全稿在胸、拟题准确。

(二) 演讲稿的标题常见的拟写方法

对于一场演讲来说,一个创意十足而有吸引力的标题,能够让听众对这场演讲留下好的第一印象,听众也会对这场演讲充满期待和遐想。常见的拟写方法有下列三种。

1. 浓缩演讲精华

高度浓缩整个演讲稿的精华部分。如在一次关于团队的演讲稿撰写中,演讲者思虑再三,决定用"团队？团伙？"作为标题,这个标题让人眼前一亮。团队和团伙的意思虽然都是一群人聚集,但是本质上完全不同。

演讲写作训练：写作结构 (2)

2. 包含演讲者感情

包含演讲者感情也叫表态含情,让听众认可演讲者的观点,要先让听众认可演讲者的情感和态度,而演讲稿的标题能鲜明地展现演讲者的情感和态度,可使听众产生共鸣。如"用妈妈待你的方式待她",看到这个题目,你是不是会想起自己的妈妈是怎么对待自己的呢？

3. 蕴含深刻哲理

富有哲理意蕴的标题,不仅显示演讲者的智慧,发听众之未见之见,而且会让人反复咀嚼回味。如"'笨'向未来",是告诉人们不偷奸耍滑,不要小聪明,保持真诚、淳朴,守住底线和原则。

还可以用提问来取代标题。具体做法是把你所有的内容总结成某一个问题的答案,然后用这个问题来取代你的大标题。在这个注意力稀缺的时代,这种方法操作容易且有效。历史上精彩的演讲也有这类型的标题,如陈独秀《"五四"运动的精神是什么?》、鲁迅《娜拉走后怎样?》等,总之,标题是演讲的"眉目",好的标题能给人留下深刻的印象,引起听众浓厚的兴趣。

三、演讲稿开头和结尾——巧用技巧,让演讲告别平淡

演讲要有恰当的开头和好的结尾。精彩的开场设计会瞬间吸引听众,控制场上气氛,而精彩别致的收场设计,更会让你的演讲深入人心,富有感染力。

(一) 演讲稿的开头

演讲稿的开头有"零开场白""常规性开场白""非常规性开场白"三种样式。无论哪种开场,都是为了吸引听众,激发听众对演讲内容的兴趣,不知不觉中引导听众进入你的"演讲"。

想要拥有一个好的演讲稿的开头,可以使用以下3个技巧。

1. 独具匠心的设计,激发听众"我要听"的兴趣

(1) 问题导入。使用设问、反问等引导性问题是演讲中吸引听众的有效方法。

毛泽东的开场白

1957年,毛泽东在出国访问期间看望某大学中国留学生时发表的演讲开头问了三个问题。

第一个:"有没有湖北人?"(台下答:"有。")

毛泽东风趣地说:"我游过你们的长江。"

第二个:"有没有湖南人?"(台下又答:"有。")

毛泽东说:"我游过你们的湘江。"

第三个:"有没有广东人?"(台下再答:"有。")

毛泽东说:"我游过你们的珠江。"

现场掌声雷鸣,然后,毛泽东发表了热情洋溢的讲话。他说:"世界是你们的,也是我们的,但是归根结底是你们的。你们青年人朝气蓬勃,正在兴旺时期,好像早晨八九点钟的太阳,希望寄托在你们身上。"

分析:三个问题的抛出,瞬间缩短领袖与留学生的距离,让留学生们聚精会神地听完演讲。

（2）故事导入。选择契合演讲主题又有趣、带点戏剧性或悬念性的故事开场。

别把梦想逼上绝路

中央人民广播电台,现在是北京时间晚上十点整,晚上好,我亲爱的听众朋友们,欢迎收听调频106.6兆赫,中央人民广播电台文艺之声的《广播故事会》节目,我是今天的主持人丽娜。

在这个美好的夜晚,我特别想邀请你和我一起抛开一切的烦恼和疲惫,让自己的心安静下来,静静地去聆听一个盲人女孩追求梦想的故事。八年前,一个盲人女孩独自坐上了从大连开往北京的列车,这是她第一次独自离家,而且面对的是充满了未知的未来。但是她还是毫不犹豫地独自前往了,因为这是她等了很久很久的一次机会,一次可能让她抓住梦想的机会,是的,这个女孩就是我……

分析:董丽娜用她专业播音员的声音,甜美、温柔地展示出日常工作状态,并自然衔接自身经历的故事讲述,其娓娓道来的方式极具感染力,听众完全被吸引。

（3）自嘲幽默。演讲者自我解嘲、调侃自己,不仅向听众展露出谦逊睿智的修养,更容易使听众在轻松愉快的氛围中接受演讲内容。

胡适的演讲开头

胡适的一次演讲,这样开头:"我今天不是来向诸君作报告的,我是来'胡说'的,因为我姓胡。"自嘲式的自我介绍让听众大笑,演讲者与听众之间轻松建立起亲切的沟通。

(4) 开门见山。"首句标其目",单刀直入,直奔主题,听众很容易把握演讲主旨,是最常见、易掌握的演讲开头。

毛泽东《愚公移山》的开头

我们开了一个很好的大会。我们做了三件事:第一,决定了党的路线,这就是放手发动群众,壮大人民力量,在我党的领导下,打败日本侵略者,解放全国人民,建立一个新民主主义的中国。第二,通过了新的党章。第三,选举了党的领导机关——中央委员会。今后的任务就是领导全党实现党的路线。我们开了一个胜利的大会,一个团结的大会。代表们对三个报告发表了很好的意见。许多同志作了自我批评,从团结的目标出发,经过自我批评,达到了团结。这次大会是团结的模范,是自我批评的模范,又是党内民主的模范。

分析:开篇毛泽东就高度评价了大会所取得的成果(三件事),肯定了大会的成绩与意义。

此外,还有材料引入式、对比反差式、展示物件式等开头方法,吸引听众注意,激发听众兴趣。

2. 建立良好的信赖关系,拉近距离,在心理层面产生共鸣

有时候,听众会与演讲者的观点相反,或听众对演讲者的演讲动机产生疑问,或存在跨文化沟通的距离感。在这些情况下,演讲者就需要在演讲开头表达诚意,承认分歧,强调共同的观点或目标。也可以否认演讲动机的个人性,唤起听众的公正意识。

周恩来《在万隆会议上的补充发言》的开头

我的主要发言现在印发给大家了。在听到许多代表团团长的一些发言之后,我愿补充几句话。

中国代表团是来求团结而不是来吵架的。我们共产党人从不讳言我们相信共产

主义和认为社会主义制度是好的。但是,在这个会议上用不着来宣传个人的思想意识和各国的政治制度,虽然这种不同在我们中间显然是存在的。

分析:周恩来出语诚恳,亮出观点。开篇就奠定"求同存异"的演讲基调。

也有时候,听众对于演讲者能否胜任某些既定话题存在质疑,开篇就需要演讲者建立自己的可信度。

地方民居保护的发言对"地坑院"的介绍

打我记事起,就和奶奶住在地坑院,后来大了,每年寒暑假我也会回到这里。时至今日,我仍然熟悉这里的风、这里的雨,这里的气息始终萦绕心间。后来走访了近乡专业的地坑院的艺人们,目睹了他们修复破落院落的过程,我目前致力于地坑院的保护工作,查阅了大量的相关资料……

分析:上例中用生于斯、长于斯以及调查研究得来的信息,让听众信任她所言,因为听众往往是"信其人才愿意听其言"。

3. 预先告知听众演讲主体、结构、背景或目的等要点信息

很多人不太善于聆听,尤其是当你的演讲中有一些专业术语或专业背景时,他们可能无法跟上你的演讲,这就需要你在演讲开头告诉听众与你演讲主题相关的信息,以便他们理解你的演讲,跟上你的演讲思路。

(二)演讲稿的结尾

演讲稿的结尾有两个表述原则,一是让听众知道演讲要结束了,二是深化演讲主题。结尾一定要设计一些发人深省的话,可以是流行语,也可以小格言,以便让听众记住。

演讲稿的结尾有以下几种写作技巧。

(1)总结全篇。运用简洁、精练又铿锵有力的话语收拢全篇,强化演讲主题,给听众一个深刻的整体印象。这是演讲中最常见的结束方式。

毛泽东的《实践论》结尾

通过实践而发现真理,又通过实践证实真理和发展真理。从感性认识而能动地发展到理性认识,又从理性认识而能动地指导革命实践,改造主观世界和客观世界。实践、认识、再实践、再认识,这种形式循环往复以至无穷,而实践和认识之间每一循

环的内容,都逐渐地进到了高一级的程度。这就是辩证唯物论的全部认识论,这就是辩证的知行统一观。

(2)引言收尾。借助名言警句收尾,在深化自己演讲主题的同时,还给听众以思想上的启迪,比起一般的演讲结尾,更容易被听众从心理上接纳和认可。

> **案例
> 阅读**

《做人的最高境界,藏在三句话里》的结尾

王小波说:"一个人活在这世界上,第一就是要好好做人。"不责怪,是豁达大度的胸襟,更是善于反躬自省的智慧;不轻视,是不卑不亢的品格,更是懂得惟谦受福的成熟;不评价,是克制自我的境界,更是一种将心比心的善良。愿你我余生,都能不责怪任何人,不瞧不起任何人,不轻易评价任何人,抵达做人的最高境界。

(资料来源:樱桃,《做人的最高境界,藏在三句话里》,《演讲与口才》,2022年第3期)

> **案例
> 阅读**

习近平《在庆祝中国共产主义青年团成立
100周年大会上的讲话》的结尾

早在两千多年前,孔子就说:"后生可畏,焉知来者之不如今也?"青年之于党和国家而言,最值得爱护、最值得期待。青年犹如大地上茁壮成长的小树,总有一天会长成参天大树,撑起一片天。青年又如初升的朝阳,不断积聚着能量,总有一刻会把光和热洒满大地。党和国家的希望寄托在青年身上!

1937年,毛泽东同志为陕北公学成立题词时说:"要造就一大批人,这些人是革命的先锋队。这些人具有政治远见。这些人充满着斗争精神和牺牲精神。这些人是胸怀坦白的,忠诚的,积极的,与正直的。这些人不谋私利,唯一的为着民族与社会的解放。这些人不怕困难,在困难面前总是坚定的,勇敢向前的。这些人不是狂妄分子,也不是风头主义者,而是脚踏实地富于实际精神的人们。中国要有一大群这样的先锋分子,中国革命的任务就能够顺利解决。"今天,党和人民同样需要一大批这样的先锋分子,党中央殷切希望共青团能够培养出一大批这样的先锋分子。这是党的殷切期待,也是祖国和人民的殷切期待!

分析:无论是孔子所言的画龙点睛,还是毛泽东富有感召力的一段话的引入,都凸显了国家需要"一大批这样的先锋分子"的主题,因是名家名人所言,更易深入人心。

（3）呼吁号召。借助鼓动性、号召性的语言和激昂饱满的情绪，激励听众行动起来。这种结尾方式适用于说服性的演讲。

案例阅读

习近平《在纪念五四运动 100 周年大会上的讲话》的结尾

青年朋友们！一代人有一代人的长征，一代人有一代人的担当。建成社会主义现代化强国，实现中华民族伟大复兴，是一场接力跑。我们有决心为青年跑出一个好成绩，也期待现在的青年一代将来跑出更好的成绩。衷心希望新时代中国青年积极拥抱新时代、奋进新时代，让青春在为祖国、为人民、为民族、为人类的奉献中焕发出更加绚丽的光彩！

分析：这样的结尾具有强烈的震撼力，在表达国家对青年的期望的同时，容易使青年行动起来，投身到新时代的建设中。

（4）幽默诙谐。幽默是人际交往中的润滑剂，除了较为正式庄重的场合，利用幽默开场和收尾，都会使演讲饶有趣味。

案例阅读

林语堂的幽默结尾

一次书展中，林语堂被邀去演讲。台上，他不慌不忙地讲起中国人的人生哲学和生活态度。纯正的发音、深厚的学识、机智的表达赢得了一阵阵掌声。就在大家听得入神时，他却猛地关上话匣子，"中国人的作风是，有话就说，说完就走！"言毕，他飘然而去。听众面面相觑，半天才回过神来，爆发出热烈的掌声。

分析：在出乎意料之时用语言和动作结尾，干脆利落，妙趣横生。幽默的结尾，使人产生意犹未尽之感。

演讲稿的结尾可采用"总结全篇"揭示主题、"引言收尾"发人深省、"呼吁号召"鼓动听众、"幽默诙谐"等方式收尾，也可以"言尽意止"自然收尾，结尾的样式有很多，可选一种，也可多种方式结合使用。

演讲最后要精心设计，反复演练，不可有闪失，尽量给听众留下好印象。结尾还应简短有力，忌虎头蛇尾或画蛇添足，避免陈词滥调和语言干巴。

四、演讲稿的主体

创作一篇演讲稿，大家觉得最难的一部分是什么？

毫无疑问，是演讲稿的主体部分。因为对这部分内容，我们要考虑以下问题：

(1) 如何围绕选题确定立意？选题立意怎样处理更加新颖独到？

(2) 用什么样的框架结构？

(3) 选什么材料？材料如何搭配？

(4) 用什么样的演讲语言？

(5) 怎么表述能给听众留下印象？

(6) 怎么处理可以形成情感上的张弛回旋？

(7) 这里要设计高潮吗？还是放在结尾好？

……

要解决以上问题，需要我们了解演讲稿的主体，掌握其写作方法。

主体，是一篇演讲稿中篇幅最长、最重要的部分。写作演讲稿时，我们通常都会先准备这一部分，构思好了主体，最后再设计一个引人入胜的开头或令人回味的结尾就容易多了。有时主体部分设计好了，开头和结尾自然就有了。

演讲稿的主体主要涉及四个方面。

一是要点。要点是演讲主体部分的主要观点，通常一篇演讲包含2～5个要点。二是结构。结构就是如何组织要点。要点的组织顺序就是主体部分的结构。三是内容。主体内容要充实有力。因为演讲者不能强迫听众接受自己的观点，只能依靠内容的真实、生动、精彩吸引听众的注意，进而打动听众，引导听众接受他的观点。四是高潮。高潮是演讲者与听众感情上产生强烈共鸣的时刻，是演讲者感情最激昂、气势最雄劲的时刻，同时也是听众情绪最激动、精神最振奋的瞬间。

(一) 要点

要点是演讲的核心，是表述逻辑的骨架。要仔细筛选，措辞准确，布局合理。

要控制要点数量(2～5个)，具体由演讲时间来定；明确划分要点；统一要点的句式表达。

某有关锻炼的好处的演讲主体提纲如下。

不太恰当的：	更恰当的：
1. 经常锻炼可以增强耐力。	1. 经常锻炼可以增强耐力。
2. 睡眠质量可以通过经常锻炼而提高。	2. 经常锻炼可以提高睡眠质量。
3. 有可能通过锻炼来控制体重。	3. 经常锻炼可以控制体重。

对比一下，你有没有发现右边的要点表述要比左边的简洁，句式更统一，听众更容易记住？演讲稿主体的要点/观点要控制在2～5个，划分要明确，表述时句式要尽量统一，主要是为了让演讲稿主体部分更清晰明了，让听众"听得明白"。

(二) 结构

演讲稿的主体，常见的主要有议论式和叙述式两种内容。叙述式内容，主要以趣味、情感打动听众，叙述可以时间、空间、因果关系为序。议论式内容，分析问题时，可以采用并列、递进、对比三种结构类型。

演讲稿的主体结构越简单越好,只要层次清晰,兼顾通篇格局即可。前面任务二"搭建框架训练"中提及叙述式的结构形式有时间模式、空间模式以及分类模式。这里我们重点阐述议论式内容演讲稿的主体结构模式。

议论式内容演讲稿的主体结构模式主要有并列式、递进式、对比式三种。并列式,是从几个方面并列地展开论证或说明一个问题,多角度、充分地论证。并列式的各层次之间的地位是平等的,可以调换。递进式,也称层层深入法,先将演讲主旨进行分析解剖,然后逐层进行论证和证明,从而形成剥笋式的论证步骤,它的层次一般不可调换。对比式,可采用同类类比或正反对比进行论证。相近或相反材料的佐证,更容易使听众理解演讲者的观点。

(三)内容——案例分析

演讲稿主体内容要充实、丰富、错落有致、跌宕起伏,具有说服力、感染力。如果说要点、结构是演讲稿的骨架,那么内容就是演讲稿的肉身。

案例阅读

演讲稿《成功之路》

假如你已经被录用,也开始工作了,那么我对你的建议是要"志存高远"。如果一个年轻人自己都不把自己看作大公司的合伙人或董事长,我对他也会不屑一顾。无论你做了总管、领班还是总经理,就算这个职位再高,也不要觉得满足。请告诉自己:"我注定是巅峰人物。"做你梦中的王者。

现在说一下成功的首要条件,同时也是最大秘诀:将你的精力、思想和资本全部投入你所从事的事业。一旦开始一项事业,就要将事业做出成果,要做这一行的领军人物,应用所有优化措施,采用顶级硬件设备,透彻钻研专业知识。

一些公司之所以会失败,主要是因为分散了资本,这也就意味着它们的精力分散了。它们投资这个项目,又投资那个项目;在这里投资,又在那里投资,简直是到处投资。"不要把所有的鸡蛋都放在一个篮子里",这个说法是完全错误的,我要告诉你:"把所有的鸡蛋放在一个篮子里,然后看好这个篮子。"环顾四周,你会注意到:这么做的人其实很少失败。照看、携带一个篮子总归是容易的。但携带三个篮子的人,必须把一个篮子顶在头上,而这个篮子很容易掉下来,把他自己绊倒。

分析:这篇《成功之路》演讲稿,主体内容告诉听众要成功就要志存高远,要将精力、思想和资本全部投入事业,要专注,观点清晰、直接陈述、内容具象,听众很容易接受,且内容安排错落有致,再加上朴实的语言、形象的比喻、简洁的描述,让听众既听得明白,又信服其观点。优秀的演讲就是用精彩的内容去征服听众,这篇演讲稿主体内容的举例、分析对听众来说既是娓娓道来,又形象生动,叙述节奏张弛有度,有很强的吸引力。

（四）高潮

一次精彩的演讲不能没有高潮,有的甚至有几个高潮。

高潮多设置在结尾,但也有在主体中间或稍靠后的位置的情况。一些层次较多的演讲,可能设置几个高潮,随着内容的推进,高潮像跌宕起伏的海浪,演讲者的思想表达一次比一次深刻,感情也越来越浓烈,一个个高潮会让听众产生情感共鸣。

实践应用角

作为学习者,我们需将"知识充电站"的新知,在案例分析中"激活";在比对观测中明辨演讲写作结构;在真实的任务情境中实践应用,将获得的新知与技能融入特定的演讲任务,我们才算真正掌握。

在共学单的三个活动中,设有进阶性的活动内容,具体如下:

有思,活动一——案例分析;

有辨,活动二——讲稿对比;

有行,活动三——主题演讲写作结构的实践应用。

实践出真知,磨炼长才干。

小贴士

"纸上得来终觉浅,绝知此事要躬行。"
　　　　——陆游《冬夜读书示子聿》

活 动

共 学 单
（学习改变思维　训练改变行为）

表 1－4－13　案例分析活动

活动一：案例分析

| 活动内容 | **做最好的自己,才能遇见更好的别人**
各位朋友:
　　大家好!
　　人们常说:你是谁,就会遇见谁。其实遇见谁,发生什么事,看似命中注定,实则一切都取决于你自己。只有做最好的自己,才能遇见更好的别人。
　　　　一、同频的人,才会互相吸引
　　《道德经》中说:"德者同于德,失者同于失。"有德的人,会遇到同样品性高尚的人;失德的人,会吸引同样品性卑劣的人。
　　梅兰芳和齐白石,一个是京剧大腕,一个是书画大家。初到京城时,梅兰芳已经家喻户晓了,而齐白石还没有什么名气。在一次展览中,梅兰芳看到了齐白石的作品,被他的才华吸引。两人交流起来,发现性情相投,于是结为至交。后来, |

续　表

	活动一：案例分析	
活动内容	梅兰芳更是拜齐白石为师,学习绘画,自此,两人结下了深厚的友谊。 　　一位作家说过:"人脉不是追求来的,而是吸引来的。"确实,一个人只有自身优秀,才会吸引同频的人、事、物,进入生命。同频,指的不是财富的多少、名声的大小、地位的高低,而是精神境界和内在修养的相似。生活中,真正厉害的人,懂得提升自己、精进内在。如此,便会遇到灵魂相似的人,从而拥有优秀的圈子、舒适的关系。 　　　　　　　二、你不优秀,遇见谁都没有用 　　"企者不立,跨者不行。"踮起脚尖,虽然可以站得高,但是不稳固;跨大步子,即使能够走得远,也不能长久。为人处事也是这样,打铁还需自身硬。要是自己能力不够,即使别人帮得了你一时,最终你也会因为内在和外在的不匹配,把得到的全部失去,甚至还会招致灾祸。 　　唐朝时,有一个人叫李建,平日虽饱读诗书,但是愚昧懦弱。其父在打猎时,救下了当朝宰相房玄龄。为报答救命之恩,房玄龄答应满足他们一个要求。父亲说,想让李建当官。于是,李建在房玄龄的举荐下,做了一名县令。但是,他胆小怯懦,惧怕当地黑恶势力,导致出现很多冤假错案,百姓苦不堪言。最后,他被人告发,锒铛入狱。 　　正所谓:"德不配位,必有灾殃。"当一个人的才能和外在的名声、地位不对等时,就会失衡,从而让自己陷入困境。所以说,当你不够优秀时,即使遇到机会,也难以把握住;即使遇到贵人,也未必是幸事。真正聪明的人,懂得按照自己的节奏行走,做自己的贵人,创造想要的生活。 　　　　　　　三、做最好的自己,才能遇见更好的别人 　　"井蛙不可语海,夏虫不可语冰,凡夫不可语道。"眼界不同,不能多言;认知不同,不必强融。每个人都只能从自己的角度看待问题,从自己的视角理解别人。做最好的自己,打破原有的认知,突破固有的局限,才能看见更广阔的天地,遇见更好的别人。 　　正所谓:"境随心转,相由心生。"外在的一切,都是你内心的显现。你遇到的所有人,都是另一个自己,他们的所有特征,都是你思想观念的显化。不断完善自己,就能遇到更好的人,看到更清明的世界。 　　其实,世间万物都是自己内在的映射。人生这场修行,修的是自己的心,行的是自己的德。从一言一行,提升自己,提高精神境界,拓展眼界认知,加深品德修养。常怀善念,常有善行。美好的人和事,就会不期而来。 　　谢谢大家! 　　　　　　　(资料来源:木木,《做最好的自己,才能遇见更好的别人》,有改动) 思考问题: 　　1. 分析这篇演讲稿的写作结构(标题、开头、主体以及结尾)是如何体现的? 　　2. 根据这篇演讲稿内容,梳理出演讲提纲。 　　3. 师生互动,分享一个你遇到的好人的故事。	个体成长 阅读是一种提升自我的过程
活动实施	1. 小组讨论分析案例。 　　个人:分析写作结构的技巧,体悟形式与内容的关系。 　　小组:倾听交流(注意倾听、表达的礼仪)。 2. 小组将讨论意见汇总,录制讨论过程,上传至课程平台"主题讨论"或"班级群"。 3. 参与课程平台主题讨论。 4. 也可汇总意见后,采用小组现场汇报的形式进行汇报。	信息处理能力 团队合作能力 口头表达能力

续　表

	活动一：案例分析	
考核评价	方式一(线上考核评价)： 1. 参与"主题讨论"活动时获取课程积分,还可在课程分数权重项设置中获得"讨论"项分值。 2. 主题讨论词云投屏,教师点评。 方式二(线下考核评价)： 1. 小组现场汇报后,互评、教师点评。 2. 填写活动评价表。	

说明：1. 活动时长 30 分钟,分值 20 分,教师可根据实际进行调整。

　　　2. 可根据实际选择活动形式。

　　　3. 可根据活动形式调整考核评价方式。

表 1‐4‐14　讲稿对比活动

	活动二：讲稿对比	
活动内容	**用英雄之光照亮时代新征程** 亲爱的朋友们： 　　青山埋忠骨,绿水泣英魂。2022 年 9 月 16 日上午 11 时许,第九批在韩志愿军烈士遗骸,伴随着空军运‐20 飞机破空的引擎轰鸣声,回到了祖国。专机进入中国领空后,空军两架歼‐20 战斗机护航伴飞,向志愿军烈士致以崇高敬意;停机坪上,机场架起"水门",为志愿军烈士接风洗尘。在骑警的护卫下,载着 88 位志愿军烈士遗骸棺椁和 837 件相关遗物的专车缓缓驶出机场,前往沈阳抗美援朝烈士陵园。山河今无恙,英雄归故乡! 　　"君埋泉下泥销骨,我寄人间雪满头。"志愿军烈士用血肉之躯换来大国尊严。轰鸣的战机、悲怆的《思念曲》、接风的水门、12 响鸣枪礼、崇敬的目光以及网络上的真挚话语,寄托着国家和人民对英雄的无限崇敬与缅怀。以最高礼仪迎接英烈回家,是对耿耿英魂的告慰与祭奠,也是对英雄精神最好的礼赞。 　　去时少年身,归来英雄魂。那年送别你们的家人,如今被岁月更改了容颜;那年与你们并肩的战友,已是白发苍苍的老人。但他们都还记得你们当年的英姿飒爽,记得你们在战场上的英勇壮烈。一件件遗物把人们带回了那个战火纷飞的年代：只剩鞋底的作战靴,锈迹斑斑的子弹制作工具,断成两截的勺子,破碎的护目镜,还有一枚写着"(陈)梅淑彬"的印章……这是志愿军将士浴血奋战的记录与证明,每个编号的背后都是有名有姓的烈士,他们留下的战斗故事和大无畏的斗争意志,至今仍然振奋人心、荡气回肠。 　　祖国从未忘记,人民从未忘记!英雄归国,带回的不只是他们的遗骨,还有他们不灭的精神!72 年前,中国人民志愿军"雄赳赳、气昂昂,跨过鸭绿江",一头扎进了天寒地冻的异国他乡,从长津湖到上甘岭,从龙源里到松骨峰,这些"最可爱的人"历经冰与火的洗礼、生与死的考验,拼来了山河无恙、家国安宁。 　　英雄,永远都是一个民族最闪亮的坐标和丰碑。黄继光用胸膛堵住枪眼,为战友冲锋开辟通道;邱少云严守潜伏纪律、忍受烈火焚烧,直至壮烈牺牲;"冰雕连"在零下 40 摄氏度的严寒中被冻成"冰雕",仍保持战斗姿势……	**社会角色** 立足 职业岗位 服务 国家社会 **个体角色** 担当 时代责任 提升 生命价值 收获 人生幸福

	活动二：讲稿对比

| 活动内容 | 在抗美援朝战争中,每个炽热的忠魂里,都蕴藏着不屈不挠的民族精神。面对强大而凶残的敌人,身处恶劣而残酷的环境,志愿军"不相信有完不成的任务,不相信有克服不了的困难,不相信有战胜不了的敌人",以"突破人类极限"的钢铁意志,打败了"武装到牙齿"的对手,彻底扫除了近代以来中国任人宰割、仰人鼻息的百年耻辱。忠魂不泯,浩气长存。那种不畏强敌、不惧风险、敢于斗争、敢于胜利的风骨和品质,是抗美援朝精神中最震撼人心的部分。他们的功绩,永远不会被埋没;他们的故事,值得在任何头版头条上大书特书!

英雄归故里,铁血今犹在。一代人有一代人的长征,一代人有一代人的责任和使命。实现中华民族伟大复兴的新征程开始了,面对世界之变、时代之变、历史之变,我们更要继承先烈遗志,珍惜先烈用鲜血和生命换来的和平环境,汲取伟大抗美援朝精神的磅礴力量,增强忧患意识、不忘英雄本色、永葆斗争精神,担当起艰巨繁重的改革发展任务,以英雄之光砥砺前行力量,以奋斗之志托举伟大梦想,争当新时代的英雄,创造新时代的光荣,就是让英魂永驻、浩气长存的直接表达,就是对革命先烈的最好告慰和纪念!

谢谢大家!

（资料来源：厚明,《用英雄之光照亮时代新征程》,有改动）

思考问题：
1. 阅读演讲稿《做最好的自己,才能遇见更好的别人》和《用英雄之光照亮时代新征程》,对比二者在写作方面的不同。
2. 上网观看梁植《"笨"向未来》、李帅《幸福来敲门》和刘媛媛《请不要以结婚为目的谈恋爱》,对比其在演讲故事表述方面的不同。
3. 各小组将每人搜集到的真实演讲比赛资料分享（预学单中的"5"）,分析不同的演讲稿材料、结构方面的技巧使用。
（3选1,也可各组领取不同任务） | |

| 活动实施 | 1. 小组讨论分析案例。
　　个人：分析演讲材料的选择,体会演讲就是要做自己。
　　小组：倾听交流（注意倾听、表达的礼仪）。
2. 小组将讨论意见汇总,录制过程,上传至课程平台"主题讨论"或"班级群"。
3. 参与课程平台主题讨论。
4. 也可汇总意见后,采用小组现场汇报的形式进行汇报。 | 信息处理能力
团队合作能力
口头表达能力 |

| 考核评价 | 方式一（线上考核评价）：
1. 参与"主题讨论"活动时获取课程积分,还可在课程分数权重项设置中获得"讨论"项分值。
2. 主题讨论词云投屏,教师点评。
方式二（线下考核评价）：
1. 小组现场汇报后,互评、教师点评。
2. 填写活动评价表。 | |

说明：1. 活动时长 20 分钟,分值 20 分,小组汇报可适当延长活动时间,教师可根据实际进行调整。

　　　2. 可根据实际选择活动形式。

　　　3. 可根据活动形式调整考核评价方式。

表1‐4‐15 完成我的主题演讲写作结构设计活动

活动三：完成我的主题演讲写作结构设计		
活动内容	**背景与情境：** 　　如果要你参加"喜迎二十大，奋进新征程"主题演讲活动，在演讲写作训练写作结构方面，你会如何做？	解决问题
活动实施	1. 观看各种官方媒体上与党的二十大相关的主题演讲比赛。 2. 以"喜迎二十大，奋进新征程"为主题，设计你的主题演讲的开头和结尾，小组讨论，取长补短，填入下表。 　　　　　　　演讲稿的开头和结尾设计 | 项　目	设计内容	小组讨论意见 | |---|---|---| | 开　头 | | | | 结　尾 | | | 3. 若课上完成，小组汇总汇报；若不能，课后完成上报。	信息处理能力 解决问题能力
考核评价	教师根据上报的具体情况以及活动表现，填写活动评价表。	

说明：1. 活动时长20分钟，分值20分，教师可根据实际进行调整。
　　　2. 可根据实际调整活动形式。
　　　3. 可根据活动形式调整考核评价方式。

演讲写作训练(二)写作结构评价表

班级：　　　　　　姓名：　　　　　　日期：　　年　　月　　日

表1‐4‐16 演讲写作训练(二)写作结构评价表

项目	评价标准	分值	学生自评(30%)	小组互评(30%)	教师评价(40%)	小计
素养培养	能以细致、严谨的态度参与实训活动，在实训活动中积极参与，善于合作，友好沟通	10				

续 表

项 目	评 价 标 准	分值	学生自评(30%)	小组互评(30%)	教师评价(40%)	小计
素养培养	在实训过程中表现出社会责任感的职业品质,能关注现实	10				
	能够结合演讲写作结构的技巧,认识到写作结构在撰写演讲稿中的重要性,设计恰当的演讲写作结构的意识强	10				
知识应用	在小组活动中能够准确陈述演讲写作结构的技巧	10				
	在班级陈述中能够正确运用演讲写作结构的理论知识陈述本组观点	10				
能力提升	能够将所学的演讲写作结构的技巧运用到实训任务中,学以致用	10				
	结合具体的演讲任务,运用演讲写作结构的技巧对具体的演讲任务进行分析	10				
项目成果展示	能够独立完成任务,在活动中能主动提出问题,解决问题	10				
	在活动中汇报表达自如流畅,语速得当	10				
	项目成果能与时事结合紧密,体现社会担当,传递正能量的精神品质	10				
合计		100				

评估:测测你演讲写作结构设计的能力

🪧 自测袋袋库

"评估"是对完成学习状况的个人检测,是对自我学习收获的一个总结。完成自我观察,可即时品尝能力提升的成就感。如有错误和不足,要提醒自己及时修正和补充。

续　学　单

（学习改变思维　训练改变行为）

表 1-4-17　续学单

序号	续学内容	必做要求	拓展要求	评价(15%)	备注
1	知识测试：高阶测验	线上课程平台完成	查找线上同类课程相关内容，进行练习	线上平台评价。可与预学单的达标测验对比，由老师评价	必做
2	能力实操：确定主题演讲的开头和结尾	继续完成活动三主题演讲开头和结尾确定的任务	浏览最新的真实演讲比赛视频，浏览3~5位比赛选手的演讲	完成评价表中的小组自评，小组互评项目。依据拓展内容完成情况，由老师进行增值性评价	必做
3	拓展提升：归纳职场主题演讲比赛写作结构的规律	搜集职场演讲视频。班级学委汇总提交	整理汇编成班级喜爱的演讲视频目录	依据归纳的职场主题演讲比赛的材料与语言规律，老师视班级编辑情况与水准，予以总结性点评	必做

说明：1. 本次续学内容由学生个人完成。
　　　2. 评价占比10%(1项占5%,2项成绩记在活动三,3项占5%)。

评价要项占比及分值(参考)

表 1-4-18　评价要项占比及分值(参考)

要项	签到 (5%)	预学单 (15%)	共学单 (60%)	评估 (10%)	续学单 (10%)	备　注
分值	5分	15分 (3项)	60分 (3项)	10分	10分 (2项)	

项目二

演讲辅助技能训练

任务一　演讲互动训练——"我"要勇于砥砺奋斗

任务二　克服紧张训练——"我"要锤炼品德修为

任务三　演讲声音训练——"我"要笃信工匠精神

任务四　肢体语言训练——"我"要发现自己的力量

任务五　演讲演示制作——"我"要为强国增光添彩

项目二的演讲互动训练、克服紧张训练、演讲声音训练、肢体语言训练、演讲演示制作五个任务关乎完成当众演讲的辅助技能。这五个任务被置于"喜迎二十大，奋进新征程"主题演讲的任务之下，辅助完成一次当众演讲的任务。

任务一 演讲互动训练
——"我"要勇于砥砺奋斗

指导表

表 2-1-1 "四环三单"学习指导表

项目名称		项目二 演讲辅助技能训练	任务名称	任务一 演讲互动训练
学习过程 四个环节	目标	素质目标	1. 激发利用互动形式增强演讲表现力的意识 2. 懂得根据演讲内容和听众类型合理设计互动形式,培养探究意识和创新精神	
		知识目标	1. 了解互动在演讲中的效果 2. 了解演讲中活跃气氛的技巧 3. 掌握演讲中的四种互动方法	
		能力目标	1. 能够运用演讲中活跃气氛的技巧,完成演讲中活跃气氛的设计 2. 能够运用多种互动技巧,完成演讲中互动环节设计	
	任务	任务描述	背景与情境:如果单位让你参加"喜迎二十大,奋进新征程"主题演讲活动,你在演讲中应该如何设计互动环节?	
		预学单	1. 阅读"知识充电站"或观看线上课程视频(2 选 1) 2. 阅读演讲稿或观看演讲视频(2 选 1) 3. 搜集真实演讲比赛资料(必做)	
	活动	共学单	1. 案例分析——激活深化	
			2. 视频对比——关联转化	
			3. 完成我的主题演讲互动设计——迁移应用	
	评估	自我评估	测测你的演讲互动设计能力	
		续学单	1. 知识测试 2. 能力实操 3. 拓展提升	

目 标

学会演讲中与听众互动的技巧

演讲中,可借助互动大大增强演讲的现场表现效果,推进演讲者与听众之间的心灵沟通。好的演讲者可结合听众背景,采用多样的互动方式与听众沟通,获取听众对演讲内容的反馈,提升演讲深度,提高听众参与度。

通过运用互动设计的原则和技巧,根据演讲稿的内容,在情境学习和训练中,你将能够实现下列目标。

素质目标:通过学习演讲互动技巧的知识与技能,激发利用演讲互动形式增强演讲表现力的意识;培养根据演讲内容和听众类型合理设计互动形式的能力,培养探究意识和创新精神,关注时事,勇于砥砺奋斗,掌握建立积极沟通氛围的本领。

知识目标:通过学习演讲互动技巧,能够叙述演讲中活跃气氛的技巧和多种互动方法等。

能力目标:通过案例分析、视频分析、完成我的演讲中活跃气氛的互动三个活动的训练应用,培养运用多种互动技巧,完成演讲中互动环节的设计,增强演讲表现效果的能力。

任 务

完成一次主题演讲活动的互动设计

如果公司让你参加"喜迎二十大,奋斗新征程"主题演讲活动,如何根据演讲稿在演讲中设计互动环节呢?你必须明确以下问题:

1. 如何调动现场气氛?
2. 演讲中调动现场气氛的方法有哪些?
3. 演讲中提问互动的技巧有哪些?

 小贴士

"广大青年要坚定不移听党话、跟党走,怀抱梦想又脚踏实地,敢想敢为又善作善成,立志做有理想、敢担当、能吃苦、肯奋斗的新时代好青年,让青春在全面建设社会主义现代化国家的火热实践中绽放绚丽之花。"

——党的二十大报告

预　学　单

（学习改变思维　训练改变行为）

表 2-1-2　预　学　单

序号	预学内容	预学要求	拓展要求	评价(15%)	备注
1	阅读"知识充电站"	运用思维导图整理知识要点,完成线上达标测验	思考从阅读中收获了什么	课程平台评价。依据问答评价	2选1
2	观看线上课程视频	结合视频内容提出你最关注的一个问题。完成线上达标测验	可以在关注的问题后面,附上原因	课程平台评价。依据问答由老师进行评价	
3	阅读《新时代青年》《青春就是做梦和犯傻》	结合阅读的内容,谈谈在互动设计方面对你有什么启发	可以在阅读启发后附上自己的一些互动设计感想和体会	依据每一位同学总结的启发内容和感想体会,由老师进行评价	2选1
4	观看视频《新时代青年》《青春就是做梦和犯傻》	"我"要勇于砥砺奋斗,在视频中是如何体现的? 记录1~2个对你有启发的互动设计	中国青年的砥砺奋斗精神怎样通过互动设计体现? 整理200字左右的文字资料	依据每一位同学回答的问题质量,由老师进行评价	
5	搜集真实演讲比赛资料	选一个最喜欢的演讲互动方式的视频推荐给你所在的学习小组,上传课程教学平台	可附上推荐理由。收集整理优秀演讲中互动的方法	依据每一位同学上传的资料质量及推荐理由,由老师进行评价	必做

说明：1. 本次预学内容由学生个人完成(可以是其中的一项或几项)。
　　　2. 评价占比 15%(3 项各占 5%),评价方式依学习方式定。

 知识充电站

　　知识是能力的基石。在演讲中,我们可以加入互动环节,让演讲者和听众互动,而不是演讲者在台上唱独角戏。良好的互动,可以在演讲者与听众之间迅速建立信任感。演讲者可以利用互动环节,及时了解听众状况,调整演讲内容,提升演讲参与度。

演讲互动
训练(1)

一、互动设计在演讲中的效果

(一) 活跃现场气氛

　　一般情况下,演讲者与听众是陌生人。听众在来到演讲会场之前,相互之间也基本是陌生人。互动环节的设计,可以使听众进入演讲节奏,打破演讲沉闷的气氛。

五根手指的比喻

演说到中途,台下噪声四起,很多人交头接耳,演说者眉头一皱计上心来,立刻停止演说,翘起左手大拇指说:"在场的男士们,就像大拇指——好样的。"男士们听了齐声叫"好"。

然后,演说者又伸出小拇指,大声说:"在场的女士们,就像小拇指⋯⋯"女士们沸腾了,大声抗议。演说者接着说:"女士们像小拇指,小巧、伶俐、聪慧⋯⋯"女士们听了,转怒为喜,报以热烈的掌声。

然后,演说者同时伸出大小拇指说:"大拇指和小拇指,都是好样的。"

后来,他伸出五根指头说:"中间的指头,就像老人和孩子,居于中心位置,是保护对象。正是这五根指头团结一致,协调配合,力量无穷,才创造了整个世界。"大家都热烈鼓掌。

演说者开始滔滔不绝地演说。

（资料来源：姜岩,《演说的逻辑思维》,中国纺织出版社2021年版）

分析：这个案例中演讲者采用了做手势的方法,首先对台下的男士们听众竖起大拇指。这样,女性听众坐不住了,纷纷表示不满。原本注意力分散的听众,一下子就被演讲者的肢体语言给吸引,不再交头接耳。接着,演讲者竖起小拇指,用小拇指的外形特征来比喻女士的"小巧、伶俐、聪慧"。这样女士们也喜出望外,纷纷露出笑容,并给演讲者热烈地鼓掌。

演讲者用五根手指比喻不同的群体,最终使听众皆大欢喜。

演讲中随着演说进程的推进,听众往往开始逐步进入注意力分散阶段,出现交头接耳的行为。这时,演讲者要注意观察听众的状态,一旦发现有走神的现象,演讲者就要根据听众的地域、性别、年龄、知识层次等因素,巧妙运用语言、故事、手势、表情等互动元素对演讲现场进行把控。

（二）建立信赖

听众通过一来一往的互动,逐渐开始认识演讲者,了解演讲者的演讲主题、个人风格,对演讲者建立信赖。

在讲座、报告、培训等场合,演讲嘉宾是需要做自我介绍的。

请注意,在这种情况下,你不必谦虚,也不必羞于启齿。你一定要把这次演讲对听众的好处说出来,一定要勇敢地宣传自己。同时,更要把自己最珍贵的个人经验拿出来跟大家分享,因为人们爱听故事,尤其是个人真实的故事。

这种自我介绍的目的是塑造个人形象,跟前面所介绍的几种不一样,常用的形式如下。

①称呼对方、问候：根据场合的需要确定称呼方式，例如"各位老师，同学们，下午好"。②说明自己的姓名、家乡：告诉听众你叫什么名字，你来自哪个地方。演讲目的就是告诉听众你即将给大家带来多少令人兴奋的好消息。

介绍自己的过去、现在或梦想。可以介绍你曾经的失败、困惑、无奈。当然，也顺便提一提你过去有过哪些"不可思议"的经历，干过哪些"惊天动地"的大事，创造过哪些令人叹为观止的成绩。目的是不断回顾过去，总结经验，抛砖引玉，激励听众。告诉大家，因为你的真诚、你的执着，现在你结交了多少个好朋友，积累了哪些人脉；你现在是在做一件有意义的事情，有很多人（家人、朋友、贵人、名人）都在背后支持你；你所做的事情，尽管还没多少人理解，但让你很快乐；你甘当默默无闻的老黄牛，一步一步地去实现自己的梦想和完成人生的使命。

（三）打破冷场时的尴尬

演讲者和听众在演讲前并不认识，演讲者可以根据听众认知水平、年龄、性别等因素提前设计好互动，投其所好，打破登台后冷场的尴尬。

演讲进行一段时间后，听众会进入疲倦期，演讲者可以带领听众做一些小游戏来消除疲劳，让注意力重新回到演讲者的演讲中。这里要特别注意，演讲者带领听众互动的模仿小游戏切忌太复杂。如果太复杂，会直接导致大部分听众无法完成，并且会使听众相互之间开始交流，影响演讲进度。如果演讲者把控不好游戏的难度、时间等因素，将大大影响演讲会场的秩序，这一点要特别注意。

（四）带领听众进入演讲的节奏

通过互动设计，演讲者将听众带领到自己的演讲主题上，提升演讲表现力。

演说中的互动

在演说过程中，一位演说者每过一段时间就会停下来，邀请听众分享他们的问题和看法，并选择最有针对性的问题给予解答。此外，他还裁切了不同颜色的纸片分发给听众。在演说中，他会根据所讲的内容向听众提问，然后给出几个答案，每个答案针对一个颜色的纸片，听众使用这些纸片来举手答题。

（资料来源：姜岩，《演说的逻辑思维》，中国纺织出版社2021年版）

分析：案例中，演讲者根据演讲进度和演讲内容，结合听众情况采用彩色卡片的形式让听众积极参与演讲互动。演讲者通过听众分享的问题和看法，可以及时了解听众对演讲内容的掌握情况，了解听众是否理解了演讲者的演讲内容，是否把握了演讲主题。演讲者可以根据听众的反馈，及时调整演讲内容，把控演讲进度。这样可以更好地提升演讲效果。

（五）提升听众聆听效果

通过活动环节的设计，使演讲内容引起听众思考，走进听众的心灵深处。任何互动环节的设计，都要考虑听众的喜好，进而产生良好互动效果。切不可盲目模仿，影响整体演讲效果。

> **小贴士**
>
> "学而不思则罔，思而不学则殆。"
>
> ——《论语》

二、演讲中的互动技巧

一场成功的演讲，必然是听众有所收获的演讲，必然是令听众兴致盎然、深受启发的演讲。如果演讲者自己在台上滔滔不绝，台下却是死气沉沉，听者寥寥，一定算不上是成功的演讲。对演讲者来说，如何营造现场的氛围，让听众沉浸其中呢？

（一）设计活动或游戏环节

针对演讲主题和内容，演讲者可以设计一些小活动，调动听众积极性。如果你参加了演讲活动，且在开场前被告知中场设置了有奖问答或是抽奖环节，那么相信你一定不会半途溜走，一定会全程认真聆听演讲。

演讲互动
训练(2)

案例阅读

演讲中的活动设计

（伸出右手）同学们，看，这像什么？像右手，这都被你发现了吗？同学们果然见多识广啊！请大家五指并拢，放于腰间，慢慢高举过头顶，展开，成功了吗？那恭喜你，你给自己放了个烟花。然而，烟花虽美，转瞬即逝。现在请同学们伸出你的烟花，把它攥成拳。请大家把你的右拳置于你的耳边。如果你能清楚地听到脉搏的律动，那么我告诉你，这是生命！我们的梦想很美，很远大，但是只有把它掌握成拳，用尽全力挥向生活，这样才是青春路上该有的姿态。

（资料来源：张锡峰，《青春与梦想》，有改动）

（二）穿插一些奇闻异事

演讲者在演讲到一个阶段之后，看到听众有些疲惫，有些走神，就可以讲一些有趣的故事。奇闻异事往往是人们在日常生活中乐于谈论的话题。演讲者可以通过讲述一些奇闻异事吸引听众注意力，从而活跃现场气氛。

（三）现身说法营造气氛

演讲者可以把自己亲身经历、亲耳听到的事情讲给听众。这样可以使听众觉得这些内容很亲切，真实可信，就发生在自己身边，从而调动听众的热情，将听众带入演讲的节奏，使演讲更具有感染力。

演讲中的现身说法

　　整整30年前,1990年,我来到华中科技大学,当时叫华中理工大学。我的身份证是42开头的,因为我18岁的青春,是在武汉度过的。来到学校大门前,我们一家在校门口照了一张合影。第二天要报到了,头一天我们一家三口住在学校的招待所。当天晚上在一间房间,我爸说,"振宇,当了大学生,你就是大人。你知道大人意味着什么吗? 今天你要是把别人家的玻璃给砸了,别人找我和你妈赔钱。明天你要是把别人玻璃砸了,你自己赔钱。今天你说错一句话,我跟你妈可以出面说,孩子还小,请原谅他。明天你要是说错一句话,那就是你说错了,要自己想办法承担责任。"那天晚上这番谈话,我一直记到了今天,已经过了30年。当时的感觉其实很矛盾,一方面很豪迈,因为明天等把你们俩送走,你们每个月给我的零花钱我自己就可以做主了。另一方面,因为我父亲的这段话,我感受到了世界对我的一种严厉。对,这个世界居然需要我个人承担全部责任。

　　　　　　　　　　　　　　　　　　(资料来源:罗振宇,《时间的朋友》,有改动)

　　分析:观察演讲者采用互动后,现场听众有什么反应? 演讲者罗振宇用自己就读于华中科技大学的经历,拉近与现场听众、武汉人民的距离,通过自己30年前上大学报到时,父亲对他嘱托的一段话,指出了18岁以后的罗振宇、长大了的罗振宇肩上的责任与担当。

(四) 采用提问互动方式

　　通过演讲者与听众之间一问一答式的互动,演讲者可以及时了解听众对于演讲内容的接受情况,以便及时做出调整,也可以使听众将收听演讲过程中疑问及时反馈给演讲者。

小贴士

　　"知之者不如好之者,好之者不如乐之者。"

　　　　　　　　　　——《论语》

　　1. 按提问方式分类

　　(1) 封闭式提问法。提封闭式问题的目的,是把听众往演讲者所设定的主题的方向带。例如:"大家喜欢看电影吗?""大家吃早饭了吗?""大家想不想提升自信?""大家想不想提升自己的影响力?""大家想不想在台上侃侃而谈?"其实,提这一类问题,目的就是让大家做选择,大家只要回复"是"或"不是"、"要"或"不要"、"想"或"不想"等即可。这里演讲者要注意提问的语气要谦和、自然,这样才能引发听众的共鸣。

　　(2) 开放式提问法。开放式问题,简单来说,就是引发听众思考的问题。提开放式问题要用到两个关键词,那就是"为什么"和"怎么办"。例如:"在当今社会,我们这一代年轻人该怎么实现发展?"

　　提开放式问题的重点是引发听众思考。不管是提封闭式问题还是提开放式问题,都有一些需要注意的地方。

第一，提问时语气要温和，不要咄咄逼人，也不要教育听众。演讲者提问时要像和听众对话或聊天一样轻松、自然，千万不要给人不舒服的感觉，也不要像老师对待学生一样，这样会让听众很反感。听众都不喜欢被教育。

第二，注意措辞，避开敏感话题。比如，关于工资、年龄、婚姻状况的问题应注意避开。如难以避开、换一种措辞，也可能会产生完全不同的效果。

第三，提的问题要与演讲的主题相关。比如，演讲者在一个商业路演上推广产品，演讲者公司经营的是品牌奶茶店。那么，你的演讲开场可以是："请问在座的各位，喜欢喝珍珠奶茶吗？"又或者："请问在座的各位，有过创业经历吗？有的小伙伴，请举手。"也可以是："大家觉得，最受'00后'喜欢的奶茶品牌是哪个？"

第四，要引发听众互动。提问的目的是引发听众互动，这样才能拉近与他们的距离，不容易让他们走神。

演讲中的提问

"在这个演讲开始之前，我先问现场的大家一个问题，你们当中有谁觉得自己家境普通，甚至出身贫寒，将来想要出人头地只能靠自己？你们当中又有谁觉得自己是有钱人家的孩子，起码在奋斗的时候可以从父母那里得到一点助力？"

（资料来源：刘媛媛，《寒门再难出贵子》，有改动）

分析：提第一个问题时，现场的听众几乎都举手了；提第二个问题时，没人举手。在这里，听众是否举手倒是其次。关键是提这样一个问题，会让所有人都思考这个问题，吸引听众的注意力。

学了这么多，如果还是不会提问，怎么办？演讲者可以采用一个办法：模仿、操练、超越。找到你认为很好的开场问题，不断地练习（操练），熟能生巧，你就能实现超越。

2. 按提问互动的时间分类

（1）知识水平提问法。这种提问方法经常使用在演讲者开场时，或者是演讲话题进行转化时。演讲者可以针对之前所讲的内容，针对听众已经积累的知识来进行铺垫性的提问。这种提问的层次相对较低，在大多数情况下，听众不需要进行过多的思考就可以回答。听众回答之后，演讲者可以顺势引出新的内容。

（2）理解水平提问法。这种提问方法通用于演讲中场，针对专业性较强，理解难度较大的情况。这种提问方法要求听众针对之前讲述的内容进行陈述、对照，从而使演讲者能够了解听众对演讲内容掌握了多少，起到检测的作用。

（3）综合水平提问法。这种提问方法多使用在演讲快要接近尾声，演讲者想要检查一下听众倾听的效果时。听众会根据演讲中信息接收情况,结合自身的认知给出不同的答案。

这种提问方法可以采用听众整体回答,也可以采用个别听众回答的方式,使演讲者了解听众倾听效果。

提问互动是演讲中最常用的互动方法,演讲者可以根据演讲的情境、听众的认知进行巧妙的设计。只要问得巧,问得妙,就可以吸引听众互动,吸引听众进入自己的演讲。

(五)做手势制造悬念

做手势制造悬念是一种引起听众注意的方法。当听了一段演讲之后,听众特别容易走神,那么就需要演讲者在台上采用巧妙的手势、语言来制造悬念,激起听众喜怒哀乐情绪的变化,从而达到吸引大家的目的。演讲者做手势时,要注意适度,不要引起听众的误会。

(六)要掌声调动气氛

要掌声是一种调动听众积极性的方法。舞台上的演讲者特别希望得到台下听众的掌声,掌声越热烈,演讲者就会讲得越好,发挥得越淋漓尽致。那么,怎样跟听众要掌声呢?

1. 赞美

通过赞美和听众要掌声,不会让人觉得唐突。例如:"今天是周末,本来是休息时间。看到这么多热情洋溢、求知若渴的脸,我非常感动。当别人选择玩儿的时候,你们选择了听讲座,太棒啦,掌声送给自己!"听众听到演讲者这样说,发现的确如此,自然而然就会鼓掌。

2. 激励

既然是激励,自然而然就让人想到了掌声。当你讲一些激励自己或者听众的言语,大家就会顺其自然为你鼓掌,送上掌声。比如:"今天我要跟大家分享我潜心研究八年的成果,想要全部学到的请鼓掌表示一下。"听众肯定会礼貌性地送上掌声。

3. 幽默

在演讲过程中,听众非常容易产生疲倦感,演讲者可以加入一些幽默的内容或动作,从而提高听众的演讲收听率,增强演讲现场氛围的效果。

(1)自嘲式幽默。演讲者可以讲一件自己以前的尴尬事,这样可以帮助演讲者迅速与听众拉近距离,打破沉闷的演讲氛围,也可以拉进演讲者与听众的距离。

(2)即兴发挥式幽默。即兴发挥,并不是真的临场发挥,往往是演讲者在演讲前精心设计,选取迎合现场听众的搞笑段子,从而烘托气氛。

(3)互动式幽默。一般人能集中注意力的时间为 20 分钟,演讲者可以在开场的前 20 分钟留心观察台下听众,寻找台下积极活跃的听众。到 20 分钟后进入倾听疲劳期时,演讲者可设计互动话题,将话筒递给这部分活跃的听众,相信一定能吸引听众的注意力,给演讲锦上添花。

总之,要想在演讲过程中提升演讲表现力,提高听众的参与度,建立良好的沟通,我们可以通过增加互动环节实现。首先,需要演讲者设计一些活动来打破开场时的沉闷。我们可以运用设计活动或游戏环节、穿插一些奇闻异事和现身说法三种技巧营造气氛。其次,我们可以结合演讲内容,穿插提问互动、做手势、要掌声等互动方法提升演讲效果。

实践应用角

实践是检验知识的有效途径。作为学习者,我们需要将从"知识充电站"获得的新知,在真实的演讲案例的分析解读中"激活";在比对观测中明辨互动设计应根据听众实际情况,设计有自己风格的互动;更需要在真实的任务情境中实践应用,只有将获得的新知与技能融入特定的演讲任务中,我们才算真正掌握了演讲互动设计的本领。

在共学单的三个"活动"中,设有进阶性的活动内容,具体如下:

有思,活动一——案例分析;

有辨,活动二——视频对比;

有行,活动三——主题演讲互动设计的实践应用。

活 动

共 学 单
(学习改变思维 训练改变行为)

表 2-1-3 案例分析活动

活动一：案例分析

| 活动内容 | **青春与梦想**
尊敬的老师,亲爱的同学们:
　　大家好！我是 838 班的张锡峰。相信很多同学应该认识我,在大家眼里,我扮演的通常是谐星角色。可是大家也许忽略了,在我这看似狂野的外表下,也隐藏着一颗憧憬阳光的心。所以,我站在这里,与大家分享我关于青春、梦想的看法。
　　我演讲的主题是:青春与梦想。
　　这世间,唯有青春和梦想不可辜负。花开正好,微风不燥,我们扬帆,起航。
　　首先,青春是什么颜色的？是五月的花海,灿烂无比;是海边的浪花,永不停息;是仲夏的骄阳,激情四射;青春在衡水中学,是绚丽多彩的。原来我常常想,别人尊重我,是因为我很优秀。可是,到了衡中我才发现,别人尊重我,是因为,别人很优秀。这,是衡中学子,独有的青春魅力。同样,正值青春,我们有犯错的权利。记得第一次交改错本,我问老师要改多少,老师说,根据个人情况,在精不在多。"哦？是吗？这可是您说的。"我心不在焉,草草了事。改错发下来时却是一片万紫千红的样子,上面有详细的批注。评语是这样的:"这个改错改得不错,有些题 |

续 表

活动一：案例分析	
活动内容	改着改着就错了。"我们老师青春活泼的力量,就这样让学习生活妙趣横生。 　　这里有青春的学习气氛。当你满眼都是追求卓越的字样时,便也没理由落后了。我喜欢在课间琢磨那些神奇的数学题。我喜欢在某天清晨头昏脑胀时,回想刚学过的系统命名法:哇,这一瞬间有一百万个可能。我喜欢晚上躺在床上,回想曾经背过的老子的金句:知人者智,自知者明;胜人者有力,自胜者强。 　　其次是梦想。有一条路,人烟稀少,寸步难行,但是,不得不坚持前进。因为它的尽头,有梦想。同学们,你们的梦想是什么?相信,很多人的回答都会是清北这样的顶尖名校。我们选择它们不仅仅因为它们是名校,还因为它们坐落的城市,它们美丽的传说。对于痴迷于地理学科的我来说,外面的世界,外面的城市就是我的梦想。这里,广东,对外开放的前沿,我把它做成卡贴随身携带;这里,上海,全中国最大的城市,我把它拍成照片贴在课桌上;这里,西安,大唐不夜城,我做梦都会想起它。看完这些,不知道同学们心里有什么感触。此刻,你的心里是否充满了对未来的渴望? 　　我问同学们一个问题,请大家伸出右手。看,它像什么?请大家五指并拢,放在腰间,慢慢高举,举过头顶,张开。成功了吗?那恭喜你,你给自己放了个烟花。可是,烟花虽美,转瞬即逝。现在,请同学们伸出你的烟花,把它攥成拳。大家看,它又像什么?请大家把你的右拳置于你的耳边,如果你能清楚地听到脉搏的律动,那么我告诉你,这是生命。我们的梦想很美,很远大;但只有把掌握成拳,用尽全力,挥向生活,这样才是青春路上该有的姿态。 　　同学们,你有没有感到一种震撼?相信很多人都会跟我一样,因为这是一种念想。一种发自内心、由内而外的对城市和未来的渴望。少年们早已不想拘泥于这里,只能去观望别人的生活。可是,为什么我们就只能做那个躲在角落里,看着新鲜的舞台之上,光鲜亮丽的别人的那个卑微的人?这样可不行,一点都不好玩。我们会走出去,顺境也好,逆境也好,人生本就是一场与种种困难无休无尽的斗争,一场敌众我寡的斗争。我曾把自己向往的大学、热爱的城市拍成照片贴在课桌上。每当我精疲力竭时,都要看一下它,然后质问自己:就这样啦,你就这点东西?你真的到了不能坚持的地步了吗?你的理想是诗,理想是梦,理想是远方的田野,是穿越世界的旅行!但现在你能做的所有,只是把手握紧,厚积薄发。你只有付出,付出你的时间,赌上你的尊严和全部。当别人打游戏时你在学习,当别人睡懒觉时你在学习,你含着泪在深夜里舞蹈,在回忆里奔跑!没有人,在年少时想成为一个普通人。尽管生活,它会剥夺你的所爱,践踏你的尊严,把你踩得遍体鳞伤,但你怎能倒下?你的身后,是挚爱你的人!那些受过的伤都将成为你的勋章,都是你送给自己未来最好的礼物!我,也有梦想啊。 　　我告诉自己,总有一天,我会站在金色的舞台上,聚光灯打向我,摄像机对准我,所有人的目光注视着我,我能站在台上侃侃而谈。此刻,仿佛世界只有我一人。 　　我要让平日里轻蔑我的对手知道,我要让他们亲口说出那三个字:你赢了! 　　如果说,青春是足迹,那梦想一定叫作远方。请同学们相信:生活明朗,万物可爱;人间值得,未来可期。 　　谢谢大家! 　　　　　　　　　　　　　　　(资料来源:张锡峰,《青春与梦想》,有改动) **思考问题:** 1. 请结合演讲视频,分析演讲稿在互动设计方面有什么可取之处。 2. 观看张锡峰《青春与梦想》演讲视频,谈一谈你的观后感是什么。	**社会角色** 立足 中国青年 时代责任 勇于 砥砺奋斗 **个体角色** 提升 探索精神 创新精神

	活动一：案例分析	
活动实施	1. 小组讨论分析案例。 　个人：分析演讲中的互动方法，体悟演讲者的情感表达方式。 　小组：倾听交流（注意倾听、表达的礼仪）。 2. 小组将讨论意见汇总，录制讨论过程，上传至课程平台"主题讨论"或"班级群"。 3. 参与课程平台主题讨论。 4. 也可汇总意见后，采用小组现场汇报的形式进行汇报。	信息处理能力 团队合作能力 口头表达能力
考核评价	方式一（线上考核评价）： 1. 参与"主题讨论"活动时获取课程积分，还可在课程分数权重项设置中获得"讨论"项分值。 2. 主题讨论词云投屏，教师点评。 方式二（线下考核评价）： 1. 小组现场汇报后，互评、教师点评。 2. 填写活动评价表。	

说明：1. 活动时长 30 分钟，分值 20 分，教师可根据实际进行调整。
　　　2. 可根据实际选择活动形式。
　　　3. 可根据活动形式调整考核评价方式。

表 2-1-4　视频对比活动

	活动二：视频对比	
活动内容	1. 观看王帆《新时代青年》演讲视频、俞敏洪《青春就是做梦和犯傻》演讲视频，比较两个视频中在互动设计方面的不同。 2. 各小组将每人搜集到的真实演讲比赛资料进行分享（预学单中的"5"），分析不同的演讲内容在互动设计方面的技巧使用。 （2选1，也可各组领取不同任务）	**社会角色** 立足中国青年时代责任 勇于砥砺奋斗 **个体角色** 提升探索精神 创新精神
活动实施	1. 小组讨论分析案例。 　个人：分析演讲互动设计，体会演讲者不同的互动角度。 　小组：倾听交流（注意倾听、表达的礼仪）。 2. 小组将讨论意见汇总，录制过程，上传至课程平台"主题讨论"或"班级群"。 3. 参与课程平台主题讨论。 4. 也可汇总意见后，采用小组现场汇报的形式进行汇报。	信息处理能力 团队合作能力 口头表达能力

续　表

	活动二：视频对比	
考核评价	方式一(线上考核评价)： 1. 参与"主题讨论"活动时获取课程积分，还可在课程分数权重项设置中获得"讨论"项分值。 2. 主题讨论词云投屏，教师点评。 方式二(线下考核评价)： 1. 小组现场汇报后，互评、教师点评。 2. 填写活动评价表。	

说明：1. 活动时长 20 分钟，分值 20 分，小组汇报可适当延长活动时间，教师可根据实际进行调整。
　　　2. 可根据实际选择活动形式。
　　　3. 可根据活动形式调整考核评价方式。

表 2-1-5　完成我的主题演讲互动表

	活动三：完成我的主题演讲互动	
活动内容	**背景与情境：** 　　如果要你参加"喜迎二十大，奋进新征程"主题演讲活动，在演讲中，你该如何依托演讲稿设计互动环节呢？	解决问题
活动实施	1. 梳理预学单中收集整理的演讲互动方法。 　　个人：找出自己关注的互动方法。 　　小组：成员分享。 2. 观看《2022 好记者讲好故事——2022 年中国记者节特别节目》。 3. 结合个人经历与观察到的优秀案例互动方法，思考自己在演讲中互动方式的设计。 4. 若能确立互动设计方案，小组汇总，如若不能课后思考报回。	信息处理能力 解决问题能力
考核评价	教师根据小组汇报的互动以及活动表现，填写活动评价表。	

说明：1. 活动时长 20 分钟，分值 20 分，教师可根据实际进行调整。
　　　2. 可根据实际调整活动形式。
　　　3. 可根据活动形式调整考核评价方式。

演讲互动训练评价表

班级：　　　　　姓名：　　　　　日期：　　年　　月　　日

表 2 - 1 - 6　演讲互动训练评价表

项目	评价标准	分值	学生自评(30%)	小组互评(30%)	教师评价(40%)	小计
素养培养	能以认真、勇敢的态度参与实训活动,在实训活动中态度积极,善于合作,能与合作成员良好沟通	10				
	在实训过程中表现出勇于创新的职业品质,能结合演讲材料和听众恰当选取互动方式	10				
	能够结合互动训练的技巧,认识到互动训练在演讲展示中的重要性,精心设计互动方式的意识强	10				
知识应用	在小组活动中能够准确陈述互动训练的技巧	10				
	在班级陈述中能够正确运用互动训练的理论知识陈述本组观点	10				
能力提升	能够将所学的互动训练的技巧运用到实训任务中,学以致用	10				
	结合具体的演讲任务,运用互动训练的技巧对具体的演讲任务进行分析	10				
项目成果展示	能够独立完成互动训练的任务,在活动中能主动提出问题,解决问题	10				
	在汇报活动中互动环节设计合理,形式丰富,效果好	10				
	项目成果能与演讲材料紧密结合,体现探索创新、勇于创新的精神品质	10				
合计		100				

自测袋袋库

"评估"是对自己学习收获测评的有效途径,通过评估及时了解学习成果,完成自我观察,及时获得能力提升的成就感,鼓舞学习热情。如有错误和不足,提醒自己及时修正和补充。

评估:测测你的演讲互动设计能力

续 学 单
(学习改变思维 训练改变行为)

表 2-1-7 续 学 单

序号	续学内容	必做要求	拓展要求	评价(15%)	备注
1	知识测试:高阶测验	线上课程平台完成	查找线上同类课程相关内容,进行练习	线上平台评价。可与预学单的达标测验对比,由老师评价	必做
2	能力实操:演讲互动设计	继续完成活动三演讲互动设计任务	登录央视频,查找《2022好记者讲好故事——2022年中国记者节特别节目》并观看,记录2~3个互动方法	完成评价表中的小组自评,小组互评项目。依据拓展内容完成情况,由老师进行增值性评价	必做
3	拓展提升:归纳演讲比赛中互动设计的规律	搜集具有代表性的互动设计职场演讲视频。班级学委汇总提交	整理汇编成班级喜爱的演讲视频目录	依据归纳演讲比赛中互动设计的规律,老师视班级编辑情况与水准,予以总结性点评	必做

说明:1. 本次续学内容由学生个人完成。
　　　2. 评价占比10%(1项占5%,2项成绩记在活动三,3项占5%)。

评价要项占比及分值(参考)

表 2-1-8 评价要项占比及分值(参考)

要项	签到(5%)	预学单(15%)	共学单(60%)	评估(10%)	续学单(10%)	备 注
分值	5分	15分(3项)	60分(3项)	10分	10分(2项)	

任务二 克服紧张训练
——"我"要锤炼品德修为

指导表

表 2-2-1 "四环三单"学习指导表

项目名称		项目二 演讲辅助技能训练	任务名称	任务二 克服紧张训练
学习过程 四个环节	目标	素质目标	1. 激发利用克服紧张的技巧增强演讲表现力的意识 2. 树立自信,乐观向上 3. 懂得中国青年在新时代要锤炼品德修为	
		知识目标	1. 了解紧张形成的原因 2. 了解演讲中当众演讲紧张的表现 3. 掌握演讲中克服紧张的方法	
		能力目标	1. 能够分析紧张的表现 2. 能够学会运用多种克服紧张的技巧,缓解演讲中的紧张	
	任务	任务描述	背景与情境:如果单位让你参加"喜迎二十大,奋进新征程"主题演讲活动,但你之前没有当众演讲的经验,你该如何克服紧张情绪?	
		预学单	1. 阅读"知识充电站"或观看线上课程视频(2选1) 2. 阅读克服紧张资料或观看相关视频(2选1) 3. 搜集真实演讲中克服紧张的资料(必做)	
	活动	共学单	1. 案例分析——激活深化	
			2. 视频对比——关联转化	
			3. 完成克服演讲紧张情绪——迁移应用	
	评估	自我评估	测测你在演讲中克服紧张的能力	
		续学单	1. 知识测试 2. 能力实操 3. 拓展提升	

目 标

学会演讲中克服紧张情绪的技巧

据心理学家调查，在人们感到最恐惧的事情里，"公众演讲"排名第一，在多数人的眼中，当众演讲比死亡还要可怕，对于上台讲话、演讲发言，很多人抱着能躲就躲、能不上台就不上台的心态。

通过了解演讲紧张情绪的表现，运用克服演讲紧张情绪的技巧，通过特定背景与情境下的学习和训练，你将能够实现下列目标。

素质目标：通过学习克服紧张训练的知识和技能，激发运用克服紧张的技巧增强演讲表现力的意识；养成反复练习、自信展示的心理状态，培养树立自信、乐观向上的品质，锤炼品德修为。

知识目标：通过学习克服紧张训练的知识和技能，了解演讲中当众演讲紧张的表现；掌握演讲中克服紧张的方法。

能力目标：通过案例分析、视频分析、完成我的主题演讲选题三个活动的训练应用，能够迁移应用多种克服紧张的技巧，缓解演讲中的紧张，提升个人自信心。

任 务

完成一次主题演讲活动中克服紧张情绪的训练

如果单位让你参加"喜迎二十大，奋斗新征程"主题演讲活动，但你之前没有当众演讲的经验，在如何克服紧张情绪方面，你必须明确以下问题：

1. 公开场合发表演讲，紧张的表现有哪些？
2. 你紧张的情绪来自哪里？
3. 克服紧张的情绪有哪些方法？

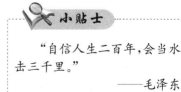

小贴士

"自信人生二百年，会当水击三千里。"
——毛泽东

预 学 单
（学习改变思维　训练改变行为）

表 2-2-2　预 学 单

序号	预学内容	预学要求	拓展要求	评价(15%)	备注
1	阅读"知识充电站"	运用思维导图整理知识要点，完成线上达标测验	思考从阅读中收获了什么	课程平台评价。依据问答评价	2选1
2	观看线上课程视频	结合视频内容提出你最关注的一个问题。完成线上达标测验	可以在关注的问题后面，附上原因	课程平台评价。依据问答由老师进行评价	
3	阅读文稿俞敏洪《摆脱恐惧》	结合阅读的内容，谈谈在克服演讲紧张情绪方面对你有什么启发	可以在阅读启发后附上自己的一些感想和体会	依据每一位同学总结的启发内容和感想体会，由老师进行评价	2选1
4	观看视频：杨澜《直面内心的恐惧》和樊登的问答脱口秀《我有一个问题》	杨澜和俞敏洪是如何克服紧张情绪的？摘录2～3处对你有启发的内容	年轻人面对外界的压力，应该如何做到自信自强，从容应对？整理200字左右的文字资料	依据每一位同学回答的问题质量，由老师进行评价	
5	搜集真实演讲比赛资料	选一个最喜欢的推荐给你所在的学习小组，上传课程教学平台	可附上推荐理由。收集党的二十大报告内容（整理个人最关心的两个问题）	依据每一位同学上传的资料质量及推荐理由，由老师进行评价	必做

说明：1. 本次预学内容由学生个人完成(可以是其中的一项或几项)。
2. 评价占比 15%(3 项各占 5%)，评价方式依学习方式定。

 知识充电站

克服紧张
训练(1)

　　大多数人在大庭广众之下讲话，都会出现紧张的情绪，登台参加演讲比赛的选手更是如此。克服紧张情绪，顺利完成演讲展示，需要我们从产生紧张情绪的根源开始分析。通过反复演练，建立积极心态，提升自信心。

一、上台紧张的表现及原因

（一）演讲紧张的表现

　　人在紧张时，通常会有说话结巴、手抖腿抖、说话声音颤抖、想上厕所、口渴想喝水、心跳加速、心悸、憋气、脸红、手心冒汗等表现。

（二）演讲紧张的原因

一般来说,演讲时会紧张的原因主要有以下几点。

1. 自卑

有些人在生活中遇到不顺心的事情就容易产生自卑感,他们在演讲中也会有这样的情绪。特别是在演讲比赛的时候,一旦前面出场的人表现得很出色,就会直接影响后面出场的人,给后面的人一种压力,而这种压力就是由自卑感转化而来的。

消除自卑就要对自己的能力感到满足,要客观地评价自己,相信自己的能力,发挥自己的长处。做事要有信心,要想着自己能行,自己是有能力的,自己能够成功。不要用别人的标准来衡量自己,人各有所长,他的优势你不一定完全具备,你的优势他也不一定有;他能做到的事情有的你可以做到,但你能做到的事情他可能就做不了。只要相信、明白和接受了这个道理,自卑感自然就会消失。

2. 准备不够充分

若演讲者总是觉得自己的演讲准备得不充分,觉得会"出丑",可能就会使自己没有自信,造成思路断线,加剧紧张。准备包括精神的准备和材料的准备,以及了解听众的准备。如果精神不佳、状态不好,如果材料不完整、内容不熟悉,如果对听众的情况一无所知,上台当然会特别紧张。兵家常讲"不打无准备之仗",演讲也一样,只有准备好才能发挥好。

3. 追求完美怕出错

完美主义是一个陷阱,这会使你对一切事物过于执着,以致对自己和演讲的内容过度关注。于是,一个小差错就会使你的演讲毁于一旦。站在台上还想着自己准备得不够完美,就会有所顾忌,不能完全放开。我们要明白这个世界上本就没有完美,完美是相对的。

4."恐高"心理

如果演讲者面对的听众比自己的地位高,或者认为听众比自己懂得还多,担心他们的看法,演讲时可能会更紧张,表现往往也就不自然。这些场合包括求职者在评估小组面前、下级在上级面前、普通人在专家面前等。反过来,对自己的下级、比自己差的人就不紧张了。那么我们就可以用这个方法和心态来处理:在面对比自己强的人时,把他们假想成自己的下级或能力不如自己的人,这样就不会紧张了。

5. 太在意听众的看法

人们把当众说话产生的恐惧心理称为"怯场"。怯场会带来相应的生理变化,这些生理变化表现为:① 轻度的,心跳加快、呼吸急促、颜面赤热;② 中度的,手脚发软、肌肉抖颤、小便频繁;③ 重度的,当场晕倒。

现代心理学认为,在任何存在评价的场合,人们一般很难发挥自己原有的水平。大多数人都对自己在初次约会中的表现不太满意。很多人在演讲时,不是想着我要把什么问题讲清楚,而是想着会给听众留下什么样的印象,听众会如何评价自己之类的问题。在演讲中,评价是单向的,也就是说听众在"裁判"演讲人,所以演讲者的忧虑更多,心理负担更重。

6. 突然的变化

突然的变化会给人造成压力,比如现场人数突然增加或减少、演讲时间突然被压缩。

听众的多少会直接影响演讲者的心理，一般人都愿意在"小范围"内讲话。如果听众人数很多，演讲者便会倍加谨慎。因为演讲者觉得一旦出错或表现不佳，那么多人一下子就全知道了。过分的小心谨慎往往加大了怯场的可能性。现场发生什么情况都正常，提前有心理准备，就会让一切尽在掌握。

7. 曾经失败的经历

俗话说，一朝被蛇咬，十年怕井绳。过去失败的演讲经历往往会给我们造成影响，形成巨大的心理障碍。成年后的演讲紧张可能就缘于小时候一次丢脸的经历，当时受到了嘲笑和指责，使得以后再也不敢登台了。

二、克服紧张的方法

（一）专注演讲

专注于你的演讲本身也是缓解紧张与恐惧的有效方法之一。做到专注，需从以下四个方面进行"修炼"。

一是进行心理减压，放松自己。不要有太大压力和太高期望，要允许自己犯错甚至失败。心中默念：演砸了，大不了重来。也就是要做最坏的打算，向最好的方向努力。

二是放得开手脚，专注演讲。只想着把事情做好。不要想成功了怎样，失败了怎样，实际上事情不会有自己想得那么糟糕。

三是"忽视"听众反应，避免失态。把注意力放在演讲上。当许多目光齐刷刷地投过来，对听众的种种异常反应都视为"正常反应"，方寸不乱。

四是进行眼神交流，缓解紧张。和听众进行三到五秒的眼神交流。一般这种眼神交流会得到礼貌的回应，或是点头或是微笑，这会缓解你的紧张感。

> **小贴士**
>
> "力学如力耕，勤惰尔自知。"
>
> ——刘过

（二）反复练习

反复练习也许枯燥乏味，但熟能生巧。它可以快速帮你提高演讲水平，减轻你在正式演讲中的焦虑与不安。

有些人在演讲时总能做到从容不迫、游刃有余。不少人认为是因为他们天资高，演讲精彩是必然的，其实不然。他们每次的表现之所以精彩，完全是因为一个"练"字。在每次上台之前，他们都要反复练习。

（三）把握好开场

对于演讲者而言，获得听众的信任、引起他们的注意至关重要。开场白是沟通演讲者和听众之间的第一座桥梁。所以，开场白应达到三大目的：一是拉近距离；二是建立信任；三是引起兴趣，为下面的演讲做好准备。演讲者不应拘泥于某一种形式，而应充分利用自己的优势进行自我宣传。还可以利用各种视觉和声觉辅助工具，针对不同的听众相应调整自己的信息，迅速而有效地引起听众的注意。

（四）养成积极的演讲心理

要养成积极的演讲心理，我们可以从自信、沉着、淡然、达观四个方面入手。

克服紧张
训练(2)

（1）自信，克服性格短板。性格短板对于我们的心理、人生态度和事业前程都有着消极的影响，要敢于面对并加以积极改造，如通过朗诵、对话等激发积极表达的欲望，培养在众人面前说话的信心，获得大胆展示自我的勇气。只有这样，才能为成为一个优秀的演讲者，奠定成功的基础。

（2）淡然，消除患得患失的心态。在意过程中自我全神贯注的发挥。庄子"淡然无极而众美从之"的境界，崇尚的"恬淡"乃是超越大喜大悲之后的平静淡泊。只要自己尽力而为，即使结果不是最好的也无怨无悔。

（3）沉着，为演讲做好充分准备。一次成功的现场演讲，需要演讲者在演讲前做大量充分有效的准备工作，充分的准备有利于消除演讲前紧张不安的心理。

（4）达观，消除以往受挫经历留下的阴影。很多演讲者都曾有过受挫甚至失败的经历，如不及时化解，这些失败的经历就会在心里留下阴影。必须消除内心的阴影，建立自信。"言者无罪，闻之者足以戒"，只要态度诚恳自然，实事求是，听众也不会当场令你难堪。

实践应用角

实践在知识应用中有着不可替代的作用。作为学习者，我们需要将从"知识充电站"获得的新知，在真实的演讲案例的分析解读中"激活"；在比对观测中明确克服紧张的方式方法；更需要在真实的任务情境中实践应用，只有将获得的新知与技能融入特定的演讲任务，我们才算真正掌握了克服紧张的本领。

在共学单的三个"活动"中，设有进阶性的活动内容，具体如下：

> **小贴士**
>
> "不知则问，不能则学"。
> ——冯梦龙

有思，活动一——案例分析；

有辨，活动二——视频对比；

有行，活动三——主题演讲中克服紧张情绪的实践应用。

活 动

共 学 单
（学习改变思维　训练改变行为）

表2-2-3　案例分析活动

活动一：案例分析	
活动内容	**珍惜每一次当众出丑的机会** 　　我从小害羞，小学五年都是一口很"土"的石家庄话。小学毕业上中学的第一天，我才开始说普通话。小学时，我不但说一口石家庄话，还结巴。 　　我属于那种表达感情有障碍的人，可能越是这样的人，越是在台上格外放得	

续 表

	活动一：案例分析	
活动内容	开。我有时候在上台之前，觉得心里挺没谱的，就会对我身边的人说："夸夸我。"哎，真有用，于是我就能够镇定，能够兴奋。 有一次，我给主持人讲课时说："你们当中哪怕有人再内向、再拙于言谈，肯定也会有那么一次跟人聊天的时候神采飞扬，所有的人都被你吸引。只要有一次，就能证明你是有口才的，你不需要去培养这样的能力，你需要的是学会去调动你的这种能力，在需要的时候把它发挥出来。" 人要珍惜每一次当众出丑的机会。我在初中时，老师让我参加演讲比赛，写了演讲稿，也倒背如流了。我让人说出任何一个自然段的头一个字，我立马就能把下面的背出来。上台的时候，底下黑压压的一片，我背了一段，就想第二段开头的字，背完了第二段，大脑一片空白，冲着全校师生沉默了足有一分钟，吓得尿裤子了，全校师生就眼睁睁看着我跑出校门。后来我回学校，觉得旁边女生的笑声都是在笑我。 我们老师对我说："虽然你没有演讲完，在学校没有名次，但是你说的那两段挺好的，你不要紧张，能背下来就肯定能得第一名，我推荐你去区里参加比赛。"我这次答应得比上次痛快，好像觉得无所谓了，结果背下来真得了一个名次。从此之后我就有点变化了，反正已经丢脸了，还有什么可怕的？卸下这个负担后，我觉得自己还行，也能经常在这种场合露露脸。 中国人传统上都比较内向，大家一起听你说话的机会很难得，要珍惜每一次当众说话、当众表演的机会，让自己积累受挫折、出丑的经验，这样才能放下自我。这次出丑了，你们笑话我吧，我就"不要脸"了一分；下次又出丑了，我就"不要脸"两分；等我全"不要脸"了，我就进入了自由王国，达到无我的状态。 所谓的"自我"就是由脸面、自尊心、虚荣心等诸如此类的东西构成的，当这些东西全被摧毁的时候，你会突然发现你获得了一切。你今天在10个人面前出了一个很小的丑，明天这就能帮你在10万人面前挣回一个很大的面子。 你看我的形象，驼背直不起腰来，所以跟女主持人坐在一起的时候总是显得很矮，导演就拿了一个电话号码本垫在我的屁股底下，可女主持人不高兴了，人家本来就长得高，凭什么我要垫一个呢？去趟厕所回来发现，嘿，她也垫了一个，垫就垫吧，导演后来觉得怎么你垫了还比人家矮呢，就再给我垫了一个，到最后我发现自己都跟站着差不多了，因为已经垫了好几个了。 我越想这些事就越失败，越想我的手该放在哪儿就越不知道该往哪儿放。其实最快乐的时候，就是忘记自我的时候。 （资料来源：窦文涛，《珍惜每一次当众出丑的机会》，有改动） **思考问题：** 1. 结合演讲稿分析在克服紧张情绪方面有什么可借鉴之处。 2. 谈一谈你的读后感是什么。	**社会角色** 立足 职业岗位 服务 国家社会 **个体角色** 树立自信 乐观向上
活动实施	1. 小组讨论分析案例。 　个人：分析紧张情绪成因，体悟演讲者是如何克服紧张的。 　小组：倾听交流（注意倾听、表达的礼仪）。 2. 小组将讨论意见汇总，录制讨论过程，上传至课程平台"主题讨论"或"班级群"。 3. 参与课程平台主题讨论。 4. 也可汇总意见后，采用小组现场汇报的形式进行汇报。	信息处理 能力 团队合作 能力 口头表达 能力

续　表

	活动一：案例分析
考核评价	方式一(线上考核评价)： 1. 参与"主题讨论"活动时获取课程积分,还可在课程分数权重项设置中获得"讨论"项分值。 2. 主题讨论词云投屏,教师点评。 方式二(线下考核评价)： 1. 小组现场汇报后,互评、教师点评。 2. 填写活动评价表。

说明：1. 活动时长 30 分钟,分值 20 分,教师可根据实际进行调整。
　　　2. 可根据实际选择活动形式。
　　　3. 可根据活动形式调整考核评价方式。

表 2-2-4　视频对比活动

	活动二：视频对比	
活动内容	1. 观看杨澜的演讲视频《直面内心的恐惧》和俞敏洪的《摆脱恐惧》,感受如何克服演讲紧张情绪。 2. 观看杨澜《直面内心的恐惧》和樊登的问答脱口秀《我有一个问题》,比对同样作为公众人物,他们是符合克服当众演讲时的紧张情绪的。 3. 各小组将每人搜集到的真实演讲比赛资料进行分享(预学单中的"5"),分析不同的演讲者在克服紧张时的技巧使用。 (3 选 1,也可各组领取不同任务)	**社会角色** 立足 职业岗位 服务 国家社会 **个体角色** 树立自信 乐观向上
活动实施	1. 小组讨论分析案例。 　个人：分析在克服当众演讲紧张时,采用了哪些方式。 　小组：倾听交流(注意倾听、表达的礼仪)。 2. 小组将讨论意见汇总,录制过程,上传至课程平台"主题讨论"或"班级群"。 3. 参与课程平台主题讨论。 4. 也可汇总意见后,采用小组现场汇报的形式进行汇报。	信息处理能力 团队合作能力 口头表达能力
考核评价	方式一(线上考核评价)： 1. 参与"主题讨论"活动时获取课程积分,还可在课程分数权重项设置中获得"讨论"项分值。 2. 主题讨论词云投屏,教师点评。 方式二(线下考核评价)： 1. 小组现场汇报后,互评、教师点评。 2. 填写活动评价表。	

说明：1. 活动时长 20 分钟,分值 20 分,小组汇报可适当延长活动时间,教师可根据实际进行调整。
　　　2. 可根据实际选择活动形式。
　　　3. 可根据活动形式调整考核评价方式。

表 2 - 2 - 5 完成主题演讲中克服紧张情绪训练活动

活动三：完成主题演讲中克服紧张情绪训练		
活动内容	**背景与情境：** 　　如果单位让你参加"喜迎二十大，奋进新征程"主题演讲活动，但你之前没有当众演讲的经验，你该如何克服紧张情绪？	解决问题
活动实施	1. 梳理预学单中收集的党的二十大的资料。 　　个人：找出和自己工作或岗位相关的点。 　　小组：成员分享。 2. 观看各种官方媒体上的相关主题演讲比赛主题演讲比赛。 3. 结合搜集的资料、观看的相关视频，总结适合自己的克服紧张情绪的方法。 4. 总结相关的克服紧张的方法，小组汇总，如若不能课后思考报回。	信息处理能力 解决问题能力
考核评价	教师根据小组汇报的选题以及活动表现，填写活动评价表。	

说明：1. 活动时长 20 分钟，分值 20 分，教师可根据实际进行调整。
　　　2. 可根据实际调整活动形式。
　　　3. 可根据活动形式调整考核评价方式。

克服紧张训练评价表

班级：　　　　　　　姓名：　　　　　　　日期：　　　年　　月　　日

表 2 - 2 - 6 克服紧张训练评价表

项目	评价标准	分值	学生自评(30%)	小组互评(30%)	教师评价(40%)	小计
素养培养	通过克服紧张训练的知识和技能学习，激发运用克服紧张的技巧增强演讲表现力的意识	10				
	在实训过程中养成反复练习，自信展示的心理状态	10				
	能够结合技巧，培养自信、乐观向上的品质，锤炼品德修为	10				
知识应用	在小组活动中能够准确陈述克服紧张的技巧	10				
	在班级陈述中能够正确运用克服紧张的理论知识陈述本组观点	10				

续　表

项目	评价标准	分值	学生自评 (30%)	小组互评 (30%)	教师评价 (40%)	小计
能力提升	能够将所学的克服紧张的技巧运用到实训任务中,学以致用	10				
	结合具体的演讲任务,运用克服紧张的技巧对具体的演讲任务进行准备	10				
项目成果展示	能够独立完成克服紧张的任务,在活动中能主动提出问题,解决问题	10				
	在活动中汇报表达自如流畅,语速得当	10				
	项目成果能与时事结合紧密,体现自信的精神品质	10				
合计		100				

自测袋袋库

　　"评估"是一种有效的方法。我们应怎样对自己的学习效果进行评价?通过评估,完成自我审视,及时了解学习的成果反馈,品尝获得能力提升的成就感,鼓舞学习热情。如有错误和不足,要提醒自己及时修正和补充。

评估:测测你在演讲中克服紧张的能力

续　学　单
(学习改变思维　训练改变行为)

表 2-2-7　续学单

序号	续学内容	必做要求	拓展要求	评价(15%)	备注
1	知识测试:高阶测验	线上课程平台完成	查找线上同类课程相关内容,进行练习	线上平台评价。可与预学单的达标测验对比,由老师进行评价	必做
2	能力实操:如何克服紧张情绪	继续完成活动三克服紧张的任务	浏览 3~5 位演讲比赛选手的演讲	完成评价表中的小组自评,小组互评项目。依据拓展内容完成情况,由老师进行增值性评价	必做

续　表

序号	续学内容	必做要求	拓展要求	评价(15%)	备注
3	拓展提升：归纳克服紧张情绪的实用技巧	搜集演讲视频，总结克服紧张的方法。班级学委汇总提交	整理汇编成班级同学认为实用的克服演讲紧张情绪的技巧汇总	归纳克服紧张的实用技巧，老师视班级编辑情况与水准，予以总结性点评	必做

说明：1. 本次续学内容由学生个人完成。

　　　2. 评价占比 10%（1 项占 5%，2 项成绩记在活动三，3 项占 5%）。

评价要项占比及分值(参考)

表 2-2-8　评价要项占比及分值(参考)

要项	签到 (5%)	预学单 (15%)	共学单 (60%)	评估 (10%)	续学单 (10%)	备　注
分值	5 分	15 分 (3 项)	60 分 (3 项)	10 分	10 分 (2 项)	

任务三 演讲声音训练(一)吐字清晰

——"我"要笃信工匠精神

指导表

表 2-3-1 "四环三单"学习指导表

项目名称			项目二 演讲辅助技能训练	任务名称	任务三 演讲声音训练 (一)吐字清晰
学习过程 四个环节	目标	素质目标	1. 激发精益求精的工匠精神 2. 关注现实,经世济民,有家国情怀 3. 懂得中国青年在现代化新征程中要笃信工匠精神		
		知识目标	1. 了解气息控制、口腔控制的技巧知识 2. 了解共鸣控制、声音弹性在表达沟通中的魅力 3. 掌握正确发音和增强声音表现力的基本知识		
		能力目标	1. 能够运用吐字归音技巧使有声语言归音到位、干净利索 2. 能够根据演讲稿、听众背景、演讲场合理处理演讲稿朗诵的技巧		
	任务	任务描述	背景与情境:如果单位让你参加"喜迎二十大,奋进新征程"主题演讲活动,在语言表达吐字清晰方面,你该怎么做?		
		预学单	1. 阅读"知识充电站"或观看线上课程视频(2 选 1) 2. 阅读文稿或观看演讲视频(2 选 1) 3. 搜集真实演讲比赛资料(必做)		
	活动	共学单	1. 发音训练——激活深化		
			2. 视频对比——关联转化		
			3. 完成我的主题演讲稿声音处理——迁移应用		
	评估	自我评估	测测你的演讲吐字清晰能力		
		续学单	1. 知识测试 2. 能力实操 3. 拓展提升		

目 标

学会吐字清晰的技巧

如果一个人说话声音好听，就很容易给人留下深刻的印象。演讲毕竟是一种语言艺术，我们需要用声音把内容传递出来。那么，怎样让我们的声音充满魅力呢？有人会说，讲好普通话不就说话好听了吗？事实上，要想声音好听，不仅仅需要讲好普通话。除了发音标准，还要让声音听起来更有磁性，更加婉转、动听，具有画面感，等等。

通过运用吐字清晰发音技巧，结合训练材料，归正发音。在特定背景与情境的学习和训练中，你将能够实现下列目标。

素质目标：通过学习演讲声音吐字清晰发音技巧的知识与技能，激发精益求精的工匠精神；在学习过程中养成规范的发音习惯和团队合作精神；与时代接轨，感受传承经典、经世济民、家国情怀的意义，懂得中国青年要笃信工匠精神。

知识目标：通过学习吐字清晰技巧，能够叙述气息控制、口腔控制、吐字归音、共鸣控制和声音弹性等陈述性知识。

能力目标：通过案例分析、视频分析，能够运用吐字归音技巧，使自己的有声语音表达归音到位、干净利索；能够根据演讲稿的内容、演讲听众的背景、演讲的场合合理处理演讲稿朗诵的技巧。

任 务

完成一次主题演讲活动的吐字清晰

如果单位让你参加"喜迎二十大，奋进新征程"主题演讲活动，在语言表达吐字清晰方面，该怎么做？你必须明确以下问题：

1. 如何用气息说话？
2. 气息训练的方法有哪些？
3. 口腔控制的解决办法是什么？
4. 如何利用共鸣腔，使声音圆润洪亮？

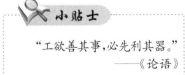

小贴士

"工欲善其事，必先利其器。"
——《论语》

预　学　单
（学习改变思维　训练改变行为）

表 2 - 3 - 2　预 学 单

序号	预学内容	预学要求	拓展要求	评价(15%)	备注
1	阅读"知识充电站"	运用思维导图整理知识要点,完成线上达标测验	思考从阅读中收获了什么	课程平台评价。依据问答评价	2选1
2	观看线上课程视频	结合视频内容提出你最关注的一个问题。完成线上达标测验	可以在关注的问题后面,附上原因	课程平台评价。依据问答由老师进行评价	2选1
3	阅读文若河《给你的声音美美容》	结合阅读的内容,谈谈在吐字清晰方面对你有什么启发	可以在阅读启发后附上自己的一些感想和体会	依据每一位同学总结的启发内容和感想体会,由老师进行评价	2选1
4	观看视频"好记者讲好故事"	"我"要笃信工匠精神,在视频中是如何体现的? 摘录 2~3 处对你有启发的内容	中国青年要传承经典,经世济民,家国情怀怎样体现? 整理 200 字左右的文字资料	依据每一位同学回答问题的质量,由老师进行评价	2选1
5	搜集真实演讲比赛资料	选一个吐字清晰的作品推荐给你所在的学习小组,上传课程教学平台	可附上推荐理由	依据每一位同学上传资料的质量及推荐理由,由老师进行评价	必做

说明：1. 本次预学内容由学生个人完成(可以是其中的一项或几项)。
　　　2. 评价占比 15%(3 项各占 5%),评价方式依学习方式定。

📋 知识充电站

　　能力需要建立在知识基础上。演讲,是一种口语表达能力的集中展现,是有声语言的魅力展示。要想让声音好听,不仅仅要讲好普通话。除了发音标准,还需要掌握一些正确的发声、发音技巧,使声音更具磁性,更动听、生动。

演讲声音训练(1)

一、气息训练

　　气息是我们发声的根源,掌握良好的气息运用方式,可以美化音色,强身健体。

　　气息训练中最主要的是调整发声的气息,支持我们发声的基础是气息。人体就像是一件管状乐器,气息是根基,在下面支撑声音。口腔、鼻腔、头腔在上面,给声音一个形成共鸣的空间,使我们的声音经过共鸣后,更加圆润悦耳。

（一）胸腹式联合呼吸法

1. 吸气

吸气要做到快、静、深。呼气要缓慢、均匀、平稳。具体动作要领如下：鼻吸气，小腹向丹田收缩，大腹、胸、腰部向外扩展，前腹和后腰分别向四周撑开，产生衣带渐紧的感觉。

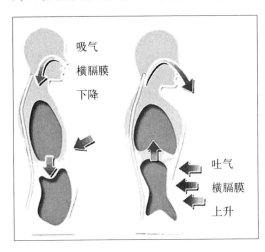

图 2-3-1　胸腹式联合呼吸法

2. 呼气

呼气时，用嘴呼气。收住小腹不可放松，控住胸、腹部，将肺部吸气时所储气体缓慢、均匀、平稳地外呼。呼气时有节奏、连贯地发出语音。经科学考证，采用胸腹式联合呼吸法（图 2-3-1）发出的声音效果最佳。这种方法全面调动了发声器官，活动范围大，伸缩性强，对嗓子的保养也有一定的作用，是一种科学的呼吸方法。

注意事项：双肩上抬，气息浅成胸式呼吸；吸气过猛、过深成腹式呼吸。要注意气息的控制，做到气不憋、声不噎。

（二）其他训练方法

1. 闻花香深呼吸法

训练要求：肩部放松，喉部放松，深吸肺腑，气沉丹田，小腹扩张，声音从容。想象自己眼前有一片花海，自己站在花丛中闻花香，花香沁人心脾，深深吸气，保持片刻并缓缓呼出。

2. 绕口令气息训练

训练要求：坐椅子前 1/3 的位置，腰部挺直，两眼平视前方，深吸一口气，呼气时说绕口令。

一口气说完一个绕口令。开始练习时，中间可适当换气，练到对气息有了控制能力时，应逐渐减少换气次数，最后要争取一口气说完。

3. 慢跑背诵诗歌气息训练

训练要求：运动中训练气息要稳定，声音要从容。选择一首熟悉的古诗，匀速慢跑，气息稳定，边运动边背诗。

示例

出东门，过大桥，大桥底下一树枣儿，拿着竿子去打枣儿。青的多，红的少。

一个枣，两个枣，三个枣，四个枣，五个枣，

六个枣，七个枣，八个枣，九个枣，十个枣；

十个枣，九个枣，八个枣，七个枣，六个枣，

五个枣，四个枣，三个枣，两个枣，一个枣。

(三) 四种呼吸方式体验气息变化

1. 慢吸慢呼

训练要求：吸气七秒(计时)；吐气七秒(计时)。重复两次。

示例

吃葡萄不吐葡萄皮儿，不吃葡萄倒吐葡萄皮儿。

2. 慢吸快呼

训练要求：吸气七秒(计时)；吐气一秒(计时)。重复两次。

示例

爬来爬去是蚕，飞来飞去是蝉。
蚕常在桑叶里藏，蝉藏在树林里唱。

3. 快吸快呼

训练要求：吸气一秒(计时)；吐气一秒(计时)。用力挤压，重复两次。

示例

　　着急地朝远处的一个人喊"王老师"。"小狗喘气"就是这种呼吸方式，请你感受横膈膜的变化。

4. 快吸慢呼

训练要求：吸气一秒(计时)；吐气七秒(计时)。重复两次。

示例

打南边来了个哑巴，腰里别了个喇叭；打北边来了个喇嘛，手里提了个獭目。
提着獭目的喇嘛要拿獭目换别着喇叭的哑巴的喇叭；
别着喇叭的哑巴不愿拿喇叭换提着獭目的喇嘛的獭目。
不知是别着喇叭的哑巴打了提着獭目的喇嘛一喇叭；
还是提着獭目的喇嘛打了别着喇叭的哑巴一獭目。
喇嘛回家炖獭目，哑巴嘀嘀嗒嗒吹喇叭。

（四）气息训练的总体要求

吸气时，两肋打开、吸到肺底、腹壁站定；呼气时，急而不促、快而不乱、长而不喘。

二、口腔控制

1. 提颧肌

颧肌是指鼻孔两侧两指的位置。平时说话的时候，要让颧肌处稍有紧张感。其实，提颧肌不是做成"微笑状"，更不是笑，颧肌稍有紧张的感觉就可以了。提颧肌可以让声音集中、清新、明亮，这是一个可以让大家年轻、变美的发声习惯。嘴部肌肉如图 2 - 3 - 2 所示。

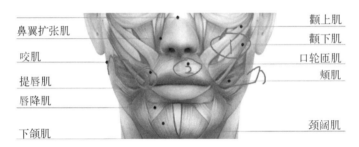

左侧标注：鼻翼扩张肌、咬肌、提唇肌、唇降肌、下颌肌

右侧标注：颧上肌、颧下肌、口轮匝肌、颊肌、颈阔肌

图 2 - 3 - 2　嘴部肌肉

动作要领：颧肌用力向上提，鼻孔口腔前上部有展宽的感觉，微微张开，上唇紧贴牙齿，唇齿相依。

A. 太好了！

B. 天儿（气）真好！

C. 欲穷千里目，更上一层楼。

A、B 句发音时我们可能真的在笑。

C 句发音时我们则只是心情愉悦，不一定在笑，但我们的颧肌在提起。

2. 打牙关

上下颌之间的关节俗称牙关，打牙关是抬起上腭中部的动作。打牙关就是要使上下槽牙在咬字时有一定的距离，尤其双侧上后槽牙应始终保持向上提起的感觉。虽然日常口语时很少有人咬紧牙关，但大家应特别注意打开牙关。因为它不仅可以丰富口腔共鸣，还可以使咬字位置适中、力量稳健，其作用是非常明显的。

打开牙关是指打开槽牙，挺软腭。这个"打牙关"动作可以增加口腔空间，给舌头运动提供更多空间,为口腔共鸣提供环境条件。没有打开牙关是指有人讲话习惯不好,牙关很紧,两颊肌肉下挂,这个样子口腔必然不开,音色发闷、发扁,还会影响吐字的清晰度。

动作要领:像打哈欠,让喉结保持在最低位置,同时使咽腔产生一种强烈的扩张感。

示例

粉红墙上画凤凰,凤凰画在粉红墙。
红凤凰,粉凤凰,红粉凤凰,花凤凰。
红凤凰,黄凤凰,红粉凤凰,粉红凤凰,花粉花凤凰。

3. 挺软腭

软腭在上腭后部,用舌尖抵住硬腭向后舔会感觉到它的具体位置。不说话时,软腭松软下垂,日常说话时也很少有人有意识将它挺起。软腭挺起来时口腔后部呈倒置的桃形。

动作要领:张大嘴巴做打哈欠状,打开牙关,挺起上颚,要让上颚感受到撑起感,再长啸一声。

挺软腭的作用一是软腭挺起后可加大口腔后部的空间,改善共鸣和音色;二是缩小鼻腔入口,避免声音过多地进入鼻腔造成鼻音。

练习内容

A. 提腭发舌根音:g(哥)、k(颗)、h(喝)。
B. 字词:呦、哎呦呦、好、枣。
C. 学鸭子叫"嘎嘎"。

练习提示

"好 hao"发音时可以明显感觉到口腔后部的开度较大,用它去带发其他音节也会收到较好的效果。

4. 松下巴

松下巴是指说话时,下巴不要主动去"帮忙",不然舌根容易紧张。牙痛时说话,下巴一般是比较松弛的。

动作要领:找到一个平面放平胳膊肘,托住下巴,向上打开口腔,只能向上抬起,这样讲话积极。这里要注意打开口腔时,不是单纯张大嘴巴,嘴唇不需要刻意咧大,而是将口腔中后槽牙后面的空间打开,让气流在口腔当中保持畅通。

三、吐字归音

每个字都是由一个音节组成的,而一个音节又可以分成字头、字腹、字尾三部分,这三部分从语音结构来分,大体上字头是声母,字腹是韵母,字尾是韵尾。

(一) 字头

吐字发声时一定要咬住字头。有一句话叫"咬字千斤重,听者自动容",说的就是这个意思。所以我们在发音时,一定要紧紧咬住字头,这时嘴唇一定要有力,将发音的力量放在字头上,利用字头带响字腹与字尾。

(二) 字腹

字腹发音一定要饱满、充实,口形要正确。发出的声音应该是立着的,而不是横着的,应该是圆的,而不是扁的。这需要反复练习,否则易使发出的声音扁、塌、不圆润。

(三) 字尾

字尾主要是归音。归音一定要到位,要完整。也就是不要念"半截子"字,要把音发完整。当然字尾也要能收住,不能把音拖得过长。

(四) 枣核型

两头尖尖,中间饱满。吐字归音找的整体感觉叫"枣核型",如珠如流。出字、立字、归音要保证有一种滑动的感觉。

(五) 吐字归音训练方法

1. 到位练习

到位练习即口型和发音器官发音时到位的练习。韵母在形成口型时作用最大,讲话中的每一个音节都离不开韵母。在讲话时,有的人有意无意地会出现图省事的情形,嘴巴没张到应有的程度,或者嘴、齿、舌、鼻、喉、声带等不够协调。

2. 速读练习

速读练习是一个锻炼语音准确、吐字清晰的有效方法,这是因为速读能提高咬字清晰度、发音准确度,而且还能提高思维的敏捷度和反应的速度。

3. 读句练习

吐字归音训练与读句训练是紧密相连、相辅相成的。读句训练,就是选择一些有一定难度的语句、段落,进行快读训练。要求做到把音读准,不增减字词,不重不断,停顿自然,有节奏,连贯流畅。

4. 正音练习

正音练习,就是根据普通话的读音标准,校正自己的地方音和习惯音。正音练习包括很多内容,主要有以下内容:平舌音和翘舌音练习、鼻音和边音练习、送气音和不送气音练习、前鼻音和后鼻音练习等。

 示例

造张纸,用纸浆,纸浆造纸用纸张。

草纸浆,木纸浆,造出纸张有短长。

长纸张,用纸浆,短纸张,用纸浆,张张纸张用纸浆。

四、共鸣控制

学会用共鸣腔,声音圆润洪亮。把气息作为根基支撑声音,以口腔、鼻腔、头腔、胸腔等,给声音形成共鸣空间,我们的声音经过共鸣后,会更加圆润悦耳。唱歌用到鼻腔共鸣、头腔共鸣比较多,有声语言表达的共鸣用到比较多的是口腔和胸腔的支撑。

（一）口腔共鸣

讲话时口腔比较紧,感觉口腔共鸣不够时,可以每天做提颧肌训练,半打哈欠发凹音训练,不少于 15 分钟,体会口腔共鸣。

示例

| 哗啦啦 | 滴溜溜 | 劈啪啪 |
| 咕隆隆 | 扑通通 | 咣当当 |

（二）胸腔共鸣

如果每天大量说话,不采用胸腔共鸣会产生音扁、单薄、缺乏底气、不洪亮、嗓子疲劳、易损伤声带的现象。可以用较低的声音发 ha 音,声音不要过亮,这时的声音是浑厚的,感觉是从胸腔发出的。

示例

| 来龙去脉 | 来日方长 | 龙腾虎跃 | 百炼成钢 |
| 高瞻远瞩 | 光明磊落 | 庞然大物 | 沧海桑田 |

（三）鼻腔共鸣

鼻腔共鸣是指鼻腔通道畅通时的共鸣,它可以美化声音,通过软腭来实现。用 m、n 开头的音做练习,或者哼歌曲,体会鼻腔共鸣。要做到适量美化,鼻腔共鸣适量使用才可明亮、美化声音,不能鼻音过重。鼻腔共鸣是通过软腭来实现的。

示例

鼻辅音＋口元音 ma—mi—mu   na—ni—nu

词语：面庞　年龄　牛郎　泥泞　人民

演讲声音训练中吐字清晰的技巧有以下内容：

（1）气息训练可以采用胸腹式联合呼吸法、其他训练方法包括闻花香、绕口令、慢跑、背诵诗歌等；

（2）口腔控制训练，可以采用提打挺松、归音吐字等方法；

（3）吐字归音训练，可以采用字头、字腹、字尾及其训练方法；

（4）把气息作为根基支持声音，以口腔、鼻腔、头腔、胸腔等，给声音形成共鸣空间。有声语言表达的共鸣用到比较多的是口腔和胸腔的支撑。

实践应用角

实践是检验知识的有效途径。作为学习者，我们需要将从"知识充电站"获得的新知，在案例分析中"激活"；在比对观测中明辨吐字清晰方法；更需要在真实的任务情境中实践应用，只有将获得的新知与技能融入特定的演讲任务，我们才能掌握吐字清晰的本领。

在共学单的三个"活动"中，设有进阶性的活动内容，具体如下：

有思，活动一——案例分析；

有辨，活动二——视频对比；

有行，活动三——主题演讲朗诵的实践应用。

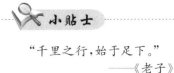

小贴士

"千里之行，始于足下。"

——《老子》

活　动

共　学　单
（学习改变思维　训练改变行为）

表 2 - 3 - 3　案例分析活动

活动一：案例分析		
活动内容	**白 杨 礼 赞** 　　那是力争上游的一种树，笔直的干，笔直的枝。它的干呢，通常是丈把高，像是加以人工似的，一丈以内，绝无旁枝；它所有的丫枝呢，一律向上，而且紧紧靠拢也像是加以人工似的，成为一束，绝无横斜逸出；它的宽大的叶子也是片片向上，几乎没有斜生的，更不用说倒垂了；它的皮，光滑而有银色的晕圈，微微泛出淡青	社会角色 笃信 工匠精神

	活动一：案例分析	
活动内容	色。这是虽在北方的风雪的压迫下却保持着倔强挺立的一种树！哪怕只有碗来粗细罢,它却努力向上发展,高到丈许,两丈,参天耸立,不折不挠,对抗着西北风。 　　这就是白杨树,西北极普通的一种树,然而绝不是平凡的树！它没有婆娑的姿态,没有屈曲盘旋的虬枝,也许你要说它不美丽,——如果美是专指"婆娑"或"横斜逸出"之类而言,那么,白杨树算不得树中的好女子;但是它却是伟岸,正直,朴质,严肃,也不缺乏温和,更不用提它的坚强不屈与挺拔,它是树中的伟丈夫！ 　　当你在积雪初融的高原上走过,看见平坦的大地上傲然挺立这么一株或一排白杨树,难道你就只觉得树只是树,难道你就不想到它的朴质,严肃,坚强不屈,至少也象征了北方的农民;难道你竟一点儿也不联想到,在敌后的广大土地上,到处有坚强不屈,就像这白杨树一样傲然挺立的守卫他们家乡的哨兵！难道你又不远一点想到这样枝枝叶叶靠紧团结,力求上进的白杨树,宛然象征了今天在华北平原纵横决荡用血写出新中国历史的那种精神和意志。 　　　　　　　　(资料来源:茅盾,《白杨礼赞》,高等教育出版社2016年版,有改动) **思考问题:** 　　1. 根据材料音频分析这篇文章在吐字归音上有什么可取之处。 　　2. 听《白杨礼赞》朗读音频。	**个体角色** 传承经典 经世济民 家国情怀
活动实施	1. 小组讨论分析训练汇报结果。 　　个人:分析训练材料,练习吐字清晰的表达方式,将情感融入作品中进行朗读。 　　小组:倾听交流(注意倾听、表达的礼仪)。 2. 小组将成员优缺点讨论意见汇总,录制讨论过程,上传至课程平台"主题讨论"或"班级群"。 3. 参与课程平台主题讨论。 4. 也可汇总意见后,采用小组现场汇报的形式进行汇报。	信息处理 能力 团队合作 能力 口头表达 能力
考核评价	方式一(线上考核评价): 1. 参与"主题讨论"活动时获取课程积分,还可在课程分数权重项设置中获得"讨论"项分值。 2. 主题讨论词云投屏,教师点评。 方式二(线下考核评价): 1. 小组现场汇报后,互评、教师点评。 2. 填写活动评价表。	

说明:1. 活动时长30分钟,分值20分,教师可根据实际进行调整。
　　　2. 可根据实际选择活动形式。
　　　3. 可根据活动形式调整考核评价方式。

表 2 - 3 - 4　视频对比活动

	活动二：视频对比	
活动内容	1. 观看视频《2021好记者讲好故事》栏目之《少年自有少年狂,身似山河挺脊梁——用钢铁意志,铸就铁血军魂》和《唱响世界的舞台》。体会命题演讲中吐字清晰方面的不同。	**社会角色** 笃信 工匠精神

续 表

	活动二：视频对比	
活动内容	2. 各小组将每人搜集到的真实演讲比赛资料进行分享,分析不同的演讲内容在吐字清晰方面的技巧使用。 (2选1,也可各组领取不同任务)	**个体角色** 传承经典 经世济民 家国情怀

活动实施	1. 小组讨论分析案例。
	  个人:分析演讲中吐字清晰方法体会演讲者不同的处理方式。
	  小组:倾听交流(注意倾听、表达的礼仪)。
	2. 小组将讨论意见汇总,录制过程,上传至课程平台"主题讨论"或"班级群"。
	3. 参与课程平台主题讨论。
	4. 也可汇总意见后,采用小组现场汇报的形式进行汇报。
		信息处理能力
		团队合作能力
		口头表达能力

考核评价	方式一(线上考核评价): 1. 参与"主题讨论"活动时获取课程积分,还可在课程分数权重项设置中获得"讨论"项分值。 2. 主题讨论词云投屏,教师点评。 方式二(线下考核评价): 1. 小组现场汇报后,互评、教师点评。 2. 填写活动评价表。	

说明:1. 活动时长 20 分钟,分值 20 分,小组汇报可适当延长活动时间,教师可根据实际进行调整。
　　　2. 可根据实际选择活动形式。
　　　3. 可根据活动形式调整考核评价方式。

表 2-3-5　完成主题演讲稿的朗诵活动

	活动三：完成主题演讲稿的朗诵	
活动内容	**背景与情境:** 　　如果要你参加"喜迎二十大,奋进新征程"主题演讲活动,根据演讲稿的内容,你打算怎样提升在吐字清晰方面的能力?	**解决问题**
活动实施	1. 观看"英雄的人民,人民的英雄"先进事迹报会。 2. 结合个人经历身份与社会关注点,思考自己的演讲文稿的吐字清晰处理方式。 3. 若能确立选题,小组汇总,如若不能课后思考上报。	信息处理能力 解决问题能力
考核评价	教师根据小组汇报的吐字清晰处理设计以及活动表现,填写活动评价表。	

说明:1. 活动时长 20 分钟,分值 20 分,教师可根据实际进行调整。
　　　2. 可根据实际调整活动形式。
　　　3. 可根据活动形式调整考核评价方式。

演讲声音训练(一)吐字清晰评价表

班级：　　　　姓名：　　　　日期：　　　年　　月　　日

表 2-3-6　演讲声音训练(一)吐字清晰评价表

项目	评价标准	分值	学生自评(30%)	小组互评(30%)	教师评价(40%)	小计
素养培养	能以精益求精的态度参与实训活动,在实训活动中积极参与,善于合作,友好沟通	10				
	在实训过程中表现出锲而不舍的职业品质,能反复调整提升	10				
	能够结合吐字归音发音的技巧,认识到吐字归音在演讲表达中的重要性,前期反复训练的意识强	10				
知识应用	在小组活动中能够准确陈述吐字归音的技巧	10				
	在班级陈述中能够正确运用理论知识陈述本组观点	10				
能力提升	能够将所学的吐字归音的技巧运用到实训任务中,学以致用	10				
	结合具体的演讲任务,运用吐字归音的技巧对具体的演讲任务进行分析	10				
项目成果展示	能够独立完成吐字归音的任务,在活动中能主动提出问题,解决问题	10				
	在活动中汇报表达自如流畅,语速得当	10				
	项目成果传承经典,体现家国情怀,笃信工匠精神	10				
合计		100				

评估：测测你的演讲吐字清晰能力

自测袋袋库

学习者怎样评价自己的学习成效？采用"评估"的形式，是对自己学习收获的一个有效方法。通过评估，查缺补漏。

续 学 单
（学习改变思维　训练改变行为）

表 2-3-7　续 学 单

序号	续学内容	必做要求	拓展要求	评价(15%)	备注
1	知识测试：高阶测验	线上课程平台完成	查找线上同类课程相关内容，进行练习	线上平台评价。可与预学单的达标测验对比，由老师进行评价	必做
2	能力实操：演讲声音训练吐字清晰	继续完成活动三主题演讲吐字清晰任务	课下浏览 2～3 个配音视频	完成评价表中的小组自评，小组互评项目。依据拓展内容完成情况，由老师进行增值性评价	必做
3	拓展提升：归纳职场主题演讲吐字清晰规律	搜集"时代新人说"中不同职业演讲者的音视频资料。班级学委汇总提交	整理汇编成班级喜爱的朗诵视频目录	依据归纳的职场演讲吐字清晰的规律，老师视班级编辑情况与水准，予以总结性点评	必做

说明：1. 本次续学内容由学生个人完成。
2. 评价占比 10%(1 项占 5%,2 项成绩记在活动三,3 项占 5%)。

评价要项占比及分值(参考)

表 2-3-8　评价要项占比及分值(参考)

要项	签到(5%)	预学单(15%)	共学单(60%)	评估(10%)	续学单(10%)	备　注
分值	5 分	15 分(3 项)	60 分(3 项)	10 分	10 分(2 项)	

任务三 演讲声音训练(二)以声传情
——"我"要笃信工匠精神

指导表

表 2-3-9 "四环三单"学习指导表

项目名称			项目二 演讲辅助技能训练	任务名称	任务三 演讲声音训练 (二)以声传情
学习过程 四个环节	目标	素质目标	1. 培养做事认真严谨的学习态度 2. 关注经典传承,心怀家国,经世济民 3. 懂得中国青年要笃信工匠精神		
		知识目标	1. 了解朗诵基本技巧知识,了解停顿、重音和语调 2. 了解声音弹性在朗诵中的使用 3. 掌握声韵母辨正和声调辨正技巧		
		能力目标	1. 能够运用朗诵基本技巧和普通话技巧,完成一次作品朗诵 2. 能够声情并茂地完成一次朗诵		
	任务	任务描述	背景与情境:如果单位让你参加"喜迎二十大,奋进新征程"主题演讲活动,在以声传情提升演讲感染力方面你该怎么做?		
		预学单	1. 阅读"知识充电站"或观看线上课程视频(2选1) 2. 阅读朗读文稿或观看朗读视频(2选1) 3. 搜集同一题目不同朗读者朗读的视频或音频资料(必做)		
	活动	共学单	1. 案例分析——激活深化		
			2. 作品对比——关联转化		
			3. 完成我的主题演讲朗读——迁移应用		
	评估	自我评估	测测你在演讲中以声传情的能力		
		续学单	1. 知识测试 2. 能力实操 3. 拓展提升		

目 标

学会朗诵的基本技巧

朗诵就是把书面文字转化为有声语言的再创造活动。一段生动的朗诵不仅能给听众带来愉悦的听觉体验，更有助于朗诵者自身更好理解作品，提高朗诵水平。

通过运用以声传情发音技巧，结合训练材料，归正发音。在特定背景与情境的学习和训练中，你将能够实现下列目标。

素质目标：通过学习演讲声音以声传情发音技巧的知识与技能，培养认真严谨的学习态度；感受以声传达传统文化的精神和力量，引导心怀家国、经世济民的情怀；懂得中国青年要笃信工匠精神。

知识目标：通过学习朗诵基本技巧知识、停顿、重音和语调知识，能够叙述声音弹性在朗诵中的使用方法、以情带声的基础知识，掌握声韵母辨正和声调辨正技巧等。

能力目标：通过句调训练、作品对比，能够运用朗诵基本技巧和声音弹性技巧，完成一次声随情变、气随情动的朗诵。

任 务

完成一次主题演讲活动中声音技巧的运用

演讲声音
训练(2)

如果单位让你参加"喜迎二十大，奋进新征程"主题演讲活动，关于如何运用声音技巧，实现以声传情，你必须明确以下问题：

1. 如何根据演讲稿进行情感设计？

2. 朗诵要效果好需要做到几点？

3. 如何根据演讲稿运用声音技巧？

预 学 单
（学习改变思维　训练改变行为）

表 2-3-10　预 学 单

序号	预学内容	预学要求	拓展要求	评价(15%)	备注
1	阅读"知识充电站"	运用思维导图整理知识要点,完成线上达标测验	思考从阅读中收获了什么	课程平台评价。依据问答评价	2选1
2	观看线上课程视频	结合视频内容提出你最关注的一个问题。完成线上达标测验	可以在关注的问题后面附上原因	课程平台评价。依据问答由老师进行评价	
3	阅读谢伦浩《文学作品朗诵艺术》	结合阅读的内容,谈谈在朗读以声传情方面对你有什么启发	可以在阅读启发后附上自己的一些感想和体会	依据每一位同学总结的启发内容和感想体会,由老师进行评价	2选1
4	观看《这些大国工程中都有他的身影》	"我"要笃信工匠精神,传承经典,经世济民,家国情怀。在视频中是如何体现的? 摘录 2～3 处对你有启发的内容	中国青年的传承经典,家国情怀是怎样体现的? 整理200字左右的文字资料	依据每一位同学回答的问题质量,由老师进行评价	
5	搜集同一题目不同朗诵者朗诵的视频或音频资料	选一个最喜欢的推荐给你所在的学习小组,并指出与其他作品的差异性,上传课程教学平台	可附上你的推荐理由	依据每一位同学上传的资料质量及推荐理由,由老师进行评价	必做

说明：1. 本次预学内容由学生个人完成(可以是其中的一项或几项)。
　　　2. 评价占比 15%(3 项各占 5%),评价方式依学习方式定。

 知识充电站

　　朗诵是用清晰响亮的声音,结合各种语言手段来完善的表达作品思想感情的一种语言艺术。在演讲中,演讲者可以通过朗诵训练,提升以声传情的能力,增强演讲表现力。

一、普通话声韵母辨正

　　声韵母辨正,是普通话有效正音的关键点。
　　普通话是以北京语音为标准音,以北方话为基础方言,以典范的现代白话文著作为语法规范的现代汉民族共同语。

人们在日常生活中的语言表述,最容易出现错误的地方是平翘舌音和前后鼻音。下面我们重点分析这两类音的发音技巧和方法。

(一) 声母正音——平翘舌音

1. 平舌音(z、c、s)

发音部位是舌尖和上齿背。发音时舌尖抵住上齿背,接着舌尖稍离开上齿背,形成窄缝,气流从窄缝中挤出,摩擦成声(图2-3-3)。

注意:注意舌尖是与上齿背成阻,而不是舌头前部整个贴到上齿背上;避免舌尖伸到两齿中间。

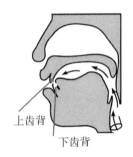

图2-3-3 平舌音

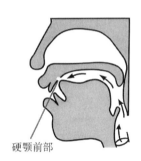

图2-3-4 翘舌音

2. 翘舌音(zh、ch、sh、r)

发音时舌尖翘起,接触或接近硬腭前端(图2-3-4)。

注意:舌头微微后缩,舌尖翘起,轻轻接触硬腭前端,下巴放松,牙关打开,气息通畅。分辨翘舌音和平舌音,要先按照发音要领,反复对比练习,准确发出每个音。朗读下面的字。每组字"—"前是平舌音声母,"—"后是翘舌音声母。

示例

z—zh　资—之　杂—闸
c—ch　词—池　擦—插
s—sh　思—师　洒—傻

z、c、s 和 zh、ch、sh 六个音发准了以后,主要难点就在于分辨哪些字声母该读平舌音,哪些字声母该读翘舌音。在普通话3 000多个常用字中,声母是平舌音和翘舌音的字有900多个,其中平舌音字少,约占30%;翘舌音字多,约占70%。因此,分辨、记忆这些容易混淆的字就成了关键问题。

(二) 韵母正音——前后鼻音韵母

1. 前鼻音(-n)

元音发出后,舌头向前移动,舌尖抬起顶住上齿龈形成阻碍,使气流从鼻腔透出(图2-3-5)。

2. 后鼻音(－ng)

ng 是舌根鼻音,舌头后缩,舌根抬起顶住软腭,使气流从鼻腔透出(图 2－3－6)。

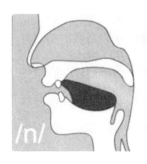

图 2－3－5　前鼻音

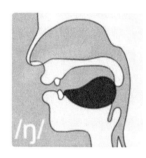

图 2－3－6　后鼻音

示例

照射　正直　致使　真正　垂直　章程　舒畅　寿辰

创伤　铲除　惆怅　书桌　纯真　诊治　沾染　昌盛

二、朗诵技巧

朗诵技巧是指在朗诵过程中熟练运用声音表情达意的技术和能力。

朗诵是有声语言中一种难度比较大的表达方式,也是运用语言技巧最为充分的表达方式。

朗诵技巧包括吐字技巧、共鸣技巧和语言技巧。其中吐字技巧和共鸣技巧参看本任务第一部分"吐字清晰"。

(一) 停顿

停顿是指朗读时段与段、句与句、词语与词语之间出现的语气或声音上的间歇。语言中的停顿,不但是人们生理上换气的需要,而且是表情达意的需要。

1. 语法停顿

语法停顿是指依据文章的标点符号和语句的语法结构而作出的停顿,有句外停顿和句内停顿之分。一句话说完后的停顿便是句外停顿。句外停顿和文章的段落层次是一致的,通过较长的停顿把文章的书面结构形式清晰地表现出来。

标点符号的停顿,一般停顿时间的长短是:句号、问号、感叹号>分号>逗号>顿号;冒号、省略号、破折号停顿的时间伸缩性较大,可根据文意酌情而定。

2. 强调停顿

强调停顿是指为了突出某一事物或强调某种情感所作的停顿。强调停顿一般有三种表现情形:一是在句中没有标点的地方,即所需强调之词语的前面作出停顿;二是在句子中间适当延长停顿时间;三是在说完含有强烈感情的语句后,听众脑海中的情感余波还未消失,这时通常需要较长的停顿空间以供其回旋。

3. 心理停顿

心理停顿是指依据人物内心的思想活动或情感需求而产生的停顿,常用于显示人物思考问题的过程,描绘其心理状态,渲染其内心的情感色彩。其停顿的位置和时间以准确反映人物复杂的内心活动为准,时间一般可适当延长。

4. 生理停顿

为了表现人物的生理状态而产生的停顿叫作生理停顿。对哽咽、重病或濒死时的人物语言常用生理停顿的方式给予象征性的表现,运用时应兼顾或服从于心理停顿。

(二) 重音

重音是指朗读或说话时,需要强调突出的词、短语,或者某个音节,特指语句重音,不包括词语的轻重音格式。

示例

我是师范大学的学生。(谁是师范大学的学生?)

我是师范大学的学生。(你是不是师范大学的学生?)

我是师范大学的学生。(你是教师还是学生?)

我是师范大学的学生。(你是哪个大学的学生?)

这句话中,强调的重音位置不同,语意也随之发生变化。

1. 重音的类型:语法重音、情感重音和逻辑重音

(1)语法重音。根据语法关系说得或读得重些的音节叫语法重音。语法重音有规律,重音位置一般比较固定。

① 一般主谓结构词组、短句中的谓语应稍重些。例如:风停了,雨住了,太阳出来了。

② 句中的述宾短语,常常重读。例如:月亮慢慢地升起来了(状语重读)。

③ 复句中的关联词要读重音,具有比喻、夸张、对偶、对比、排比、重复、设问、反复、双关、反语、拟声等作用的词语也要读重音。

(2)情感重音。为了表达某一种特定感情所读的重音,叫感情重音。感情重音可以使语言色彩更加丰富,感情表达更细腻、更充分。

案例阅读

闻一多演讲词的重音

这几天,大家晓得,在昆明出现了在历史上最卑劣、最无耻的事情!李先生究竟犯了什么罪,竟遭此毒手?……今天,这里有没有特务?你站出来!是好汉的站出来!你出来讲!凭什么要杀死李先生?(厉声,热烈地鼓掌)杀死了人,又不敢承认,

还要污蔑人,说什么"桃色新闻",说什么共产党杀共产党,无耻啊! 无耻啊! (热烈地鼓掌)这是某集团的无耻,恰是李先生的光荣! 李先生在昆明被暗杀,是李先生留给昆明的光荣,也是昆明人的光荣! (热烈地鼓掌)

(资料来源:闻一多,《最后一次演讲》,中国工人出版社 2016 年版)

提示:读这一段话时需要加大音量,加强音势。强调重音处,应特别加重,以强调闻一多先生对国民党反动势力卑劣行径绝不退让的愤怒之情。

(3) 逻辑重音。为了突出或强调句中主要思想所读的重音叫逻辑重音。逻辑重音有区分性重音和对比性重音。

① 区分性重音。同样一句话,重音位置不同,意义也会有所区别。

　　我请你跳舞。(请者不是别人)

　　我请你跳舞。(表示邀请、礼貌)

　　我请你跳舞。(不请别人)

　　我请你跳舞。(不是请你唱歌)

② 对比性重音。

示例

　　水是从您那儿流到我这儿,不是从我这儿流到您那儿去的。

2. 重音的表达方式

加重音量法,即把重音读得重一些、响亮一些。例如:让暴风雨来得更猛烈些吧!

(1) 拖长音节法,如"您——在——哪——里?"

(2) 一字一顿法,即在要强调的字词前作必要的停顿,使其语言更加清晰有力,深挚感人。

(3) 夸大调值法,把强调的字词读得夸张一些,达到渲染的效果。如《国家荣誉感》:"在和平年代,唯有这种国家之间大规模对抗性的大赛,才可以唤起那种遥远而神圣的情感,那就是:为祖国而战。"

(4) 重音轻读法,即把要强调的字、词或句子减小音量,拖长音节,同时加重气息。常用来渲染意境,表达深沉凝重。例如:"漓江的水真静啊……"又如"船在动,星也在动,它们是这样低,真是摇摇欲坠呢!"

（5）重音并不都是加重声音，还可以用快慢、强弱、高低、虚实、停连等多种方法来表示强调。

(三) 句调

句调又称语调，是指朗读语句时声音高低升降的变化。这种变化贯穿整个句子，通常在句末表现得最为明显。句调的变化是有感而发的，不同的语气要用相应的句调来表现。

1. 平调（→）

平调句子语势平稳舒缓，没有明显的升降变化，一般用于不带特殊感情的陈述、解释和说明，还可表示庄重、严肃、悲痛、冷淡等感情。

示例

3月14日下午两点，当代最伟大的思想家停止思想了。（叙述，表示庄重、悼念）

2. 升调（↑）

升调前低后高，语势上升，一般用来表示疑问、反问、惊讶、号召等。

示例

死都不怕，还怕困难吗？（表示反问）

3. 降调（↓）

前高后低，语势渐降，一般用于陈述句、感叹句、祈使句，表示肯定、感叹、自信、赞叹、祝福等。

示例

多么美妙的景色啊！（表示赞叹）

4. 曲调

全句语调弯曲，或先升后降，或先降后升，往往把句中需要突出的部分加重、拖长并造成曲折，这种句调常用来表示夸张、讽刺、厌恶、反语、怀疑等语气。

示例

你学得好，比谁学得都好。（表示讽刺）

三、声音弹性

(一) 什么是声音弹性

声音弹性是指声音对于人们变化着的思想感情的适应能力,就是声音随感情变化而产生的伸缩性和可变性。它首先表现为声音的可变性,如气息状态和声音色彩的变化。其次是声音的变化呈现对比性,包括气息的深浅,声音的高低、强弱、虚实、明暗、刚柔、厚薄,气息与声音的收放。这种对比也具有层次性。在每一个对比项目中,都可以表现出不同的层次,而层次之间有着细微的差别,控制水平越高,层次之间的差别越细。最后是声音的弹性不是以单项对比的形式出现的,而是以多项对比的复合形式出现的,这就产生了变化万千的声音色彩和性格。

(二) 如何让声音充满弹性

要使声音充满弹性,就一定要注意让气息随感情变化,因为气息是发声的动力,是由情及声的桥梁。此外,发声能力的拓展是有利于声音弹性的加强的。我们在发声的各个环节上的控制都需要留有余地,这样才有利于声音弹性的产生。在任何一个环节上表现出运动的极限,都会形成声音弹性的障碍。比如音量过大或过小,那么就不能再调大或调小。声调过高或过低,那么就不能再调高或调低。口腔的开度过大或过小,口腔控制过松或过紧,字音的着力点靠前或是靠后,进气量的过多或者过少等,都是发声控制达到极限的表现,在这种情况下就难以发出具有弹性的声音。

(三) 声音弹性的表现形式

1. 高与低

产生向积极一端发展的感情,比如激动、喜悦、紧张的时候,声音随着这样的情绪应该会倾向高昂;而产生向消极一端发展的感情,比如安静、悲伤、放松的时候,声音就会倾向低沉。

2. 强与弱

强与弱指音量的大小变化,主要体现在气流和发音强度的变化上。

3. 虚和实

实声响亮扎实,常用于表达严肃、激动、紧张的感情色彩;虚声的声音柔和,多用来表达亲切、轻松、疑惑的感情色彩。

4. 快与慢

发音慢会给人松弛、平和的感觉;发音快会让人感到匆忙、紧张。

声音的变化呈现对比性,另外还有深与浅、快与慢、明与暗、刚与柔、厚与薄,以及气息和声音的收放等。而在每一对比项中,都有众多层次,层次之间有着细微差别;控制水平越高,层次之间的差别越细致。声音弹性将发音过程中的各个单一声音要素结合起来,同时强调声音形式变化与感情色彩的适应,而不是单纯的声音使用。

四、朗诵准备及注意事项

（一）朗诵准备

1. 作品准备

根据主题，选择恰当的朗诵作品。尽量选择语言具有形象性而且易于上口的文章；要根据朗诵的场合和听众的需要选择；结合朗诵者自己的爱好和实际水平进行选择。

2. 解读准备

正确深入理解分析作品内容；使感受深刻、细致，想象丰富、逼真。

3. 情感准备

结合作品设计基本的情绪基调、开头和结尾；设计眼神、站姿、手势等形体动作；设计音色、位置。

4. 普通话准备

普通话发音标准，气息稳定，会运用共鸣的方式使声音洪亮，富于变化。

（二）注意事项

必须真实、自然，用语言和眼睛与观众做心灵和感情的沟通，切忌矫揉造作地模仿。

青春无畏（节选）

昨天都还是萌萌的宝宝，

今天就披上了战袍。（身份上的改变。第一句轻快，第二句就要读出责任感）

用年轻的生命响应，

大爱无疆的号召。（这两句在读的时候要饱含热情，传递出新时代青年的使命感）

昨天接着今天，

今天又连着明朝。

所有的时间都不敢疏忽，

在各自的岗位上争分夺秒。（语速渐快，体现出时间的紧迫感和一线紧张的工作氛围）

不能为脸上的伤口向妈妈撒娇，

不能把疲惫的身体在爸爸身边靠一靠，（语速渐缓，想象成战士，工作中有艰辛，温暖又委屈，这样的情感要流露出来）

那个被爸妈捧在手心里的宝宝，

坚强地站成了别人的城堡。（读出坚定、勇敢的情感）

遮住冰冷，挡住风暴，

年轻的身体搭起通向安全的桥。(读出勇敢无畏的情感)

分析:不同朗诵者的表演风格各不同,我们鼓励对同一作品作不同风格的呈现,但无论哪种风格,都必须真实、自然,用语言和眼睛和听众做心灵和感情的沟通,切忌矫揉造作地模仿。

实践应用角

实践是检验知识的一种方式。作为学习者,我们需要将从"知识充电站"获得的新知,在案例分析中"激活";在作品比对观测中明辨以声传情的运用技巧;更需要在真实的任务情境中实践应用,只有将获得的新知与技能融入特定的演讲任务,我们才算真正掌握了以声传情的本领。

在共学单的三个"活动"中,设有进阶性的活动内容,具体如下:

有思,活动一——案例分析;

有辨,活动二——作品对比;

有行,活动三——以声传情的实践应用。

> **小贴士**
>
> "差之毫厘,谬以千里。"
>
> ——《礼记》

活　动

共　学　单
(学习改变思维　训练改变行为)

表 2 - 3 - 11　案例分析活动

活动一:案例分析	
活动内容	**青　春**(节选) 　　青年锐进之子,尘尘刹刹,立于旋转簸扬循环无端之大洪流中,宜有江流不转之精神,屹然独立之气魄,冲荡其潮流,抵拒其势力,以其不变应其变,以其同操其异,以其周执其易,以其无持其有,以其绝对统其相对,以其空驭其色,以其平等律其差别,故能以宇宙之生涯为自我之生涯,以宇宙之青春为自我之青春。宇宙无尽,即青春无尽,即自我无尽。此之精神,即生死肉骨、回天再造之精神也。此之气魄,即慷慨悲壮、拔山盖世之气魄也。惟真知爱青春者,乃能识宇宙有无尽之青春。惟真能识宇宙有无尽之青春者,乃能具此种精神与气魄。惟真有此种精神与气魄者,乃能永享宇宙无尽之青春…… 　　虽然,地球即成白首,吾人尚在青春,以吾人之青春,柔化地球之白首,虽老犹未老也。是则地球一日存在,即吾人之青春一日存在。吾人之青春一日存在,即地球之青春一日存在。吾人在现在一刹那之地球,即有现在一刹那之青春,即当

社会角色

笃信

工匠精神

续　表

	活动一：案例分析	
活动内容	尽现在一刹那对于地球之责任。虽明知未来一刹那之地球必毁,当知未来一刹那之青春不毁,未来一刹那之地球,虽非现在一刹那之地球,而未来一刹那之青春,犹是现在一刹那之青春。未来一刹那之我,仍有对于未来一刹那之地球之责任。庸得以虞地球形体之幻灭,而猥为沮丧哉…… 　　有青春之民族,斯有白首之民族,有青春之国家,斯有白首之国家。吾之民族若国家,果为青春之民族、青春之国家欤?抑为白首之民族、白首之国家欤?苟已成白首之民族、白首之国家焉,吾辈青年之谋所以致之回春为之再造者,又应以何等信力与愿力从事,而克以著效?此则系乎青年之自觉何如耳…… 　　以青春之我,创建青春之家庭,青春之国家,青春之民族,青春之人类,青春之地球,青春之宇宙,资以乐其无涯之生。乘风破浪,迢迢乎远矣,复何无计留春望尘莫及之忧哉?吾文至此,已嫌冗赘,请诵漆园之语,以终斯篇。 　　　　　　　(资料来源:李大钊,《青春》,北京联合出版社 2021 年版) **思考问题:** 　1. 结合演讲视频分析演讲稿在以声传情方面有什么可取之处。 　2. 观看《青春》朗诵视频,从以声传情方面谈一谈你的观后感是什么。	**个体角色** 传承经典 经世济民 家国情怀
活动实施	1. 小组讨论分析演讲稿中的句子。 　　个人:有感情地朗诵文稿,表达情感。 　　小组:倾听交流(注意倾听、表达的礼仪)。 2. 小组成员相互评价成员优缺点,录制讨论过程,上传至课程平台"主题讨论"或"班级群"。 3. 参与课程平台主题讨论。 4. 也可汇总意见后,采用小组现场汇报的形式进行汇报。	信息处理 能力 团队合作 能力 口头表达 能力
考核评价	方式一(线上考核评价): 1. 参与"主题讨论"活动时获取课程积分,还可在课程分数权重项设置中获得"讨论"项分值。 2. 主题讨论词云投屏,教师点评。 方式二(线下考核评价): 1. 小组现场汇报后,互评、教师点评。 2. 填写活动评价表。	

说明:1. 活动时长 30 分钟,分值 20 分,教师可根据实际进行调整。
　　　2. 可根据实际选择活动形式。
　　　3. 可根据活动形式调整考核评价方式。

表 2 - 3 - 12　音频对比活动

	活动二：音频对比	
活动内容	1. 收听不同朗诵者对同一篇作品音频的诵读,感受不同的风格。 (1)南华《面朝大海,春暖花开》。 (2)徐涛《面朝大海,春暖花开》。 (3)海滨《面朝大海,春暖花开》。	**社会角色** 笃信 工匠精神

续　表

	活动二：音频对比	
活动内容	(4) 任志宏《面朝大海,春暖花开》。 **思考问题:** 　(1) 请说说对不同的作品收听感受,你最喜欢哪一个? 为什么? 　(2) 请你对此作品进行声音设计,体会情感表达。 2. 各小组将每人搜集到的同一题目不同朗读者演绎的资料进行分享(预学单中的"5"),分析不同的朗读者在以声传情方面的技巧使用。 (2 选 1,也可各组领取不同任务)	个体角色 传承经典 经世济民 家国情怀
活动实施	1. 小组讨论分析作品。 　个人:分析不同朗诵者要表达的情感角度。 　小组:倾听交流(注意倾听、表达的礼仪)。 2. 小组将讨论意见汇总,录制过程,上传至课程平台"主题讨论"或"班级群"。 3. 参与课程平台主题讨论。 4. 也可汇总意见后,采用小组现场汇报的形式进行汇报。	信息处理 能力 团队合作 能力 口头表达 能力
考核评价	方式一(线上考核评价): 1. 参与"主题讨论"活动时获取课程积分,还可在课程分数权重项设置中获得"讨论"项分值。 2. 主题讨论词云投屏,教师点评。 方式二(线下考核评价): 1. 小组现场汇报后,互评、教师点评。 2. 填写活动评价表。	

说明: 1. 活动时长 20 分钟,分值 20 分,小组汇报可适当延长活动时间,教师可根据实际进行调整。
　　　2. 可根据实际选择活动形式。
　　　3. 可根据活动形式调整考核评价方式。

表 2 - 3 - 13　完成主题演讲稿的朗读

	活动三：完成主题演讲稿的朗读	
活动内容	**背景与情境:** 　如果要你参加"喜迎二十大,奋进新征程"主题演讲活动,根据演讲稿的内容,你打算怎样在吐字清晰方面提升?	解决问题
活动实施	1. 观看"这些大国工程中都有他的身影"视频,感受视频中吐字清晰的处理方式。 2. 结合个人经历与社会关注点,根据自身情况,思考自己的演讲文稿在吐字清晰方面应该如何处理。 3. 依托演讲稿,确立吐字清晰的处理方式,组内汇报,学生互评。若不能完成,课后录制音频或视频并上交。	信息处理 能力 解决问题 能力

续 表

活动三：完成主题演讲稿的朗读	
考核评价	教师根据小组汇报的吐字清晰处理设计成果以及活动表现，填写活动评价表。	

说明：1. 活动时长 20 分钟，分值 20 分，教师可根据实际进行调整。
　　　2. 可根据实际调整活动形式。
　　　3. 可根据活动形式调整考核评价方式。

表 2 - 3 - 14　完成我的主题演讲以声传情

活动三：完成我的主题演讲以声传情		
活动内容	**背景与情境：** 　　如果要你参加"喜迎二十大，奋进新征程"主题演讲活动，根据演讲稿的内容，你打算怎样在以声传情方面提升？	**解决问题**
活动实施	1. 观看"怀匠心，做匠人"视频，感受演讲者如何以声传情。 2. 结合个人经历与社会关注点，根据个人情况，思考自己的演讲文稿如何进行以声传情处理，提升演讲表现力。 3. 依托演讲稿，确立以声传情处理方式，录制音频或视频，小组汇总，学生互评。若不能完成，课后完成音频或视频的录制并上交。	信息处理能力 解决问题能力
考核评价	教师根据小组汇报的以声传情处理设计以及活动表现，填写活动评价表。	

说明：1. 活动时长 20 分钟，分值 20 分，教师可根据实际进行调整。
　　　2. 可根据实际调整活动形式。
　　　3. 可根据活动形式调整考核评价方式。

演讲声音训练（二）以声传情评价表

班级：　　　　　姓名：　　　　　日期：　　年　　月　　日

表 2 - 3 - 15　演讲声音训练（二）以声传情评价表

项目	评价标准	分值	学生自评（30%）	小组互评（30%）	教师评价（40%）	小计
素养培养	能以精益求精态度参与实训活动，在实训活动中积极参与，善于合作，友好沟通	10				

续　表

项目	评价标准	分值	学生自评(30%)	小组互评(30%)	教师评价(40%)	小计
素养培养	在实训过程中表现出锲而不舍的职业品质,能反复调整提升	10				
	能够结合以声传情发音的技巧,认识到以声传情在演讲表达中的重要性,前期反复训练的意识强	10				
知识应用	在小组活动中能够准确陈述以声传情的技巧	10				
	在班级陈述中能够正确运用以声传出的理论知识陈述本组观点	10				
能力提升	能够将所学的以声传情的技巧运用到实训任务中,学以致用	10				
	结合具体的演讲任务,运用以声传情的技巧对具体的演讲任务进行分析	10				
项目成果展示	能够独立完成以声传情的任务,在活动中能主动提出问题,解决问题	10				
	在活动中汇报表达自如流畅,语速得当	10				
	项目成果传承经典,体现家国情怀,笃信工匠精神	10				
合计		100				

自测袋袋库

　　“评估”是对自己学习成果的一个有效测评,通过评估完成自我测评,了解学习的成效,提升学习中获得成功的幸福感,改进不足之处。

评估:测测你在演讲中以声传情的能力

续　学　单
(学习改变思维　训练改变行为)

表 2-3-16　续 学 单

序号	续学内容	必做要求	拓展要求	评价(15%)	备注
1	知识测试:高阶测验	线上课程平台完成	查找线上同类课程相关内容,进行练习	线上平台评价。可与预学单的达标测验对比,由老师进行评价	必做

续　表

序号	续学内容	必做要求	拓展要求	评价(15%)	备注
2	能力实操：演讲声音训练以声传情	继续完成活动三主题演讲的以声传情任务	浏览 2～3 个朗诵视频	完成评价表中的小组自评、小组互评项目。依据拓展内容完成情况，由老师进行增值性评价	必做
3	拓展提升：归纳职场主题演讲以声传情的规律	搜集"时代新人说"中不同职业演讲者的音视频资料。由班级学委汇总提交	整理汇编成班级喜爱的朗诵视频目录	依据归纳的职场演讲以声传情的规律，老师视班级编辑情况与水准，予以总结性点评	必做

说明：1. 本次续学内容由学生个人完成。
　　　2. 评价占比 10%(1 项占 5%，2 项成绩记在活动三，3 项占 5%)。

评价要项占比及分值(参考)

表 2-3-17　评价要项占比及分值(参考)

要项	签到(5%)	预学单(15%)	共学单(60%)	评估(10%)	续学单(10%)	备　注
分值	5 分	15 分(3 项)	60 分(3 项)	10 分	10 分(2 项)	

任务四 肢体语言训练
——"我"要发现自己的力量

指导表

表 2-4-1 "四环三单"学习指导表

项目名称			项目二 演讲辅助技能训练	任务名称	任务四 肢体语言训练
学习过程 四个环节	目标	素质目标	1. 激发运用肢体语言增强演讲表现力的意识 2. 关注和谐统一、精益求精 3. 懂得中国青年要发现自己的力量		
		知识目标	1. 掌握演讲中的站姿、走姿、手势肢体语言的运用和使用技巧 2. 掌握演讲中眼神和面部表情肢体语言的使用技巧		
		能力目标	1. 能够运用站姿、走姿、手势肢体语言的方法技巧,完成演讲中肢体语言设计 2. 能够运用眼神和面部表情,提高演讲感染能力		
	任务	任务描述	背景与情境:如果单位让你参加"喜迎二十大,奋进新征程"主题演讲活动,利用肢体语言提升演讲表现方面,你该怎么做?		
		预学单	1. 阅读"知识充电站"或观看线上课程视频(2选1) 2. 阅读演讲稿或观看演讲视频(2选1) 3. 搜集真实演讲比赛资料(必做)		
	活动	共学单	1. 案例分析——激活深化		
			2. 视频对比——关联转化		
			3. 完成我的主题演讲肢体语言设计——迁移应用		
	评估	自我评估	测测你在演讲中肢体语言的设计能力		
		续学单	1. 知识测试 2. 能力实操 3. 拓展提升		

目标

学会演讲中肢体语言设计的基本技巧

在演讲中,我们不仅用语言,也在用身体进行表达。演讲的总体效果不仅仅来自演讲内容,还来自你是如何在台上展示自己的。具体来说,除了语言,你的动作、手势和面部表情等因素都会影响演讲效果。

通过运用演讲肢体语言设计技巧,结合演讲材料,确定适合自己的肢体语言风格,在特定背景与情境的学习和训练中,你将能够实现下列目标。

素质目标:通过演讲肢体语言技巧的学习,激发运用肢体语言增强演讲表现力的意识;可以根据演讲内容和听众类型合理设计肢体语言,用肢体语言增强表达感染力,发现自己的力量。

知识目标:通过演讲肢体语言技巧的学习,能够叙述演讲中的站姿、走姿、手势肢体语言的使用技巧等。

能力目标:通过案例分析、视频分析及运用站姿、走姿、手势肢体语言的方法技巧,完成演讲中肢体语言设计;能够运用眼神和面部表情,提高演讲感染能力。

任务

完成一次主题演讲活动中的肢体语言设计

肢体语言
训练(1)

如果单位让你参加"喜迎二十大,奋进新征程"主题演讲活动,在利用肢体语言提升演讲表现方面,该怎么做? 你必须明确以下问题:

1. 根据演讲主题站姿、走姿和手势分别怎么设计?

2. 演讲中与听众眼神交流的方法有哪些?

3. 演讲中面部表情的要求是什么?

 小贴士

"博学而笃志,切问而近思,仁在其中矣。"

——《论语》

预 学 单
（学习改变思维　训练改变行为）

表 2-4-2　预 学 单

序号	预学内容	预学要求	拓展要求	评价(15%)	备注
1	阅读"知识充电站"	运用思维导图整理知识要点,完成线上达标测验	思考从阅读中收获了什么	课程平台评价。依据问答评价	2选1
2	观看线上课程视频	结合视频内容提出你最关注的一个问题。完成线上达标测验	可以在关注的问题后附上原因	课程平台评价。依据问答由老师进行评价	
3	阅读高海霞《演讲与口才》第 66—82 页	结合阅读的内容,谈谈在肢体语言方面对你有什么启发	可以在阅读启发后附上自己的一些感想和体会	依据每一位同学总结的启发内容和感想体会,由老师进行评价	2选1
4	观看《2022 好记者讲好故事——杨亚红》演讲视频;《2022 好记者讲好故事——左潇》演讲视频	"我"要发现自己的力量在视频中是如何体现的? 摘录 2～3处对你有启发的内容	中国青年要发现自己的力量是怎样体现的? 整理 200 字左右的文字资料	依据每一位同学回答的问题质量,由老师进行评价	
5	搜集真实演讲比赛资料	选一个最富有表现力的演讲肢体语言的视频推荐给你所在的学习小组,上传课程教学平台	可附上推荐理由。收集整理优秀演讲中肢体语言展现的方式	依据每一位同学上传的资料质量及推荐理由,由老师进行评价	必做

说明：1. 本次预学内容由学生个人完成(可以是其中的一项或几项)。
　　　2. 评价占比 15%(3 项各占 5%),评价方式依学习方式定。

知识充电站

　　知识是能力形成的基础,演讲者在演讲中除了要设计互动环节,反复练习,还需要根据演讲稿,设计肢体语言,达到提升演讲表现力的目标。

一、站姿、走姿、手势训练

（一）演讲标准站姿

1. 双脚打开比肩略窄

演讲者在台上站立时,双脚应该稍微打开,两脚之间的距离比肩略窄即可。这样能彰显演讲者从容、淡定的演讲台风。

2. 紧绷膝盖

演讲者在台上站立时，双腿应该保持直立，紧绷膝盖，彰显良好的精神面貌。

3. 胸向上抬起，下颌微收

演讲者在台上，应抬头挺胸，落落大方。但切忌过度仰头，不看听众。这样会让听众感觉演讲者高高在上，没有亲和力，听众不容易融入演讲的节奏。头部保持稳定，不要来回转动，下颌微收，彰显谦虚的态度。

4. 站着说话

一般情况下，演讲者应该站着说话。一是表达对听众的尊重；二是方便演讲者在台上来回走动，与台下听众形成良好的互动氛围。

案例分析

不 同 的 站 姿

图 2 - 4 - 1

图 2 - 4 - 2

观察以上两张图片，图片中人物的站姿是否相同？图 2 - 4 - 1 中是礼仪站姿，图 2 - 4 - 2 中是演讲站姿。

礼仪站姿要求双脚并拢，双手四指并拢，两手贴于大腿上。这样的站姿，可以体现职场人的精神面貌，但稍微显得拘谨。

演讲者的站姿双脚没有并拢，为什么不并拢呢？因为演讲者在台上需要在一定的范围内走动，不并拢是方便演讲者走动。演讲中演讲者的手势不像礼仪当中的那么刻板，可以十指交叉，或者是根据演讲的内容将手臂抬起，用来增强演讲的感染力。

（二）演讲走姿的要求标准

登台三环节：首先要走上台；在台上进行演讲时，要进行站姿展示；演讲完毕后，演讲者要走下台。

1. 上台的走姿

迈步适度,步伐均匀,双臂自然摆动。这里要注意避免低头弯腰、扭捏局促、手插口袋、左右摇晃。

2. 台上的站姿

双脚前后分开站立,演讲时可向前后左右稍稍走动,以方便演讲者在演讲过程中根据演讲内容进行小幅度活动,表达不同的情感,彰显演讲者自然的演讲体态。要注意避免频繁走动。

3. 下台的走姿

头部略转向听众,看着听众,面带微笑,展现自信;步幅均匀,步伐稳健地行走。如遇到楼梯,要特别小心,防止滑倒。注意避免过于匆忙、羞怯、失意、满不在乎的表情流露。

(三) 演讲手势的要求标准

1. 双手放置位置

双手放置在腰部以上,自然地搭在一起,保持双手露出。

2. 双手放置姿势

(1) 尖塔式:将两只手的指尖交叉放在腰部位置,方便演讲者边走边说,提升演讲表现力。

(2) 十指交叉式:将双手十指交叉,贴近腰部放置。

手势设计需要注意不要重复同一个手势;每完成一个手势后,要保持两三秒再收回,不要太快;演讲前演练时,反复对着镜子演练。

二、眼神和面部表情训练

(一) 眼神的分类

1. 点视法

点视法是指演讲者与个别听众进行点对点的眼神交流。注意交流的时间不可太长,从而忽略了其他听众。

2. 环视法

环视法是指演讲者与整场的听众进行眼神交流的方式。注意环视的频率不能太频繁,如果太频繁,就会增加头部运动的频率,让听众感觉一直在摇晃,影响演讲表现力。

肢体语言
训练(2)

3. 虚视法

虚视法是指演讲者并不明确看某一位听众或某个区域的听众。在整个演讲过程中,演讲者大部分的时间应该采用虚视法,这样可以避免与听众的眼神交流,缓解演讲中紧张的情绪。

(二) 听众的类型

1. 友善的听众

演讲者在说开场白时,采用环视的方式,整体观察演讲现场听众对于演讲者的关注度。对于认真倾听,并积极配合的听众要给予更多的眼神交流。演讲者与听众进行一对一眼神交流,可以提升演讲者的自信心,提升演讲展示效果。成熟的演讲者,还可以通过听众的眼神和表情反馈,及时细微调整演讲内容,提升演讲表现力。

2. 关键的听众

有一些听众是演讲者的合作伙伴,甚至是演讲者的领导,演讲者是专门说给他们听的。所以,演讲者一定要跟这些重点人士进行眼神的一对一交流,接收他们的反馈,感受他们对演讲者的意见。

3. 两边的听众

两边的听众往往是容易被忽略的一个群体,他们容易沉浸在自己的小世界中,需要我们偶尔地扫视一下。演讲者要让两边的听众同样感受到演讲者对其的重视,从而引导听众认真倾听演讲内容。

(三) 面部表情的要求标准

1. 面带微笑

演讲者要面带微笑,给听众亲和感,以便和听众建立顺畅的沟通关系。

2. 恰当调整

演讲者的面部表情要随演讲稿内容的变化而变化。要根据演讲稿的内容和现场听众的反馈进行合理的调整,避免一个表情一成不变。

3. 以诚相待

演讲者在演讲过程中要与听众真诚交流,面部表情不可过于夸张,让听众觉得不真诚。要避免傲慢、讥讽、油滑、沮丧的表情。

在整场演讲中,演讲者需提前根据演讲稿的内容和听众的特征提前设计站姿、走姿和手势。在演讲中,结合眼神和面部表情及时与听众进行情感交流。根据各种客观因素,合理运用肢体语言,可以大大提升演讲表现力,增强演讲效果。

演讲的肢体语言设计应从以下几个方面进行:① 演讲者站立时应该双脚打开比肩略窄,膝盖紧绷,抬头挺胸,下颌微收;② 演讲者上下台时应该步幅适度,步伐均匀,双臂自然摆动;③ 眼神和面部表情要体现自然、真诚的情感。

实践应用角

知识是在实践中才能得到证实的。作为学习者,我们需要将从"知识充电站"获得的新知,在真实的演讲案例的分析解读中"激活";在比对观测中明辨演讲肢体语言设计应该有自己的风格;更需要在真实的任务情境中实践应用,只有将获得的新知与技能融入特定的演讲任务中,我们才算真正掌握了演讲肢体语言设计的本领。

在共学单的三个"活动"中,设有进阶性的活动内容,具体如下:

有思,活动一——案例分析;

有辨,活动二——视频对比;

有行,活动三——主题演讲肢体语言设计的实践应用。

活动

共 学 单

(学习改变思维 训练改变行为)

表 2‐4‐3 案例分析活动

活动内容	活动一:案例分析	
	忠诚写大爱,护航新时代 (敬礼) 　　照片上的人叫别立福,一个相貌普通的中年男人,做着一份普通的刑警工作,大家都喜欢叫他老别。普通的老别有个不普通的特长,那就是跑得快,他追小偷,能把小偷累趴下。他干反扒 7 年,小偷抓了 300 多个,案子破了 600 多起。他先参军,后从警,荣立二等功 2 次,三等功 9 次,受嘉奖 12 次。老别不仅把自己跑成了超级警察,还跑成了光荣的奥运火炬手,所以长相普通的老别一点儿不普通。他是老百姓眼里的守护神,是同事们学习的好榜样,是女儿心中的英雄。 　　老别,1972 年出生,他要是还活着,今年就整整 50 岁了。是的,老别不在了,算起来他已经走了四年了。2019 年的 1 月 19 日,其实那天老别已经下班了,但接到了搜捕任务的通知,他毫不犹豫就去了。凌晨时分,老别带着几个年轻队员打着手电,深一脚浅一脚地仔细搜索着。突然(左手中手位抬起),一个黑影跳了出来,猛地朝走在最前面的老别扑了过去。"在这""有刀",就在老别提醒战友的同时,(左手抬起,指向胸口)刀尖已经扎进他的胸膛。老别他不是不能跑啊,可他要是跑开了,身后的战友就危险了(左手半伸展,从前向身侧移动)。他不仅没有跑,反而一脚把歹徒踹倒在地(手势向前下方甩),死死地抱住了他。穷凶极恶的歹徒哪肯束手就擒呢? 他丧心病狂地挥舞着尖刀,朝着老别的胸口、脖子胡乱地扎,一刀、两刀、三刀(自然挥动手臂)。当战友们合力把歹徒制服的时候,老别已经被刺了七刀。身上的血把泥土染红了一大片,老别走了。四年了,四年来,全国牺牲的民警、辅警分别有 1 700 人、786 人。这意味着四年当中有 1 786 个家庭失去了丈夫,失去了父亲。这些烈士英雄和他们的家人,用牺牲换来的正是社会的安定,人民的安宁。如今,老别的女儿别凤凤也穿上了警服,成了我的小师妹,那年清明,凤凤给父亲写了一封信。 　　"爸,我的手机里一直着你离开我的天数,已经 794 天了。""爸,我其实每天都很想你,我想天天做梦都能梦到你。""爸,我会照顾好妈妈,我会成为像您一样的人。"亲爱的朋友们,让我们再看一看烈士的照片吧,如果您记不住他的相貌,那么请您记住他深爱的这身警服吧。这身穿在他女儿身上,(抬起左手,中手位)穿在千千万万公安民警身上的警服,始终守护在您的身边。他们之中,有的人在派出所为您办理各种证件;有的人在十字路口为您疏导交通;有的人(左手抬起贴近左耳,做打电话手势)在报警电话旁 24 小时为您守候;还有的人千里追凶,奔跑	**社会角色** 发现自己的力量 **个体角色** 文明得体和谐统一

活动一：案例分析	
活动内容	在生死途中。他们都跟老别一样的普通,也跟他一样的了不起(左手竖起大拇指),铸就了金色盾牌。他们用青春和汗水书写着对党的忠诚和对人民的爱! 这爱心无旁骛,这爱汹涌澎湃,这爱呼喊我们伟大幸福的新时代!(高手位) 　　　　　　　　　　(资料来源:蒋涛,《忠诚写大爱,护航新时代》,有改动) **思考问题:** 　　1. 这篇演讲稿中,演讲者蒋涛在肢体语言设计方面有什么可取之处? 　　2. 登录官方媒体观看蒋涛《忠诚写大爱,护航新时代》,观察演讲者的肢体语言。	
活动实施	1. 小组讨论分析案例。 　　个人:分析演讲中肢体语言设计的思路,体悟演讲者情感。 　　小组:倾听交流(注意倾听、表达的礼仪)。 2. 小组将讨论意见汇总,录制讨论过程,上传至课程平台"主题讨论"或"班级群"。 3. 参与课程平台主题讨论。 4. 也可汇总意见后,采用小组现场汇报的形式进行汇报。	信息处理能力 团队合作能力 口头表达能力
考核评价	方式一(线上考核评价): 1. 参与"主题讨论"活动时获取课程积分,还可在课程分数权重项设置中获得"讨论"项分值。 2. 主题讨论词云投屏,教师点评。 方式二(线下考核评价): 1. 小组现场汇报后,互评、教师点评。 2. 填写活动评价表。	

说明:1. 活动时长 30 分钟,分值 20 分,教师可根据实际进行调整。
　　　2. 根据实际选择活动形式。
　　　3. 可根据活动形式调整考核评价方式。

表 2 - 4 - 4　视频对比活动

活动二：视频对比	
活动内容	1. 观看《2022 好记者讲好故事——杨亚红》演讲视频,《2022 好记者讲好故事——左潇》演讲视频在肢体语言设计方面的不同。 2. 各小组将每人搜集到的真实演讲比赛资料进行分享(预学单中的"5"),分析不同的演讲内容在肢体语言设计方面的技巧。 (2 选 1,也可各组领取不同任务)	**社会角色** 立足 职业岗位 服务 国家社会 **个体角色** 发现自己的力量 提升 文明得体 和谐统一

续　表

	活动二：视频对比	
活动实施	1. 小组讨论分析案例。 　　个人：分析演讲中肢体语言设计,体会演讲者要表达的情感。 　　小组：倾听交流(注意倾听、表达的礼仪)。 2. 小组将讨论意见汇总,录制过程,上传至课程平台"主题讨论"或"班级群"。 3. 参与课程平台主题讨论。 4. 也可汇总意见后,采用小组现场汇的形式进行汇报。	信息处理能力 团队合作能力 口头表达能力
考核评价	方式一(线上考核评价)： 1. 参与"主题讨论"活动时获取课程积分,还可在课程分数权重项设置中获得"讨论"项分值。 2. 主题讨论词云投屏,教师点评。 方式二(线下考核评价)： 1. 小组现场汇报后,互评、教师点评。 2. 填写活动评价表。	

说明：1. 活动时长 20 分钟,分值 20 分,小组汇报可适当延长活动时间,教师可根据实际进行调整。
　　　2. 可根据实际选择活动形式。
　　　3. 可根据活动形式调整考核评价方式。

表 2－4－5　完成我的主题演讲肢体语言设计活动

	活动三：完成我的主题演讲肢体语言设计	
活动内容	**背景与情境：** 　　如果要你参加"喜迎二十大,奋进新征程"主题演讲活动,依托演讲稿,在肢体语言设计方面,你认为怎样做才能提升演讲表现力?	解决问题
活动实施	1. 梳理预学单中收集整理的演讲肢体语言方法。 　　个人：找出适合自己的肢体语言设计方式。 　　小组：成员分享。 2. 观看《2022 好记者讲好故事——2022 年中国记者节特别节目》。 3. 结合个人经历身份与优秀案例,思考自己的肢体语言设计。 4. 若能依托演讲稿,确立肢体语言设计,小组汇总,若不能课上完成,可以课后思考报回。	信息处理能力 解决问题能力
考核评价	教师根据小组汇报的肢体语言设计以及活动表现,填写活动评价表。	

说明：1. 活动时长 20 分钟,分值 20 分,教师可根据实际进行调整。
　　　2. 可根据实际调整活动形式。
　　　3. 可根据活动形式调整考核评价方式。

肢体语言训练评价表

班级： 姓名： 日期： 年 月 日

表 2 - 4 - 6 肢体语言训练评价表

项目	评 价 标 准	分值	学生自评(30%)	小组互评(30%)	教师评价(40%)	小计
素养培养	能以认真、勇敢的态度参与实训活动,态度积极,善于合作,能与合作成员良好沟通	10				
	在实训过程中表现出文明得体、和谐统一的品质,能结合演讲材料和听众设计恰当的肢体语言	10				
	能够认识到肢体语言在演讲展示中的重要性,合理设计肢体语言的意识强	10				
知识应用	在小组活动中能够准确陈述肢体语言训练的技巧	10				
	在班级陈述中能够正确运用肢体语言的理论知识陈述本组观点	10				
能力提升	能够将所学的肢体语言的技巧运用到实训任务中,学以致用	10				
	结合具体的演讲任务,运用肢体语言的技巧对具体的演讲任务进行分析,合理设计肢体语言	10				
项目成果展示	能够根据演讲材料,独立完成肢体语言设计的任务,在活动中能主动发现问题,找到解决问题的办法	10				
	在活动汇报中肢体语言设计合理,形式丰富,效果好	10				
	项目成果与时事结合紧密,体现文明得体、和谐统一的精神品质	10				
合计		100				

自测袋袋库

"评估"是检验学习效果的方法。通过对自己完成自我评估,及时了解学习的效果,查缺补漏,为下一个任务的学习奠定基础。

评估:测测你在演讲中肢体语言的设计能力

续 学 单
(学习改变思维　训练改变行为)

表 2-4-7　续 学 单

序号	续学内容	必做要求	拓展要求	评价(15%)	备注
1	知识测试:高阶测验	线上课程平台完成	查找线上同类课程相关内容,进行练习	线上平台评价。可与预学单的达标测验对比,由老师进行评价	必做
2	能力实操:演讲肢体语言设计	继续完成活动三肢体语言设计的任务	观看《2022 好记者讲好故事——2022 年中国记者节特别节目》,浏览 2～3 位记者的演讲	完成评价表中的小组自评,小组互评项目。依据拓展内容完成情况,由老师进行增值性评价	必做
3	拓展提升:归纳职场主题演讲赛的肢体语言设计规律	搜集职场演讲视频。班级学委汇总提交	整理汇编成班级喜爱的演讲视频目录	依据归纳的职场主题演讲赛的肢体语言规律,由老师评价	必做

说明:1. 本次续学内容由学生个人完成。
　　　2. 评价占比 10%(1 项占 5%,2 项成绩记在活动三,3 项占 5%)。

评价要项占比及分值(参考)

表 2-4-8　评价要项占比及分值(参考)

要项	签到(5%)	预学单(15%)	共学单(60%)	评估(10%)	续学单(10%)	备　注
分值	5 分	15 分(3 项)	60 分(3 项)	10 分	10 分(2 项)	

任务五　演讲演示制作

——"我"要为强国增光添彩

指导表

表 2 - 5 - 1　"四环三单"学习指导表

项目名称			项目二　演讲辅助技能训练	任务名称	任务五　演讲演示制作
学习过程　四个环节	目标	素质目标	1. 激发运用演讲演示文稿增强演讲表现力的意识 2. 关注开放创新,和谐统一 3. 懂得中国青年要为祖国增光添彩		
		知识目标	1. 了解演讲演示文稿的设计制作技巧 2. 了解演讲前演示文稿的准备工作 3. 掌握演讲中演示文稿的使用技巧		
		能力目标	1. 能够运用演讲演示文稿提升演讲表现力 2. 能够运用多种设计技巧,完成演讲中演示文稿环节的设计		
	任务	任务描述	背景与情境:如果单位让你参加"喜迎二十大,奋进新征程"主题演讲活动,根据演讲稿,你该如何设计演讲演示文稿呢?		
		预学单	1. 阅读"知识充电站"或观看线上课程视频(2选1) 2. 阅读演讲演示文稿制作方法或观看视频(2选1) 3. 搜集真实演讲比赛资料(必做)		
	活动	共学单	1. 案例分析——激活深化		
			2. 视频对比——关联转化		
			3. 完成我的主题演讲演示文稿设计——迁移应用		
	评估	自我评估	测测你的演讲演示文稿的设计能力		
		续学单	1. 知识测试 2. 能力实操 3. 拓展提升		

目　标

学会演讲中演示文稿设计制作的技巧

目前,演讲比赛多采用演示文稿辅助展示,以增强演讲表现力,使听众紧跟演讲节奏,增强听众对演讲内容的理解。借助演讲演示文稿,可提升演讲真实性和演讲表现力。

通过运用演示文稿设计的原则和技巧,在情境学习和训练中,你将能够实现下列目标。

素质目标:激发运用演讲演示文稿增强演讲表现力的意识;养成可以根据演讲内容和听众类型合理设计演示文稿,培养探究意识和创造创新精神,关注时事,要为祖国增光添彩。

知识目标:掌握演讲演示文稿的设计制作技巧;了解演讲前演示文稿的准备工作、演示文稿使用技巧等。

能力目标:通过案例分析、视频分析、演示文稿的设计,培养运用多种设计技巧,完成演讲中演示文稿的设计的能力。

任　务

完成一次主题演讲活动的演示制作

如果单位让你参加"喜迎二十大,奋进新征程"主题演讲活动,根据演讲稿,该如何设计演讲演示文稿呢? 你必须明确以下问题:

1. 演示文稿设计前的准备工作有哪些?
2. 演讲中演示文稿的设计方法有哪些?
3. 演讲中演示文稿的使用技巧有哪些?

 小贴士

"尊重人民群众首创精神,充分调动各方面积极性,进而汇聚起推动发展的强大力量。"
——《政府工作报告》

演讲演示制作

预 学 单
（学习改变思维　训练改变行为）

表 2 - 5 - 2 预 学 单

序号	预学内容	预学要求	拓展要求	评价(15%)	备注
1	阅读"知识充电站"	运用思维导图整理知识要点，完成线上达标测验	思考从阅读中收获了什么	课程平台评价。依据问答评价	2选1
2	观看线上课程视频	结合视频内容提出你最关注的一个问题。完成线上达标测验	可以在关注的问题后面，附上原因	课程平台评价。依据问答由老师进行评价	
3	阅读秋叶大叔《和秋叶一起学PPT》	结合阅读的内容，谈谈在演示文稿设计方面对你有什么启发	可以在阅读启发后附上自己的一些演示文稿设计感想和体会	依据每一位同学总结的启发内容和感想体会，由老师进行评价	2选1
4	观看视频：陈宾《怀匠心，做匠人》、李阳《一枚平安玉，浓浓矿山情》	"我"要勇于砥砺奋斗，在视频中是如何体现的？记录1~2个对你有启发的演示文稿设计	中国青年的砥砺奋斗精神怎样通过演示文稿设计体现？整理100字左右的文字资料	依据每一位同学回答的问题质量，由老师进行评价	
5	搜集真实演讲比赛资料	选择一个最喜欢的演讲演示文稿方式的视频推荐给你所在的学习小组，上传课程教学平台	可附上推荐理由。收集整理优秀演讲中演示文稿的方法	依据每一位同学上传的资料质量及推荐理由，由老师进行评价	必做

说明：1. 本次预学内容由学生个人完成（可以是其中的一项或几项）。
　　　2. 评价占比 15%（3 项各占 5%），评价方式依学习方式定。

知识充电站

　　知识是提高能力的基础。在演讲中，我们可以加入演示文稿环节，让演讲者在台上更清晰地表达演讲思路，展示演讲内容，佐证演讲真实性，提升演讲表现力。

一、演讲演示文稿的作用

　　演讲演示文稿主要使用在演讲过程中，辅助演讲者进行信息的表达和呈现。使用演讲演示文稿可以使听众通过听觉和视觉两个方面接收演讲的信息。良好的演示文稿可以清晰地表达演讲者的思路,使听众准确把握演讲内容。观看演示文稿可以提升观众的视觉体验,提升演讲展示效果。

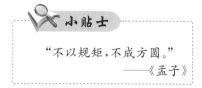

小贴士

"不以规矩,不成方圆。"
——《孟子》

演示文稿的使用场景可以是演讲、培训、主题发言、经验分享、工作汇报、讲课等。

二、演讲演示文稿的设计技巧

演讲者将演讲稿的内容转换成可视化的演讲演示文稿,演讲演示文稿是提升演讲表现力的关键所在。

(一) 演示文稿模板的选择

演讲者在完成演讲稿的写作之后,需要依托演讲稿,设计演示文稿,用来增强演讲效果。

1. 党务活动类(图 2-5-1)

此类多采用红色和黄色色调作为背景。红色是中华民族最喜爱的颜色,代表着喜庆、热闹、祥和、热烈、幸福、勇气、斗志、革命等。红色和黄色调可以烘托积极向上、斗志昂扬的氛围。

图 2-5-1　党务活动类演示文稿模板

2. 述职报告类(图 2-5-2)

述职报告主要是下级向上级、主管部门和群众陈述任职情况,包括履行岗位职责,完成工作任务的成绩、缺点及问题、设想,从而进行自我回顾、评估、鉴定的书面报告。行政系统的述职多采用蓝色系列商务风,体现清晰的逻辑思维、干练的工作作风。

图 2-5-2　述职报告类演示文稿模板

3. 校园演讲比赛类(图 2-5-3)

校园演讲比赛时多采用青春昂扬、活力充沛的风格的演讲演示文稿。

图 2-5-3 校园演讲比赛类演示文稿模板

4. 行业风采展示类(图 2-5-4)

展示行业风采时多采用弘扬劳动精神、体现大国工匠品质的风格。

图 2-5-4 行业风采展示类演示文稿模板

(二)演示文稿层次的处理

演示文稿的内容页多种多样,演讲者要根据演讲稿梳理内在逻辑结构,选取最能表现演讲者意图的内容页进行展示。目的是条理清晰地表达演讲观点,便于听众理解演讲内容。

文字类的演示文稿应该包括最重要的,经过加工处理的逻辑结构。可以采用递进或并列方式,叙述演讲者的观点、论据、论证、推理等要素。在叙述时,文字应尽量简洁,以方便听众观看。如遇文字难以说清的部分,可以采用图表进行辅助展示。

演示文稿中浅色系背景多用于文字内容相对较多时,明亮的环境下,多用于投影仪和银幕等器材上。深色系背景多用于文字内容相对较少,图片较多时,光线较弱的环境下,多用于电子显示屏上。

一张页面的颜色要控制在三种以内,最好是两种,大气、协调。这里要特别注意,尽量不要选用纯白色为背景,纯白色会产生反光效应,严重影响听众观感。

(三)演示文稿文字的处理

1. 文稿整体设计

优秀的演示文稿应该采用简洁明了的文字进行信息传递,演讲者不要照着演示文稿上的文字朗读。演示文稿中呈现的文字应该是演讲的框架结构,通过演示文稿的提示,演讲者对提纲式的文字进行详细阐述。

演示文稿设计原则:每张只展示一个论点;论点要采用陈述句的方式进行表达;文字简洁,不要超过 6 行或 30 字;采用听众易识别的数字进行表达;字号要足够大。

关于文字逻辑结构的呈现方式如图 2-5-5—图 2-5-10 所示。

图 2-5-5　并列式目录

图 2-5-6　一级标题和二级标题的呈现

图 2-5-7　关键要点＋支持论点

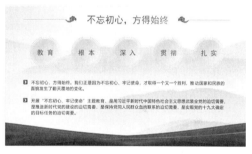

图 2-5-8　并列要点＋支持论点

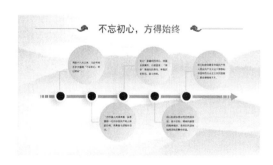

图 2-5-9　时间轴＋支持论点

图 2-5-10　图形辅助＋支持论点

2. 文稿字体设计

不同的字体、字号和颜色可以给听众带来不同的视觉感受,演讲者在设计制作演示文稿时,要充分考虑听众特征,采用恰当的形式,达到提升演讲表现力的效果。

一般情况我们多使用宋体、黑体、圆体和书法体四种字体。

不忘初心勇担当

不忘初心勇担当

不忘初心勇担当

不忘初心勇担当

（1）宋体：多用于 PPT 的标题、正文等，彰显稳重。

不忘初心勇担当

（2）黑体：多用于科技、运动风格，适合小标题。

突破极限　智胜未来

（3）圆体：多用于小段正文，及儿童类、生活类主题。

舌尖上的中国

（4）书法体：多用于演讲开场的首页，彰显文化气息，体现演讲的气势。

喜迎二十大　奋斗新征程

演讲者可以根据演讲稿的内容、会场大小等因素调整演示文稿文字的大小，以确保后排听众可以看清楚。

3. 文字颜色设计（图 2-5-11）

（1）文字颜色主要根据演讲演示文稿的背景色来确定，颜色的选择要与背景形成鲜明的对比，增加趣味性。

图 2-5-11 文字颜色设计

（2）文字颜色要与展示屏幕和展示环境的明暗度相协调,看起来赏心悦目。

（四）演示文稿图片的设计

为了提升演示文稿的趣味性和观众的视觉感受,可以采用表格、示意图、曲线图等形式展示演讲中较复杂的信息或关系。演示文稿中的图片应该尽量简洁易懂,使听众一眼就能明白演讲者要表达的内容及其逻辑关系。

组织结构图多用来表明结构关系（图2-5-12）。

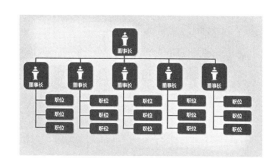

图 2-5-12　组织结构图

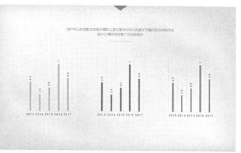

图 2-5-13　流程图

流程图表明事件发展的流程、顺序（图2-5-13）。

饼状图、柱状图、曲线图等用来形象地展示数据,进行对照分析（图2-5-14）。

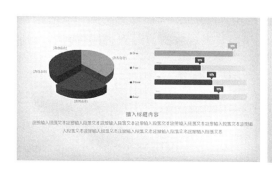

图 2-5-14　饼状图、柱状图和曲线图

演讲者在设计图表前,要先明确图表要表达的含义,要展示什么内容,其逻辑结构是什么,需要怎样进行呈现,再选择恰当的图表插入。

（五）演示文稿视频的设计

1. 演示开场（图2-5-15）

在演讲展示开始前,一般是听众逐渐入场的过程,现场环境比较嘈杂。在演讲演示文稿首页插入视频,可以起到烘托开场气氛、营造演讲氛围的作用。

2. 演示中场

伴随着演示者演示的推进,可以将视频

图 2-5-15　演示开场

嵌入演示文稿,利用视频的讲解代替演讲者的部分讲述内容,增加演示的趣味性,演示画面也更加生动。

在主题演讲中,演讲者可以根据演讲主题插入相应的视频进行材料佐证,提升演讲说服力。演讲者在讲述个人故事时,可以插入个人奖章照片、工作场景视频等,体现爱岗敬业,要为祖国增光添彩的职业精神。

（六）演示文稿音频的设计

演讲者要根据演讲主题确定音频的风格,比如舒缓、激昂等。演讲者还需要结合演示时间,选择合适的音频时长,避免频繁切换。建议平时多听歌,多感受。

演讲者可以让音频以渐强的方式插入,使听众更舒适地进入演讲氛围。在音频即将结束时,采用音频渐弱的方法缓缓停止。一般情况下,演讲视频和音频的运用要相互协调,相辅相成,起到烘托演讲氛围的作用。

三、演讲中演示文稿的运用技巧

1. 节奏一致

演讲者在展示时播放演示文稿的节奏应与演讲的节奏一致,否则就会严重影响听众的收听感受。不要过快或过慢,这需要演讲者在演示前进行反复演练。

2. 动画精致

动画设计要精致,演讲者需要根据演示文稿每页的内容,灵活设置动画播放时长。这里要注意当一个页面存在多个图片或多段文字时,其出现方式应一致,并且简洁,否则听众观看时会眼花缭乱。

3. 文字适当

演示文稿的每一页上不要存在过多的文字,那样会让听众在观看时产生压迫感。如果字数过多,听众也无法看完,从而影响观看感受。

演示文稿可以辅助演讲者展示演讲内容,吸引听众倾听,提高演讲趣味性的效果。我们要注意以下几个方面:① 不同使用情境中演示文稿模板的选择;② 演示文稿层次的处理;③ 演示文稿的文字处理、视频设计、音频设计;④ 运用技巧包括节奏一致、动画精致、文字适当。

实践应用角

知识的价值只有在实践中才能得到证实。作为学习者,我们需要将从"知识充电站"获得的新知,在真实的演讲案例的分析解读中"激活";在比对观测中明辨演示文稿设计应根据听众实际情况,设计有自己风格的演示文稿;更需要在真实的任务情境中实践应用,只有将获得的新知与技能融入特定的演讲任务,我们才算真正掌握了演讲演示文稿设计的本领。

在共学单的三个"活动"中,设有进阶性的活动内

小贴士

"物有本末,事有终始。知所先后,则近道矣。"

——《大学》

容,具体如下:

　　有思,活动一——案例分析;有辨,活动二——视频对比;有行,活动三——主题演讲演示文稿设计的实践应用。

活　动

共　学　单
(学习改变思维　训练改变行为)

表 2-5-3　案例分析活动

活动一:案例分析		
活动内容	观看《喜迎二十大,奋斗新征程——怀匠心,做匠人》演讲视频。 **思考问题:** 　　1. 结合演讲视频分析演示文稿设计方面有什么可取之处。 　　2. 观看《喜迎二十大,奋斗新征程——将青春和汗水洒在基层大地》,谈一谈你的观看感受。	**社会角色** 立足 中国青年 时代责任 要为祖国 增光添彩 **个体角色** 提升 探索精神 创新精神
活动实施	1. 小组讨论分析案例。 　　个人:分析案例中演示文稿的设计,体悟演讲情感表达方式。 　　小组:倾听交流(注意倾听、表达的礼仪)。 2. 小组将讨论意见汇总,录制讨论过程,上传至课程平台"主题讨论"或"班级群"。 3. 参与课程平台主题讨论。 4. 也可汇总意见后,采用小组现场汇报的形式。	信息处理 能力 团队合作 能力 口头表达 能力
考核评价	**方式一(线上考核评价):** 1. 参与"主题讨论"活动时获取课程积分,还可在课程分数权重项设置中获得"讨论"项分值。 2. 主题讨论词云投屏,教师点评。 **方式二(线下考核评价):** 1. 小组现场汇报后,互评、教师点评。 2. 填写活动评价表。	

说明:1. 活动时长 30 分钟,分值 20 分,教师可根据实际进行调整。
　　　2. 可根据实际选择活动形式。
　　　3. 可根据活动形式调整考核评价方式。

表 2‐5‐4 视频对比活动

	活动二：视频对比	
活动内容	1. 观看《2022 好记者讲好故事——杨亚红》演讲视频、《2022 好记者讲好故事——左潇》演讲视频，比较两个视频中在演示文稿设计方面的不同。 2. 各小组将每人搜集的真实演讲比赛资料进行分享（预学单中的"5"），分析不同的演讲内容在演示文稿设计方面的使用技巧。 （2 选 1，也可各组领取不同任务）	**社会角色** 立足 中国青年 时代责任 要为祖国 增添光彩 **个体角色** 提升 探索精神 创新精神
活动实施	1. 小组讨论分析案例。 　个人：分析演示文稿设计，体会演讲者不同的设计角度。 　小组：倾听交流（注意倾听、表达的礼仪）。 2. 小组将讨论意见汇总，录制过程，上传至课程平台"主题讨论"或"班级群"。 3. 参与课程平台主题讨论。 4. 也可汇总意见后，采用小组现场汇报的形式进行汇报。	信息处理 能力 团队合作 能力 口头表达 能力
考核评价	方式一(线上考核评价)： 1. 参与"主题讨论"活动时获取课程积分，还可在课程分数权重项设置中获得"讨论"项分值。 2. 主题讨论词云投屏，教师点评。 方式二(线下考核评价)： 1. 小组现场汇报后，互评、教师点评。 2. 填写活动评价表。	

说明：1. 活动时长 20 分钟，分值 20 分，小组汇报可适当延长活动时间，教师可根据实际进行调整。
　　　2. 可根据实际选择活动形式。
　　　3. 可根据活动形式调整考核评价方式。

表 2‐5‐5 完成我的主题演讲演示文稿活动

	活动三：完成我的主题演讲演示文稿	
活动内容	**背景与情境：** 　　如果要你参加"喜迎二十大，奋进新征程"主题演讲活动，在演讲中，根据演讲稿，该如何设计演讲演示文稿呢？	**解决问题**
活动实施	1. 梳理预学单中收集整理的演讲演示文稿设计方法。 　个人：找出自己关注的演示文稿方法。 　小组：成员分享。 2. 登录央视频观看《2022 好记者讲好故事——2022 年中国记者节特别节目》，记录演示文稿的设计方法。 3. 结合个人经历与观察到的优秀案例演示文稿方法，思考自己在演讲中演示文稿的设计。 4. 若能确立演示文稿设计方案，以小组为单位进行汇总；若不能，课后思考上报。	信息处理 能力 解决问题 能力

续　表

活动三：完成我的主题演讲演示文稿		
考核评价	教师根据小组汇报演示文稿设计成果以及活动表现，填写活动评价表。	

说明：1. 活动时长 20 分钟，分值 20 分，教师可根据实际进行调整。
　　　2. 可根据实际调整活动形式。
　　　3. 可根据活动形式调整考核评价方式。

演讲演示制作评价表

班级：　　　　　　姓名：　　　　　　日期：　　年　　月　　日

表 2-5-6　演讲演示制作评价表

项目	评价标准	分值	学生自评(30%)	小组互评(30%)	教师评价(40%)	小计
素养培养	能以认真、勇敢的态度参与实训活动，态度积极，善于合作，能与合作成员良好沟通	10				
	在实训过程中表现出勇于创新的职业品质，能结合演讲材料和听众恰当选取演示文稿形式并完成设计	10				
	能够结合演示文稿设计的技巧，认识到演示文稿设计在演讲展示中的重要性，精心设计演示文稿的意识强	10				
知识应用	在小组活动中能够准确陈述演示文稿设计的技巧	10				
	在班级陈述中能够正确运用演示文稿设计的理论知识陈述本组观点	10				
能力提升	能够将所学的设计演示文稿的技巧运用到实训任务中，学以致用	10				
	结合具体的演讲任务，运用演示文稿设计的技巧对具体的演讲任务进行分析	10				

续　表

项目	评价标准	分值	学生自评(30%)	小组互评(30%)	教师评价(40%)	小计
项目成果展示	能够独立完成演示文稿设计的任务，在活动中能主动提出问题、解决问题	10				
	在汇报活动中演示文稿环节设计合理、形式丰富、效果好	10				
	项目成果能与演讲材料紧密结合，体现探索创新，要为祖国增光添彩的品质	10				
合计		100				

 自测袋袋库

评估：测测你演讲演示文稿的设计能力

　　"评估"是对自己学习收获的一个测评，学习者如何评价自己的学习效果？完成自我观察，及时了解学习的成果反馈，及时获得能力提升的成就感，鼓舞学习热情。如有错误和不足，提醒自己及时修正和补充。

续　学　单
（学习改变思维　训练改变行为）

表 2 - 5 - 7　续　学　单

序号	续学内容	必做要求	拓展要求	评价(15%)	备注
1	知识测试：高阶测验	线上课程平台完成	查找线上同类课程相关内容，进行练习	线上平台评价。可与预学单的达标测验对比，由老师进行评价	必做
2	能力实操：演讲演示文稿设计	继续完成活动三演讲演示文稿设计任务	观看《2022好记者讲好故事——2022年中国记者节特别节目》，记录演示文稿的设计方法	完成评价表中的小组自评，小组互评项目。依据拓展内容完成情况，由老师进行增值性评价	必做
3	拓展提升：归纳演讲比赛中演示文稿设计的规律	搜集具有代表性的演示文稿设计职场演讲视频。班级学委汇总提交	整理汇编成班级喜爱的演讲视频目录	依据归纳演讲比赛中演示文稿设计的规律，老师视班级编辑情况与水准，予以总结性点评	必做

说明：1. 本次续学内容由学生个人完成。
　　　2. 评价占比 10%（1 项占 5%，2 项成绩记在活动三，3 项占 5%）。

评价要项占比及分值(参考)

表 2-5-8　评价要项占比及分值(参考)

要项	签到 (5%)	预学单 (15%)	共学单 (60%)	评估 (10%)	续学单 (10%)	备　注
分值	5分	15分 (3项)	60分 (3项)	10分	10分 (2项)	

项目三

职场基础口才技能训练

任务一　面试口才训练——让"我"以有恒
　　　　之心展奋斗之意

任务二　社交口才训练——让"我"以真诚
　　　　之心成融洽之意

任务三　会议口才训练——让"我"以精益
　　　　之心达圆满之意

我们按照一个人在职场中成长发展的路径，设计了项目三"职场基础口才技能训练"、项目四"职场专项口才技能训练"、项目五"团队沟通口才技能训练"和项目六"职场演讲技能训练"，体现出从进入职场（"我"）、融入职场（"我们"）到在职场中绽露并脱颖而出（"我"）的进阶性，结合社会主义核心价值观、党的二十大和全国"两会"精神，提炼出"九心"（项目三、项目四、项目五）、"三前行"（项目六）。"九心""三前行"将青年一代如何在职场中做人做事紧密结合，对应项目三、项目四、项目五、项目六，层层浸润。

　　项目三的面试口才训练、社交口才训练、会议口才训练三个任务关乎进入职场、融入职场的职场基础口才技能。

任务一 面试口才训练
——让"我"以有恒之心展奋斗之意

指导表

表 3-1-1 "四环三单"学习指导表

项目名称			项目三 职场基础口才训练	任务名称	任务一 面试口才训练
学习过程 四个环节	目标	素质目标	1. 激发职场面试意识,培养积极进取的人生态度 2. 养成诚实守信、文明礼貌的职业素养 3. 懂得在职场中要以有恒之心展奋斗之意		
		知识目标	1. 了解面试前的礼仪准备、认知准备和心理准备的基础知识 2. 了解面试中自我介绍的技巧 3. 掌握面试中常见问题、疑难问题的应答技巧		
		能力目标	1. 能够运用面试前的礼仪准备、认知准备和心理准备的基础知识,做好面试前的准备工作 2. 能够运用面试自我介绍和应答的技巧,从容自如地完成职场面试中的应答		
	任务	任务描述	背景与情境:如果你要参加一次求职面试,你该怎么做?		
		预学单	1. 阅读"知识充电站"或观看线上课程视频(2选1) 2. 阅读面试应答案例或观看职场面试视频(2选1) 3. 搜集真实演讲比赛资料(必做)		
	活动	共学单	1. 案例分析——激活深化		
			2. 角色扮演——关联转化		
			3. 完成求职面试模拟训练——迁移应用		
	评估	自我评估	测测你的面试口才能力		
		续学单	1. 知识测试 2. 能力实操 3. 拓展提升		

目标

学会面试中自我介绍和应答的技巧

面试是展示一个人知识、能力和气质的主要方式,是我们进入职场必经的一个关口。在求职面试中,我们该如何准备、巧妙应对,才能脱颖而出呢? 这是每一个应聘者都必须思考的问题。

通过运用面试前的准备、面试中的自我介绍和应答的语言技巧,在特定背景与情境的学习和训练中,你将能够实现下列目标。

素质目标: 通过学习面试前的准备、面试中的自我介绍和应答的技巧,激发职场面试的意识,培养积极进取的人生态度;养成诚实守信、文明礼貌的职业素养;懂得在职场中要以有恒之心展奋斗之意。

知识目标: 通过学习面试前的准备、面试中的自我介绍和应答的技巧,能够叙述面试前的准备工作、面试中的自我介绍和应答技巧。

能力目标: 通过案例分析、情景模拟完成我的职场求职面试三个活动的训练应用,运用面试口才的技巧,能够从容自如地完成一次职场面试。

任务

完成一次职场求职面试中的应答

如果现在你将参加一场求职面试,你必须明确以下问题:

1. 在面试前,我该做哪些准备工作?

2. 如何积极自信地把自己展现给面试官?

3. 在面试中,如何应对自如地应答面试官提出的疑难问题?

4. 在面试中,如何成功地将自己推销出去?

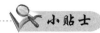
小贴士

"奋斗这一件事是自有人类以来天天不息的。"
——孙中山

预　学　单
（学习改变思维　训练改变行为）

表 3-1-2　预 学 单

序号	预学内容	预学要求	拓展要求	评价(15%)	备注
1	阅读"知识充电站"	运用思维导图整理知识要点,完成线上达标测验	思考从阅读中收获了什么	课程平台评价。依据问答评价	2选1
2	观看线上课程视频	结合视频内容提出你最关注的一个问题。完成线上达标测验	可以在关注的问题后面,附上原因	课程平台评价。依据问答由老师进行评价	
3	阅读《品质比才华更能打动面试官》《分条陈述,让你的回答赢得青睐》	结合阅读的内容,谈谈在面对招聘方的提问时,应聘者的应答技巧对你有什么启发	可以在阅读启发后附上自己的一些感想和体会	依据每一位同学总结的启发内容和感想体会,由老师进行评价	2选1
4	观看《猎场》郑秋冬面试视频	郑秋冬在面试中的表现如何呢?摘录2~3处对你有启发的内容	在面试过程中如何应答面试官提出的疑难问题呢?整理100字左右的文字资料	依据每一位同学回答的问题质量,由老师进行评价	
5	搜集企业面试资料	选一个最认可的推荐给你所在的学习小组,上传课程教学平台	可附上推荐理由	依据每一位同学上传的资料质量及推荐理由,由老师进行评价	必做

说明:1. 本次预学内容由个人完成(可以是其中的一项或几项)。
　　　2. 评价占比 15%(3 项各占 5%),评价方式依学习方式定。

 知识充电站

　　知识是能力的基石,是能力转化的前提,能够促进能力的发展。"知识充电站"明晰了面试中自我介绍和应答的技巧。

一、常见的面试形式

表 3-1-3 常见的面试形式

面试口才
训练(1)

序 号	形 式	内 容
1	个人面试	一对一的面试,只有一个主考官负责面试全过程
2	小组面试	通常是由两三个人组成面试小组对各个应聘者分别进行面试。这种面试方式有利于公平竞争、有效评估、全面考核
3	电话面试	电话面试是一种通过手机、电话等通信工具对应聘者进行考核和筛选的面试
4	无领导小组面试	由 6~10 个应聘者组成一个小组,共同应对一个需要解决的问题,以小组讨论的方式,经过各种观点和思想的碰撞、提炼,共同找出一个最合适的答案或结果
5	结构化面试	指按照事先制订好的面试提纲上的问题发问,并按照标准格式记下应聘者的回答和对他的评价的面试方式

二、面试前的准备工作

面试礼仪关乎应聘者给用人单位留下的第一印象,对能否应聘成功起着至关重要的作用。那么在面试过程中,你需要掌握哪些面试必备的礼仪呢?

(一) 礼仪准备

案例
阅读

着装关乎面试成败

一名新生代主持人大学毕业后参加某卫视的复试,因为初试时录制的主持样片非常出色,该卫视对她充满期待。但在复试那天,她随便穿了一件 T 恤,未做打扮就去了,考官见到她后吓了一大跳。因此,她和该卫视擦肩而过了。

分析: 这位主持人与该卫视擦肩而过的原因是在面试时没有做好充足的准备工作,穿着不够正式,可见在职场面试时着装很重要。

1. 面试着装得体和谐

着装在人际交往的最初阶段,往往最能引起对方的关注。在面试时,着装要得体大方、美观整洁,选择的服饰不仅要与自己的体型相协调,还要与年龄、肤色相搭配,展现和谐之美。

2. 面试肢体语言真诚自信

(1)眼神

在面试过程中,可以通过眼神向面试官传达自己的真诚、自信。如果一直盯着面试官,会让面试官分心,使他无法集中精神听你的回答。在面试时,可以时不时与面试官进行对视,表现出应答的自信。

(2) 表情

"面带三分笑,礼数已先到。"面对陌生的面试官,微笑可以缩短距离,创造良好的面试气氛,同时也向面试官自信地展示自己,向用人单位传递积极的心态。微笑时要适度得体,哈哈大笑、当笑不笑会使人感觉不礼貌。

3. 面试过程中礼貌从容

(1) 避免小动作。

在日常生活中,每个人都有自己的习惯动作。在面试过程中,不要频繁耸肩、坐姿歪斜、晃动双腿,避免给面试官留下不尊重人、不成熟等为面试减分的印象。

(2) 学会倾听。

在面试过程中,倾听也是一种重要的礼节。好的交谈建立在倾听的基础上,善于倾听的应聘者,更容易赢得面试官的信任。

(二) 认知准备

面试前还需要做好外在认知和内在认知准备。

1. 外在认知

外在认知包括公司信息和职位信息。

公司信息包括公司发展历史和发展状况、主要业务、公司地点、面试时间、面试流程。在参加面试之前要对面试单位进行摸底调查,通过网络查询、实地走访、熟人打探等方式,了解用人单位的信息。同时也要关注自身的优势,全面地认知和评估自己的优势与岗位要求的匹配度,这样才能做到知己知彼。

职位信息包括对应聘者的需求和工作职责。招聘信息上提到的要求,必定是企业最看重的素质。所以在面试前要仔细阅读,然后围绕这些要求准备面试回答和事例。

2. 内在认知

内在认知就是要充分地认识自己、了解自己。首先梳理自己的自荐书,确保投出去的自荐书和手上的自荐书是一样的。其次,自我介绍是面试中常见的一道题,面试官可以通过自我介绍确认自荐书中的基本情况。自我介绍很重要,直接确定了整个面试过程的基调。

(三) 心理准备

心理学研究表明,直观的信息对人的影响要远大于非直观的信息的影响。面试是应聘者给面试官直观信息的重要时刻。如果面试中给面试官留下的印象不好,便很难挽回,因此,做好心理调节也是十分重要的。

1. 内部语言清理

临场心理状态不佳的人,大都是因为有些不正确的认知。面试前要清理内部语言,避免临场过于紧张、表现傲慢、过于随便等现象,应尝试自我对话,以积极昂扬、输得起的心态去应对面试。

2. 角色扮演训练

在面试前,不妨找个朋友进行角色扮演。通过角色扮演,会发现一些自己完全没有意识到的问题,认识到什么样的行为面试官会欣赏,什么样的行为面试官会讨厌。

做好了心理准备,面试时就会有一个较好的心理状态。这样,在面试时就可以充分发挥自己的长处,展示自己的才华,从而找到称心如意的工作。

三、面试中的自我介绍

通常来说,面试会分为两轮。第一轮是人力资源师(HR)面试,即应聘单位所属的人力资源部门的面试。第二轮是专业面试,即应聘职位所属的专业部门的面试。无论是在哪种面试中,都会面临面试官的现场提问。如何准备一篇优秀的面试自我介绍文稿呢?

面试口才
训练(2)

(一) 有备而来,精心打磨

自我介绍文稿要涵盖应聘者的姓名、毕业院校、学历、爱好、实践经历、专业知识、学术背景、优点和特长等基本情况。

自我介绍要围绕应聘求职的岗位,着重突出自己的闪光点。与面试无关的内容,即使是你引以为荣的优点,也要学会取舍。

介绍时语言朴素、精练准确、清晰明了,多用短句。首先是基本情况,其次是希望面试官记住的内容,最后介绍自己与岗位相关的荣誉或作品。

(二) 数据自证,有理有据

在自我介绍中,数据是强有力的佐证,大学生求职时可以用数字说明在兼职过程中的实际工作。面试评委也会因此觉得应聘者言之有物,言之有据,从而对之产生信任感。

案例阅读

自我介绍中的数据

某同学参加企业应聘的自我介绍初稿如下:

"周末参加手机促销活动,为顾客介绍新款手机,协助进行现场抽奖活动,发放新手机的市场调查问卷,收集和整理调查问卷。"

后来经过老师的修改,对数据和案例进行了优化,强化自我介绍的真切感,可信度获得了很大提升。修改如下:

"在大型市场推广活动中,为潜在客户进行产品展示和性能解说,组织和安排大型抽奖活动,当天吸引 720 名潜在客户参加活动。协助公司进行新手机的市场调查,组织 20 人发放共 2 000 份调查问卷,有效回收 95% 的问卷,并进行整理和分析,撰写了 8 500 字的分析报告。"

面试中的自我介绍是获得面试评委好感的第一张王牌,打好第一张牌,能更有底气、更有信心地赢得面试的先机。

四、面试中的应答技巧

面试官面试时,不管问题角度如何设置,都只是提问方式不同,考察的能力是大致相同的,通过了面试官面试,你的面试就成功了一半。

面试官面试考察点包括非能力层面的匹配度和综合能力匹配度。

非能力层面的匹配度关乎应聘者的性格特点、工作态度、对于单位文化及岗位的了解。综合能力匹配度关乎沟通能力、合作能力、抗压能力、学习能力、创新能力和领导能力等。

面试口才
训练(3)

（一）面试常见问题巧回答

"求职场上无小事",对于职场的"菜鸟"来讲,在面试前需要做充足的准备和预演。如针对"你性格中最大的优点是什么?""你觉得你最大的缺点是什么?""请谈谈你的家庭情况如何?"等做准备。

案例阅读

对性格优缺点的回答

面试官:"你性格中最大的优点是什么?"

小王:"我觉得,我最大的优点就是骄傲。也许您会说骄傲是种缺点,但是我觉得正因为我身上这股'骄傲',我在任何事情上都不甘落后,任何事情都必须做到最好。这大概跟我从小到大总考第一名有关系吧,成为第一名似乎已经是我的习惯了。"

面试官:"你觉得自己最大的缺点是什么呢?"

小王:"我有时候做事急躁,一旦接受一个任务,总是想要尽快做完,有时会连续熬夜赶工。但是欲速则不达,身体过度消耗也会导致精神不振,效率低下,效果不佳,我现在总是提醒自己,成效才是第一位的。"

（资料来源:李靖,《面试官不会告诉你的那些面试技巧》,天津人民出版社2018年版）

分析:面试官提出这些问题主要考核两点:应聘者的诚实度,有没有撒谎,能否真实客观地阐述自己的优点;是否具备和岗位相匹配的性格特征,如团结、友善、沉着、冷静、立场坚定等,因此需要结合岗位需求展开讲述。

（二）面试难题巧回答

在面试中,面试官还会提出一些非常规的难题,常是一些出乎意料或比较深刻的问题。面对此类问题,应聘者应提前做好充分的应答准备,这样就不会在面试中心慌意乱、束手无策。那么如何机智回答、从容应对呢?

小贴士

"博学而笃志,切问而近思;仁在其中矣。"

——《论语》

1. 有备而来

"凡事预则立,不预则废。"对于面试中可能出现的非常规提问,我们需提前做好充分准备。

对职业生涯规划的回答

面试官:"你的职业生涯规划是什么?"

应聘者:"我的职业生涯规划可以概括为一句话:基于技术,但不拘泥于技术。我想以技术为主线,5年后,我希望自己能够对某一领域有比较深入的理解,成为某一领域的专家,同时提高自己分析问题、解决问题的能力和沟通能力,最终做一个既懂技术又懂业务,兼具沟通和组织能力的复合型人才。"

(资料来源:李靖,《面试官不会告诉你的那些面试技巧》,天津人民出版社 2018年版)

分析: 在面试前,应该对面试的职位的晋升渠道有一个基本认知。面试官喜欢对自己前途发展做过规划的应聘者,回答这个问题时,先说明要发展或进取的方向,并表明脚踏实地的工作态度和行动规划。

2. 快速机智

直面问题是真实勇敢的表现,如果思考的时间超过十秒,面试的氛围就会很尴尬。

3. 真实作答

面试中不必一味地迎合对方,过度地包装自己。面试是一个相互了解的过程,实事求是是最好的。最诚实的回答,体现的也是最真实的自己。

对加班的回答

面试官:"你怎么看待加班这个问题?"

应聘者:"我对加班是这样看的:无论做什么工作都要有责任心,如果是因为工作需要加班,当然没问题。但是也应该注意提高工作效率,如果是因为工作拖沓而加班,是不可取的。如果别人 8 小时做完的工作,我 4 个小时就做完了,那为什么还要加班?"

(资料来源:李靖,《面试官不会告诉你的那些面试技巧》,天津人民出版社 2018 年版)

分析: 加班问题的实质是在考核责任心和职业道德。回答此问题时应明确表明自己的态度,明确岗位是否需要经常加班,表现出愿意牺牲自己的一部分个人时间,提升个人能力,为单位创造更多利益。

面试就是过关斩将的过程,学好面试口才,可以帮你找到理想的工作,成就人生。

面试口才训练应遵循的原则如下:① 面试前要从礼仪、认知和心理三方面做好充分的准备,以积极昂扬、输得起的心态去面对面试;② 面试前要精心打磨自我介绍文稿,用数据证明自己的实力,赢得面试官的信任;③ 能够结合自己的实际,灵活运用,了解企业岗位信息,真实勇敢地应答,巧妙应对面试中的常见问题和疑难问题。

实践应用角

知识的价值在于实践应用。作为学习者,我们需要将从"知识充电站"获得的新知,在真实的职场面试案例分析解读中"激活";在角色扮演中明辨面试自我介绍要用真实的数据来证明自身实力;更需要在真实的任务情境中实践应用,只有将获得的新知与技能融入特定的面试口才任务,我们才算真正掌握了面试口才的本领。

在共学单的三个"活动"中,设有进阶性的活动内容,具体如下:

有思,活动一——案例分析;

有辨,活动二——角色扮演;

有行,活动三——完成特定情境下面试口才训练的应用。

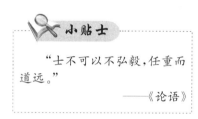

> 小贴士
>
> "士不可以不弘毅,任重而道远。"
> ——《论语》

活　动

共　学　单
(学习改变思维　训练改变行为)

表 3-1-4　案例分析活动

活动一:案例分析		
活动内容	**答好应急应变题** 朱天明报考宣传部秘书岗位时,面试的题目如下:"你村组织建设养鸡场,程序合法合规。但在施工现场,部分村民担心有污染,阻挠施工。村民老田则由于对补偿款不满意,躺在地上,村主任来劝阻,他不但不听,还与村主任发生了肢体冲突,结果在推搡拉扯中自己的头不小心磕在一棵大树上,流了不少血,引起了群众起哄,说村干部打人,不少人还拿手机拍照准备发到网上。作为驻村第一书记,你刚从县里开完会回到村里,得知此事后急匆匆赶往现场。途中,你又接到弟弟的电话,说父亲突然生病,要动手术,让你赶快到医院,你该怎么办?" 朱天明听完之后,作了如下回答:	**社会角色** 立足 职业岗位 服务 国家社会

续　表

活动一：案例分析		
活动内容	"各位考官，也许在一些人看来，建设养鸡场是脱贫致富的好事，环境污染、给补偿款都是很小的事情，但是对农民来说这些很重要，因为土地就是他们的命根子。所以作为驻村第一书记，我会多一些耐心和思考，站在他们的角度解决问题。当然我也是一个父亲的儿子。常言道"自古忠孝难两全"，我首先会在第一时间到达事发地去解决养鸡场建设受阻的事，随后到医院看望父亲。 "首先，赶到现场后我会立刻下令先暂停施工，同时要扶起老田，再进行补偿款及污染问题的解释。老田受伤是不争的事实，不管是误伤还是他伤，处理好伤口都是第一件事，天气炎热，如果感染了就麻烦了。我会让村干部用小车把老田送往医院。其次，我会劝说阻挠施工的群众，承诺养鸡场的建设一定会接受大家的监督，保证对污染的控制按照国家制定的标准执行。最后，我会劝告大家千万不要断章取义，把照片随便发到网上，以免对我们村带来负面影响。 "在具体说服老田时，我会立刻扶起老田，帮他拍拍土，真诚地告诉他：'有问题可以和村里反映，施工时候躺在地上太危险了。天大的事都没有身体值钱，您说呢？咱先把伤口包扎好，天气这么热，千万不能感染。虽然之前您也签好同意书了，但如果您对补偿款数额不满意，还可以向村委会提出异议，由村民委员会进行决议。'" （资料来源：冯恒仁，《答好应急应变题》，《演讲与口才》，2022 年第 11 期，有改动） **思考问题：** 　1. 从朱天明的应答案例中分析在面试过程中如何应答面试官提出的突发问题。 　2. 观看《猎场》中郑秋冬面试视频，你想和大家交流什么？请梳理思路，条理清晰地表达。	**个体角色** 文明礼貌 积极进取
活动实施	1. 小组讨论分析案例。 　个人：分析面试过程中疑难问题的应答技巧，体悟应聘者应答过程中的职业素养。 　小组：倾听交流(注意倾听、表达的礼仪)。 2. 小组将讨论意见汇总，录制讨论过程，上传至课程平台"主题讨论"或"班级群"。 3. 参与课程平台主题讨论。 4. 也可汇总意见后，采用小组现场汇报的形式进行汇报。	信息处理能力 团队合作能力 口头表达能力
考核评价	**方式一(线上考核评价)：** 1. 参与"主题讨论"活动时获取课程积分，还可在课程分数权重项设置中获得"讨论"项分值。 2. 主题讨论词云投屏，教师点评。 **方式二(线下考核评价)：** 1. 小组现场汇报后，互评、教师点评。 2. 填写活动评价表。	

说明：1. 活动时长 30 分钟，分值 20 分，教师可根据实际调整。
　　　2. 可根据实际选择活动形式。
　　　3. 可根据活动形式调整考核评价方式。

表 3 - 1 - 5　面试自我介绍角色扮演训练

	活动二：面试自我介绍角色扮演训练	
活动内容	根据自己的求职意向,结合面试中自我介绍的技巧,两人一组进行角色扮演模拟演练。	**个体角色** 诚实守信 奋勇争先
活动实施	1. 各小组根据自己的求职意向和面试自我介绍的注意事项,撰写好自我介绍文稿。 2. 小组内分角色进行面试自我介绍演练,在面试时要求应聘者应使用规范的面试礼仪,如实回答面试官的提问。 3. 小组录制面试过程,上传至课程平台"分组任务"中。 4. 也可采用小组现场汇报的形式进行汇报。	信息处理能力 团队合作能力 口头表达能力
考核评价	方式一(线上考核评价)： 1. 参与"分组任务"活动时,根据评价标准,进行教师评价、组内互评和组间互评。 2. 教师整体点评。 方式二(线下考核评价)： 1. 小组现场汇报后,互评、教师点评。 2. 填写活动评价表。	

说明：1. 活动时长 20 分钟,分值 20 分,小组汇报可适当延长活动时间,教师可根据实际进行调整。
　　　2. 可根据实际选择活动形式。
　　　3. 可根据活动形式调整考核评价方式。

表 3 - 1 - 6　完成面试口才模拟训练活动

	活动三：完成面试口才模拟训练	
活动内容	**背景与情境：** 　　通过网络自行搜集一个自己心仪的招聘岗位,结合本次课所学的知识,分组进行模拟演练。	**解决问题**
活动实施	1. 各组根据招聘岗位要求和面试的注意事项,做好面试准备。 2. 小组内分角色进行面试演练,每组中三位同学扮演面试官,两位同学扮演应聘者,在面试时要求三位面试官分别向应聘者提出问题,应聘者应使用规范的面试礼仪,如实回答面试官的提问。 3. 小组现场汇报,其他小组观察,并找出存在的问题以及解决办法。 4. 课上不能汇报的小组,课下录制视频交回。	信息处理能力 解决问题能力 团队合作能力
考核评价	教师根据模拟面试活动表现,填写活动评价表。	

说明：1. 活动时长 20 分钟,分值 20 分,教师可根据实际调整。
　　　2. 可根据实际调整活动形式。
　　　3. 可根据活动形式调整考核评价方式。

面试口才训练评价表

班级：　　　　　　姓名：　　　　　　日期：　　　年　　月　　日

表 3 - 1 - 7　面试口才训练评价表

项　目	评 价 标 准	分值	学生自评(30%)	小组互评(30%)	教师评价(40%)	小计
素养培养	能以积极的态度参与实训活动，积极参与，善于合作，友好沟通	10				
	在实训过程中表现出诚实守信、文明礼貌、奋勇争先和积极进取的职业品质	10				
	能够结合面试应答的技巧，认识到面试口才在面试过程中的重要性，如实应答面试提问的意识强	10				
知识应用	在小组活动中能够准确陈述面试自我介绍和应答的技巧	10				
	在班级陈述中能够正确运用面试口才的理论知识陈述本组观点	10				
能力提升	能够将所学的面试口才的技巧运用到实训任务中，学以致用	10				
	结合具体的职场面试任务，运用面试口才的语言技巧对面试任务进行分析	10				
项目成果展示	能够独立完成面试自我介绍和面试模拟演练的任务，在活动中能主动提出问题、解决问题	10				
	在活动中汇报时语言表达自如流畅、语速得当	10				
	项目成果能与职业精神结合，体现诚实守信、文明礼貌、奋勇争先和积极进取的职场品质	10				
合计		100				

评估：测测你的面试口才能力

🪧 自测袋袋库

　　"评估"是检测自己学习效果的活动，可以通过评估改善自己的学习效果，让自己积极地参与到学习过程中，提高学习的积极性，改善学习氛围，从而提升学习效率。

续　学　单

（学习改变思维　训练改变行为）

表 3 - 1 - 8　续 学 单

序号	续学内容	必做要求	拓展要求	评价(15%)	备注
1	知识测试：高阶测验	线上课程平台完成	查找线上同类课程相关内容，进行练习	线上平台评价。可与预学单的达标测验对比，由老师进行评价	必做
2	能力实操：面试模拟训练	继续完成活动面试模拟训练任务	阅读《深度思考》，拓展职场面试口才技能	完成评价表中的小组自评，小组互评项目。依据拓展内容完成情况，由老师进行增值性评价	必做
3	拓展提升：归纳总结面试常见问题和疑难问题应答规律	搜集不同类型的职场面试视频和面试案例。班级学委汇总提交	整理汇编成班级喜爱的案例库目录	依据归纳总结面试常见问题和疑难问题应答规律，老师视班级编辑情况与水准，予以总结性点评	必做

说明：1. 本次续学内容由个人完成。

　　　2. 评价占比 10%(1 项占 5%,2 项成绩记在活动三,3 项占 5%)。

评价要项占比及分值(参考)

表 3 - 1 - 9　评价要项占比及分值(参考)

要项	签到(5%)	预学单(15%)	共学单(60%)	评估(10%)	续学单(10%)	备　注
分值	5分	15分(3项)	60分(3项)	10分	10分(2项)	

任务二 社交口才训练
——让"我"以真诚之心成融洽之意

指导表

表 3-2-1 "四环三单"学习指导表

项目名称			项目三 职场基础口才训练	任务名称	任务二 社交口才训练
学习过程 四个环节	目标	素质目标	1. 激发主动沟通的意识,建立和谐的人际关系 2. 养成文明礼貌、真诚待人的职业品质 3. 懂得在职场中要以真诚之心成融洽之意		
		知识目标	1. 了解赞美与批评的语言技巧知识 2. 了解拜访与接待、说服与劝慰的语言技巧知识 3. 掌握社交口才的语言技巧知识		
		能力目标	1. 能够运用赞美与批评、说服与劝慰、拜访与接待语言表达技巧,完成一次职场社交任务 2. 能够运用社交口才技巧,提升人际交往的和谐度		
	任务	任务描述	背景与情境:如果你是一名校企合作企业即将上岗的实习生,你该如何完成与其他员工的沟通呢?		
		预学单	1. 阅读"知识充电站"或观看线上课程视频(2选1) 2. 阅读社交口才技巧文稿或视频(2选1) 3. 搜集真实职场社交资料(必做)		
	活动	共学单	1. 案例分析——激活深化		
			2. 角色扮演——强化理解		
			3. 完成职场社交模拟训练——迁移应用		
	评估	自我评估	测测你的职场社交能力		
		续学单	1. 知识测试 2. 能力实操 3. 拓展提升		

目 标

学会职场社交口才的基本技巧

在现代社会中，人与人之间交往的频率越来越高，交往的形式也愈加丰富。良好的社交口才可以为人际关系加分，让自己在社交活动中游刃有余，成为真正的职场达人。

通过运用职场社交口才的技巧，结合各种社交场合实际运用，在特定背景与情境的学习和训练中，你将能够实现下列目标。

素质目标：通过学习职场社交口才技巧的知识与技能，激发主动沟通的意识，建立和谐的人际关系；养成文明礼貌、真诚待人的职业品质；懂得在职场中要以真诚之心成融洽之意。

知识目标：通过学习职场社交口才技巧知识，能够叙述赞美与批评、说服与劝慰、拜访与接待的语言技巧等。

能力目标：通过案例分析、角色扮演和情景模拟完成我的职场社交三个活动的训练应用，培养运用社交口才的技巧，提升人际交往的和谐度。

任 务

完成一次职场中的社交活动

如果你是一名校企合作企业即将上岗的实习生，你该如何完成与其他员工的沟通呢？你必须明确以下问题：

1. 我应该怎么做，才会赢得对方的赞许与尊重？

2. 有可参考的社交语言技巧吗？

3. 对对方提出的敏感问题，我该采用什么应对策略？

 小贴士

社交口才
训练(1)

"中华优秀传统文化源远流长、博大精深，自强不息、厚德载物、讲信修睦、亲仁善邻等，是中国人民在长期生产生活中积累的宇宙观、天下观、社会观、道德观的重要体现。"
——党的二十大报告

预　学　单

（学习改变思维　训练改变行为）

表 3-2-2　预 学 单

序号	预学内容	预学要求	拓展要求	评价(15%)	备注
1	阅读"知识充电站"	运用思维导图整理知识要点,完成线上达标测验	思考从阅读中收获了什么	课程平台评价。依据问答评价	2选1
2	观看线上课程视频	结合视频内容提出你最关注的一个问题。完成线上达标测验	可以在关注的问题后面附上原因	课程平台评价。依据问答由老师进行评价	
3	阅读《一位厨师的大格局交际》《最高明的说服》	结合阅读的内容,谈谈在社交口才方面你有什么启发	可以在阅读启发后附上自己的一些感想和体会	依据每一位同学总结的启发内容和感想体会,由老师进行评价	2选1
4	观看:《如何处理职场冲突,与同事和睦相处》的演讲视频	以真诚之心,成融洽之意,在视频中是如何体现的?摘录2~3处对你有启发的内容	在社交活动中,应使用哪些社交语言技巧?整理200字左右的文字资料	依据每一位同学回答的问题质量,由老师进行评价	
5	搜集真实职场社交资料	选一个最具代表性的推荐给你所在的学习小组,上传课程教学平台	可附上推荐理由	依据每一位同学上传的资料质量及推荐理由,由老师进行评价	必做

说明: 1. 本次预学内容由个人完成(可以是其中的一项或几项)。
　　　 2. 评价占比 15%(3 项各占 5%),评价方式依学习方式定。

知识充电站

　　知识与能力是互动的,能力的形成和发展离不开知识的积累。"知识充电站"明晰了赞美与批评、说服与劝慰、拜访与接待的语言技巧。

一、赞美与批评语言技巧

　　人需要真诚的赞美,也需要善意的批评。正确理解别人的批评和赞美,虚心听取他人建议,及时改正自身

> **小贴士**
>
> "君子尊贤而容众,嘉善而矜不能。"
>
> ——《论语》

缺点,从而建立和谐的人际关系。

(一) 赞美语言技巧

赞美,是用言语表达对人或事物优点的喜爱。在生活中,对他人进行恰当的赞美,可以使对方获得心理满足,从而实现交际双方的心理相融或感情沟通。那么,如何进行赞美呢?

1. 赞美要详实具体

要针对某人具体的、突出的特点进行赞美,不能空话连篇。空泛的赞美往往没有明确的原因,甚至会引起混乱和误会,使对方怀疑你的是非辨别能力与审美鉴赏能力。因此,在工作中,赞美的语言要翔实具体。

具体的赞美

刘擎老师是华东师范大学教授,也是"得到"App上西方现代思想课程的负责人。很多同学和我们同事都非常喜欢他。刘老师去某公司时,有员工这样赞美刘老师:"刘老师,您的这门课对我帮助特别大,每次我和那些重要人物打交道,我都会送他们一门您的课。他们收到这份礼物都非常高兴,还会跟我交流学习心得,表示收获很大。感谢您的课程,帮我完成了很多艰难的社交任务。"

(资料来源:脱不花,《LINK UP沟通的方法》,新星出版社2021年版,有改动)

分析:这位员工的赞美翔实具体,不仅称赞刘老师的课程对自己的帮助大,而且称赞刘老师帮助自己进行社交,让刘老师感知到他人对自己的认同。

2. 赞美要因人而异

社交的黄金法则是:别人希望你怎样对待他,你就怎样对待他。因此,赞美之前要了解对方,弄清对方希望被怎样夸奖。老年人总希望别人赞美他年轻、身体棒;对于经商的人,可赞颂他头脑灵活、生财有道;对于知识分子,可称赞他知识渊博、宁静淡泊等。

"善良不是刻意做给别人看的一件事情,它是一种自然而然的事。有时候,善良就是为了心安理得。"

——梁晓声

3. 赞美要牢记打开"追光灯"

在日常生活中,可以有意识地打开"追光灯","追光灯"一旦打开,就不要关上。当我们不断向外界打出"追光灯"时,身边的人会高兴,我们自己的生活环境也会变得更好。赞美这项沟通能力可以提升你的人际容纳度。养成给别人打开"追光灯"的习惯,就可以发现每一个人身上的优点。

(二) 批评语言技巧

批评是一门艺术,最能体现一个人的说话水平。从字面意思上看,批评有两种含义:一是广义的批评,即指出优点和缺点;二是狭义的批评,专指对缺点和错误提出意见。职场社交中的批评,侧重于后者。

1. 正确认识自己和别人,让批评变得有意义

批评别人时,首先应该对自己与别人都有一个正确的认识,同时以理解的态度去看待对方的过失,考虑一下自己在同等条件下是否也会出现过失。当你批评别人时,如果遭遇顶撞和争辩,应该先想想你的目的是什么。无意义的批评不仅会令事情变得更糟,也会让你的人际关系变差。

2. 不以高高在上的口吻去批评别人

生活中大多数人自视甚高,缺乏对自己的理性评估,不知不觉地使用居高临下的态度去申斥对方,而对方碍于面子不会主动承认错误,这时就需要双方心平气和,待关系融洽、情绪稳定时再交谈,找出问题,分析问题,达到改正错误的目的。

3. 先扬后抑,委婉地表达批评

批评他人时,要先扬后抑。先由衷地赞美对方的长处,为批评铺平道路,创建融洽和谐的交谈氛围。这样既能化解被批评者的对立情绪,使其乐于接受批评,又能达到预想效果。如:"你的演示文稿做得很美观,但是有几页需要调整一下。"

批评要建立在亲和与尊重的基础上,才容易被别人接受。批评要讲究分寸,要适度,点到为止。批评的时候音调低一点,音量小一点,语气柔和一点,让对方感受到更多的包容。

二、说服与劝慰语言技巧

说服与劝慰在日常工作中是特别常见的情景,每个人都有自己的世界观、人生观和价值观,所以有时候会出现意见分歧,甚至针尖对麦芒。为了消除误会、分歧和纷争,我们要学会说服与劝慰语言技巧。

(一) 说服语言技巧

说服就是让对方接受自己的看法,改变对方的观念、态度和行动,使之与自己的想法一致。最理想的方法是用态度、行动去感动和影响别人。

常见的说服语言技巧有:情理说服、动人心弦;艺术说服、扣人心扉;间接说服、触人心灵。

社交口才
训练(2)

1. 情理说服,动人心弦

通过讲道理的方法,用委婉、征询的口气,循循善诱地说服对方。用真情、诚信感化对方,力求产生心理共鸣。

2. 艺术说服,扣人心扉

在说服过程中,劝说对象对说服人会产生一种防范心理,尤其是在情况比较危急的场合中。所以要想使说服成功,就要消除对方的防范心理。可以采用的方法如下:善用比喻、巧借名言、嘘寒问暖、诱其说是。深入浅出地使对方心情放松,心态平和地接纳你的观点。

3. 间接说服,触人心灵

正面说服别人有一定的难度时,不妨先远离话题,与对方谈论另一件看起来与之毫不相干的事,再诱导对方归纳出其中蕴含的道理,然后由此理渐渐切入彼理,回到原来所论之处,对方只得依常理而服气。

（二）劝慰语言技巧

生活中难免会遇到不如意,送人一句暖人心的话并不难,难的是我们的意识不够。你对我十分好,我会回报你十二分。请尝试主动地关爱他人,送出十分的爱,相信你一定会获得十二分的回报。

劝慰就是通过对话改善对方心态的活动。在劝慰别人时,我们需做到"四个要":一要同情,不要怜悯;二要鼓励,不要埋怨;三要寓鼓励于安慰中;四要掌握好时机。

劝慰的技巧

年底,董建不幸在单位裁员名单之中。他郁郁寡欢,整天借酒消愁。一家人看在眼里,难受在心里,却劝慰不了。老同学周邦知道后,跟董建唠家常,说:"你看你儿女双全,嫂子贤惠,父母健在,多幸福! 他们都还指望着你呢! 你好了,他们都好;你不好,他们都难过。假如你继续这样悲观厌世下去,最终害的是谁? 你这双可爱的孩子谁来养大? 你的妻子还指望谁替她扛起家庭的半壁江山? 你的父母又由谁来赡养? 你借酒消愁,用酒精麻痹自己,你痛快了,你考虑过你这些亲人的感受了吗?"一语点醒消极之人。

（资料来源:胡蝶,《走心的劝慰》,《演讲与口才》,2019年第10期,有改动）

分析:周邦假设后果,帮董建理清消极不作为有可能带来的结果,这就像救命的精神稻草,触动他,让他重新振作起来。

三、拜访与接待语言技巧

（一）拜访语言技巧

拜访是人际交往中最基本、最常规的形式。通过拜访,人们可以交流信息、统一意见、发展友情,不能只在有求于别人的时候,才想到拜访。不同形式、不同目的的拜访中,会话语言各不相同,但在结构上存在共性。就日常拜访而言,有进门语、寒暄语、会谈语和辞别语四个部分。

社交口才
训练(3)

1. 进门语

如果是首次拜访,理应慎重。如"一直想来拜访您,今天终于如愿以偿了!""初次登门,就让您久等,真不好意思"。

若是再次拜访,表示双方关系趋向密切,可简单说"咱俩又见面了,真是高兴"。

回访是礼尚往来,要表示答谢。"上次我的事让您费心了,今天我特来向您致谢。"

礼仪拜访要表示祝贺、看望。比如:"听说您身体不舒服,今天特来看看您。"又如:"听说你比赛获奖了,我特给老同学贺喜来了。"

2. 寒暄语

在社交活动中,寒暄语带给人们的是关心、亲切的温暖之情。它是人们为了正式交谈所进行的一种感情铺垫。好的寒暄可以为后面的交谈创造好的氛围,它是交谈双方沟通情感必不可少的桥梁。那么如何说好寒暄语呢? 要弄清三点。

小贴士

"言有浮于其意,而意有不尽于其言。"

——苏轼

(1) 说什么。要尽量寻找双方的共同点,也就是双方都感兴趣的话题,尤其是对方感兴趣的话题。如对方喜欢音乐,你不妨与他谈谈流行歌曲、歌唱家等。

案例分析

幽默的寒暄

一次,俞敏洪参加访谈,主持人对俞敏洪说:"我记得你以前说过,你不想做一棵小草,你要做一棵树。我就在想,说你像一棵松树吧,你没有那么严肃,说你是一棵柳树吧,你的腰身也没有那么婀娜。请问俞敏洪先生,你觉得自己是一棵什么样的树呢?"一席话把俞敏洪逗乐了,他也幽默地说:"哈哈,不管是什么树,只要这棵树能长在您身边,那就是一棵好树。"一场轻松愉快的访谈开始了。

(资料来源:刘雪梅,《怎样把话说近》,《演讲与口才》,2019 年第 11 期)

分析:主持人善于与人沟通交流,这次对话巧妙地从对方熟知的话题"是一棵什么树"讲起,营造了一种轻松、愉悦的谈话氛围。

(2) 怎么说。可采用问候或夸赞的方式。问候式的寒暄多由问候语组成。拜访时根据不同的对象、场合、时间进行不同的问候。如夏天可问"热不热?"拜访教师可问"课多吗?"

夸赞就是给人以赞美。如"这套衣服很合身,也符合您的气质""你的发型真好看,显得你更年轻了"。夸赞式的寒暄极易创造一种愉快和谐的气氛。

(3) 不能说什么。寒暄内容一定要符合习惯,避免犯禁忌,令别人不悦的话题避免提及。不问年龄、不问婚姻、收入和工作。

3. 会谈语

一番寒暄之后,要尽快进入主题,以免耽误主人过多的时间。在拜访中应注意几个方面。首先,节制时间,拜访目的明确。一般来说,交谈的时间以半个小时为宜,以免耽误主人的时间。所以,主客寒暄后,客人应选择适当的时间,言简意赅地说明来意。其次,节制音量。客人谈话应降低音量,保持适度,避免无所顾忌地高谈阔论,搅乱主人及其家属安静的生活,引起他们的反感。最后,要注意体态语。人们常说,"听其言,还需观其行"。作为客人应举止文明,避免手舞足蹈等不雅动作。

4. 辞别语

辞别语的使用要注意以下几点：首先，同进门语相呼应。如礼仪性拜访，进门语可说："初次登门，就劳驾您久等，真不好意思。"辞别语可说："今天初次拜访，十分感谢您为我花了这么多时间。"其次，表示感谢，请主人留步。如："十分感谢您的盛情款待，再见！"

(二) 接待语言技巧

古人云："人无礼不立，事无礼不成，国无礼不宁。以礼治国，以礼服人，礼兴人和，谦恭礼让。"在社交中，接待来访客人是一门艺术。

1. 接待语言技巧

接待来访客人讲究热情、周到，礼貌待客会赢得客人的尊敬。如果不注意待客礼节，就会使客人不悦，甚至因此关系恶化。

(1) 热情迎客。中国是礼仪之邦，接待客人要热情，尽快弄清来访者的意图，对来访者的进门语做礼貌、热情的应答。作为主人要尽量顺应客人心愿，给客人以愉快的感受。

(2) 要诚心待客。与客人交谈时，态度要真诚，要因人而异。接待的最后一环节是礼貌送客。客人如要离去，先要诚恳挽留，如"时间还早，再坐会儿"；如客人执意要走，则不必强留。送客人要送到门外并说些告别语，如"您慢走""欢迎再来"等等。

(3) 礼貌送客。送别客人后不要急于回转，客人请主人留步后，主人要目送客人走远，招手再见后再回转。送别客人回屋时，关门的声音要轻，否则客人听到易产生误会。

2. 接待注意事项

(1) 交谈要真诚。礼貌是尊重他人的情感的外露，是谈话双方心心相印的导线。如售票员每次出车总是"请"字当先，"谢"字结尾。如"请哪位同志让个座，照顾一下这位抱婴儿的女同志"。有人让座后，他便立即向让座者说："谢谢。"这样，整个车厢的乘客都能感到温暖，气氛和谐，在他的感染下，无人吵架、抢座。

(2) 语速、音量要适中。如对老年人说话语速较慢、音量较大较合适，这样能使对方产生被人尊敬的喜悦感。与同龄人交谈，讲究语速快慢适中。

(3) 遣词用句要因人而异。针对不同气质和性格的人，应采取不同的谈话方式。

(4) 倾听要用心。谈话时，应善于运用表情、插语和感叹词。如微微一笑、赞同地点头等，都会使谈话更加融洽。切忌左顾右盼、心不在焉，或不时地看手表、伸懒腰等。

职场社交口才训练应遵循的原则如下。① 赞美语言技巧：要翔实具体，要因人而异，要打"追光灯"。② 批评语言技巧：让批评变得有意义，不以高高在上的口吻批评别人，先扬后抑，委婉地表达批评。③ 说服语言技巧：情理说服动人心弦，艺术说服扣人心扉，间接说服触人心灵。④ 劝慰语言技巧：要同情，不要怜悯；要鼓励，不要埋怨；要鼓励与安慰；要掌握好时机。⑤ 拜访与接待语言技巧：要真诚，语速音量要控制，倾听要用心。

实践应用角

作为学习者,我们需要将从"知识充电站"获得的新知,在真实案例的分析解读中"激活";在角色扮演中知晓职场社交中赞美语言技巧的重要性,它可以让你成为一个受欢迎的人;更需要在真实的任务情境中实践应用,只有将获得的新知与技能融入社交实训任务,我们才能真正掌握社交口才的要领。

在共学单的三个"活动"中,设有进阶性的活动内容,具体如下:

有思,活动一——案例分析;

有辨,活动二——角色扮演;

有行,活动三——完成职场社交模拟训练的应用。

> **小贴士**
>
> "诚者,天之道也;诚之者,人之道也。诚者不勉而中,不思而得,从容中道,圣人也,诚之者,择善而固执之者也。"
>
> ——《中庸》

活 动

共 学 单
(学习改变思维 训练改变行为)

表 3-2-3 案例分析活动

活动一:案例分析	
活动内容	**巧用赞美,让员工的能力得到最大发挥** 　　王刚是一家软件公司的程序员,他的编程能力在全公司所有人员之上。然而,王刚尽管天赋异禀,在工作过程中却并不努力,工作绩效远逊于其他编程技术不如他的同事。 　　一次,公司与外部某集团达成了项目合作,他们需要 24 小时不间断地维护网站访问的稳定性。部门主管召集所有程序员开会和分工协作,把现有人员分成 2 个组,白天和晚上轮流值守数据,遇上问题及时修复,以保证系统的稳定。 　　当主管安排王刚的时候,他公开持反对意见,并称自己不会上夜班。为此,主管苦恼万分。因为王刚的能力是最强的,他一个人值夜班可以抵得过好几个人。 　　还有一次,公司要开发一款新应用,但是时间有限,主管希望全员加班,能够按时完成该应用的发布。这时,王刚又因为不愿意加班导致发布会延期。最后,经高层研究决定,把王刚辞退。领导一致认为他虽然有能力,但是甘于平庸,工作不积极、不努力,给公司也带来不了太大的帮助。 　　事后,有人问起王刚,为何有着超于常人的能力却不好好利用,王刚说:"我没觉得自己在公司跟其他同事有什么不一样啊,领导也从未夸奖过我。" 　　不久,王刚应聘到了另一家企业,在极短的时间内,攻克了一个又一个难关,最后为企业扭转乾坤,在市场上赢得了不错的口碑。究其原因,只是在后面这家	**社会角色** 立足 职业岗位 服务 国家社会

续　表

	活动一：案例分析	
活动内容	企业中,老板经常赞美王刚罢了。 　　　　　　　　(资料来源:《巧用赞美,让员工的能力得到最大发挥》,有改动) **思考问题:** 　　1. 这个案例对你的人际交往有什么启示? 　　2. 阅读《最高明的说服》,想想你和大家交流时,可以用哪些人际交往中的语言技巧。请梳理思路,条理清晰地表达。	**个体角色** 以诚相待 文明和谐
活动实施	1. 小组讨论分析案例。 　　个人:分析案例,体悟案例中人际交往的可取之处。 　　小组:倾听交流(注意倾听、表达的礼仪)。 2. 小组将讨论意见汇总,录制讨论过程,上传至课程平台"主题讨论"或"班级群"。 3. 参与课程平台主题讨论。 4. 也可汇总意见后,采用小组现场汇报的形式进行汇报。	信息处理 能力 团队合作 能力 口头表达 能力
考核评价	**方式一(线上考核评价):** 1. 参与"主题讨论"活动时获取课程积分,还可在课程分数权重项设置中获得"讨论"项分值。 2. 主题讨论词云投屏,教师点评。 **方式二(线下考核评价):** 1. 小组现场汇报后,互评、教师点评。 2. 填写活动评价表。	

说明: 1. 活动时长 30 分钟,分值 20 分,教师可根据实际调整。
　　　2. 可根据实际选择活动形式。
　　　3. 可根据活动形式调整考核评价方式。

表 3-2-4　赞美语言技巧角色扮演活动

	活动二：赞美语言技巧角色扮演训练	
活动内容	**背景与情境:** 　　如果你是部门经理,你的一名下属工作很勤奋努力,业绩也很好,你会怎样赞美他?	**个体角色** 以诚相待 文明和谐
活动实施	1. 各小组根据活动背景,思考如何赞美员工。 2. 小组内分角色进行社交活动演练,分别扮演经理与员工,组内模拟完成赞美任务。 3. 小组录制面试过程,上传至课程平台"分组任务"中。 4. 也可采用小组现场汇报的形式进行汇报。	信息处理 能力 团队合作 能力 口头表达 能力
考核评价	**方式一(线上考核评价):** 1. 参与"分组任务"活动时,根据评价标准,进行组内互评和组间互评。 2. 教师整体点评。	

活动二：赞美语言技巧角色扮演训练		
考核评价	方式二(线下考核评价)： 1. 小组现场汇报后,互评、教师点评。 2. 填写活动评价表。	

说明：1. 活动时长 20 分钟,分值 20 分,小组汇报可适当延长活动时间,教师可根据实际进行调整。
　　　2. 可根据实际选择活动形式。
　　　3. 可根据活动形式调整考核评价方式。

表 3-2-5　完成社交模拟训练活动

活动三：完成社交模拟训练		
活动内容	**背景与情境：** 　　如果你是一名实习生,在完成水果销售任务时,其他员工都比较配合,帮助你完成任务,但也有部分员工口出怨言,说你是瞎折腾。你会如何与他们进行沟通?	解决问题
活动实施	1. 小组成员头脑风暴,分组讨论工作中遇到的情况。 2. 运用社交语言技巧,以小组为单位,合理想象并设计具体的实施方案,制作情景模拟沟通脚本。 3. 分组进行情景模拟演练。 4. 自我评价任务的完成情况和收获体验。 5. 小组互评、教师评价。主要对各组任务的实施的目标、过程和效果进行评判,肯定成绩,提出建议,指导做进一步的总结和改进。	信息处理 能力 解决问题 能力 团队合作 能力
考核评价	教师根据社交模拟训练活动表现,填写活动评价表。	

说明：1. 活动时长 20 分钟,分值 20 分,教师可根据实际调整。
　　　2. 可根据实际调整活动形式。
　　　3. 可根据活动形式调整考核评价方式。

社交口才训练评价表

班级：　　　　　姓名：　　　　　日期：　　　年　　月　　日

表 3-2-6　社交口才训练评价表

项目	评价标准	分值	学生 自评 (30%)	小组 互评 (30%)	教师 评价 (40%)	小计
素养培养	能以专注的态度参与实训活动,在实训活动中态度积极,善于合作,能与合作成员良好沟通	10				

续　表

项　目	评 价 标 准	分值	学生自评(30%)	小组互评(30%)	教师评价(40%)	小计
素养培养	在实训过程中表现出以诚相待、爱岗敬业、文明礼貌的职业品质	10				
	能够结合社交口才训练的技巧,认识到社交口才在职场中的重要性,运用社交语言技巧的意识强	10				
知识应用	在小组活动中能够准确陈述社交语言的技巧	10				
	在班级陈述中能够正确运用社交口才的理论知识陈述本组观点	10				
能力提升	能够将所学的社交语言技巧运用到实训任务中,学以致用	10				
	能结合具体的社交场合,运用社交语言技巧进行沟通交流	10				
项目成果展示	能够独立完成不同场合中的社交任务,在活动中能主动发现问题,找到解决问题的办法	10				
	在活动汇报中语言设计合理,形式丰富,效果好	10				
	项目成果能与职业精神紧密结合,体现以诚相待、爱岗敬业、文明礼貌的职业品质	10				
合计		100				

 自测袋袋库

　　学习者如何评价自己的学习效果?"评估"可以促进自身反思与深化学习,通过评估让自己成为有能力、有责任、有反思精神的学习者。

评估:测测
你的职场
社交口才
能力

续 学 单

（学习改变思维 训练改变行为）

表 3 - 2 - 7 续 学 单

序号	续学内容	必做要求	拓展要求	评价(15%)	备注
1	知识测试：高阶测验	线上课程平台完成	查找线上同类课程相关内容，进行练习	线上平台评价。可与预学单的达标测验对比，由老师进行评价	必做
2	能力实操：社交口才模拟训练	继续完成活动三社交口才模拟训练任务	阅读脱不花《LINK UP 沟通的方法》，拓展职场社交口才技能	完成评价表中的小组自评，小组互评项目。依据拓展内容完成情况，由老师进行增值性评价	必做
3	拓展提升：归纳总结社交语言规律	搜集不同场合中的社交口才案例。班级学委汇总提交	整理汇编成班级喜爱的案例库目录	依据归纳总结的社交语言规律，老师视班级编辑情况与水准，予以总结性点评	必做

说明：1. 本次续学内容由个人完成。
2. 评价占比 10%（1 项占 5%，2 项成绩记在活动三，3 项占 5%）。

评价要项占比及分值(参考)

表 3 - 2 - 8 评价要项占比及分值(参考)

要项	签到(5%)	预学单(15%)	共学单(60%)	评估(10%)	续学单(10%)	备 注
分值	5分	15分(3项)	60分(3项)	10分	10分(2项)	

任务三　会议口才训练

——让"我"以精益之心达圆满之意

指导表

表 3-3-1　"四环三单"学习指导表

项目名称		项目三　职场基础口才训练		任务名称	任务三　会议口才训练
学习过程 四个环节	目标	素质目标	1. 激发自我展示的意识,培养勇于挑战的劳动精神 2. 养成求真务实、团队合作的职业品质 3. 懂得在会议发言中要以精益之心达圆满之意		
		知识目标	1. 了解会议发言五字口诀 2. 掌握会议主持的基本技巧知识		
		能力目标	1. 能够运用会议发言的语言表达技巧,完成一场专题会议的发言 2. 能够运用会议主持的语言表达技巧,比较轻松从容地完成一场专题会议的主持		
	任务	任务描述	背景与情境:假如你是校企合作企业即将上岗的实习生,请利用本次课所学的知识,完成会议主持情景模拟演练		
		预学单	1. 阅读"知识充电站"或观看线上课程视频(2选1) 2. 阅读会议口才技巧文稿或视频(2选1) 3. 搜集真实职场会议发言和主持资料(必做)		
	活动	共学单	1. 案例分析——激活深化		
			2. 情景模拟——强化理解		
			3. 完成会议主持模拟训练——迁移应用		
	评估	自我评估	测测你在职场会议中的口才		
		续学单	1. 知识测试 2. 能力实操 3. 拓展提升		

目 标

学会会议发言和会议主持的技巧

会议是工作中一种非常有效的沟通手段，每一位职场人士在工作过程中，都需要参加或主持各种会议。想要成为一名职场达人，绝不能满足于"把话说对"，而是要"把话说好"，通过会上表现，可彰显职场形象，有助我们脱颖而出。业务能力和表达能力如同职场人的两条腿。两条腿彼此支撑、交替向前，才能在职业道路上走得快、走得远。

通过运用职场会议发言和主持技巧，结合会议主题恰当运用，在特定背景与情境的学习和训练中，你将能够实现下列目标。

素质目标：通过学习职场会议口才技巧的相关知识与技能，激发自我展示的意识，培养勇于挑战的劳动精神；养成求真务实、团队合作的职业品质；懂得在会议发言中要以精益之心达圆满之意。

知识目标：通过学习职场会议口才技巧的相关知识，能够叙述会议发言和会议主持的基本技巧等。

能力目标：通过案例分析、情景模拟完成专题会议发言三活动的训练应用，培养运用会议口才的技巧，完成一场专题会议的发言。

任 务

完成一场专题会议的发言

如果领导让你在会议过程中汇报发言，或是让你去主持一个工作会议，你必须明确以下问题：

1. 我该怎样搭建我的发言框架？
2. 怎样做才能让我的发言吸引观众？
3. 做哪些准备才能取得良好的主持效果？
4. 怎样做才能快速提升我的主持能力？

 小贴士

"能用众力，则无敌于天下矣。能用众智，则无畏于圣人矣。"

——《三国志》

预 学 单
（学习改变思维　训练改变行为）

表 3-3-2　预 学 单

序号	预学内容	预学要求	拓展要求	评价(15%)	备注
1	阅读"知识充电站"	运用思维导图整理知识要点,完成线上达标测验	思考从阅读中收获了什么	课程平台评价。依据问答评价	2选1
2	观看线上课程视频	结合视频内容提出你最关注的一个问题。完成线上达标测验	可以在关注的问题后面附上原因	课程平台评价。依据问答由老师进行评价	
3	阅读文稿《发言——从零开始高效沟通》	结合阅读的内容,谈谈在会议口才方面对你有什么启发	可以在阅读启发后附上自己的一些感想和体会	依据每一位同学总结的启发内容和感想体会,由老师进行评价	2选1
4	观看视频《一次规范的党委会》	以精益之心,达圆满之意,在视频中是如何体现的? 摘录2~3处对你有启发的内容	中国青年的求真务实、精益求精的职业精神怎样体现? 整理 200 字左右的文字资料	依据每一位同学回答的问题质量,由老师进行评价	
5	搜集真实职场会议发言和主持资料	选择一个最具代表性的推荐给你所在的学习小组,上传课程教学平台	可附上推荐理由	依据每一位同学上传的资料质量及推荐理由,由老师进行评价	必做

说明：1. 本次预学内容由学生个人完成(可以是其中的一项或几项)。
　　　2. 评价占比 15%(3 项各占 5%),评价方式依学习方式定。

 知识充电站

　　知识是能力形成的基础,学习应知应备的内容,是提高能力训练效果的重要前提。通过"知识充电站"明晰了会议发言和会议主持的技巧。

一、会议发言技巧

　　会议是职场生活的重要组成部分,在职场中工作,就少不了参会发言。一场出色的会议发言,不仅是发言人自信的展示,也是一场思想观点的表达与分享。如果不能精准表达,不仅浪费了自己和对方的时间和精力,同时也在消耗着自己的"个人品牌形象"。因此,须掌握会议发言五字口诀,让自己的会议发言得体、精彩。

（一）客——客气

在开会发言时,首先应该说一些客套话做好发言铺垫。一方面表示礼貌,另一方面可以帮助自己缓解紧张情绪。

讲好客气话,有以下四种常用的语言技巧。

1. 问好

发言时,首先要向参会人员打招呼,表示礼貌。如"各位领导、同事,大家好!"

2. 感谢

要向在场的领导和同事表达谢意:"感谢领导给我发言的机会!""感谢伙伴们的群策群力!"这体现了对他人的尊重。

3. 肯定

简要重复一下别人的发言要点:"刚才大家谈到了……给我带来很多启发。"或者"我概括一下刚才大家发表的意见……对此我非常认同"。对之前的发言表示肯定,表明了认真聆听的姿态,也说明自己与大家同心同德。

在肯定他人发言时,要尽量做到详细具体,如观点新颖、思路清晰、内容丰富、语言生动等,这些具体的肯定可以让我们的态度显得更加真诚。

观点不一致时的肯定技巧

如果你的观点和前面发言人的不一致,也要肯定。

方法1:巧用"角度"一词。如"刚才××同志从××角度谈了如何提高销售业绩的看法,思路很清晰,我深受启发。接下来,我从另外一个角度来谈谈我对这个问题的理解。"

方法2:肯定对方讲话中的某个点,而不是整个讲话内容。如"刚才××同志在讲话中提到,要想提高销售业绩,需要注意一个前提,那就是做好市场分析,对于这个观点我完全赞同,下面,我从另外一个方面来谈谈自己的看法。"

4. 自谦

在领导、同事面前姿态放低一些,有助于塑造谦虚好学的职业形象。如果自己是第一个发言者,可以说:"下面我抛砖引玉,请大家多批评指正!"如果在别人后面发言,可以说:"我简单谈一下自己的看法,不对的地方还请领导和同事们指正!"

（二）问——设问

在会议发言中,我们可以借助设问来达到锁定观点、吸引注意、承上启下的目的。

在提问时,我们可以自我设问,也可以和听众进行互动提问。如"我为什么会谈这个问题?""大家了解过这种观点吗?"

（三）观——观点

在会议发言中，要想让听众对发言观点记忆深刻，有两种方法可以参考。

1. 直接亮明观点

发言时，为了避免发言跑题、词不达意等尴尬情况，在阐述观点时要尽量做到简单、直接，不要赘述，便于听众理解。

2. 清晰表达观点

在表达观点时，可以提炼核心语句，把长句变短句，越短越好，以减轻听众的记忆负担；也可以直接借用名人名言、经典诗句、热点词汇。因为名人名言、经典诗句、热点词汇等本身就具备很强的传播性，大家耳熟能详，把它们作为观点，自然能够增加听众的记忆黏性。如，习近平总书记曾以"雄关漫道真如铁""人间正道是沧桑""长风破浪会有时"来概括中华民族的昨天、今天、明天，引发了听众的沉思，让人印象深刻。

（四）论——论述

提出观点后，接下来就要论证观点。论证观点的技巧是"黄金三点论"，"黄金三点论"是得到广泛认可的职场表达架构。其核心思想是一个观点如果能够从三个方面来阐述，就具备了完整性和系统性，且更加易于被识记，这就是"凡事成三"原则。

"凡事成三"并不只能是三点，而是提倡对信息进行整合和简化。在运用"黄金三点论"来发言论述时，有三个注意事项：一是要尽量运用第一、第二、第三等序数词；二是尽量在首句提炼中心思想；三是观点之间必须有内在的逻辑关系。

（五）总——总结

为了加深听众的记忆，在会议发言总结中，一般应重述观点、首尾呼应，有时还可以根据会议实际来表明态度、承诺行动。如以下几种。

表达感受：此时此刻，我感到充满信心……

概括共识：刚才大家决定……

表明态度：我非常赞同大家的观点，同时我想再补充几点……

承诺行动：我将坚决落实会议形成的决议，从以下几个方面展开工作……

二、会议主持技巧

在工作、生活中，以交流信息、沟通关系为目的而召开的年会、商会、工作例会、班组讨论会、联谊会和文艺晚会等都少不了主持人的"穿针引线"。可以说，无论什么会议，主持人都是不可缺少的关键人。因此，主持和引导会议议程，保障会议达到预期目标，是每一位职场达人必须具备的职场能力。

会议口才
训练

如何主持好一场会议呢？主持人只有掌握开场、串联、结尾、控场的技巧，才能掌控会议进程，取得会议实效。

（一）开场

会议开始后的前五分钟非常宝贵。在这段时间里，主持人应采用"开、重、人、议、请"五种语言技巧，为整个会议定下基调，让与会者迅速明确会议目标、程序和要求。

开,是打招呼、欢迎、点题;重,是说明会议召开的背景、重要性,明确会议的目标;人,是介绍参加会议的人员;议,是约定会议流程、规定会议时间、强调会议纪律等;请,是邀请发言人进行发言。

如何介绍参会人员? 首先,主持人在介绍参会人员时,应根据不同的场合、不同的活动,采用恰当的介绍方式。一般的会议场合,只需要介绍职务即可。而特邀某位领导或专家来进行指导时,就需要详细介绍其职务、职称、代表成果等。其次,主持人在介绍参会人员时,不能只顾着介绍领导,对其他参与人员也要依次介绍。

(二) 串联

串联词是主持人组织、串联各个会议议程的话语,在整个主持中起着承接上一个议题、开启下一个议题的重要作用,是联系会议议程和与会人员的手段和途径,也是实现会议效果的关键因素。

主持人常用的串联词语言技巧有三个,一是对发言人的发言表示感谢,二是概括、点评发言人的发言内容,三是礼貌邀请下一位发言人。主持人如何做好串联? 需掌握以下三个串联词语言技巧。

首先,提前做好功课,充分了解活动的整体流程以及嘉宾的信息,必要的时候可以提前跟嘉宾进行沟通。

其次,提前准备串词,并背下来。最关键的是,开场词一定要背到烂熟于心,因为最紧张的部分就是开场,在开场的时候主持人是全场的焦点,直到嘉宾出场之后,观众才会把注意力转移到嘉宾身上。

最后,在编写串联词的时候,要务必保证串联词的内容和会议主题相契合,可以在串联词中加入提问、分享、幽默等语言技巧,来调节会场气氛,保证会议有序进行。

(三) 结尾

一般而言,在会议即将结束时,主持人要有效利用最后的时间,对会议成果进行总结确认,一般包括四个语言技巧:总、启、希、结。

1. 总——总结

主持人需要总结回顾会议达成的共识和作出的决策:"今天我们达成了以下共识……"让与会者增加印象,掌握会议精神。

2. 启——启发

主持人可以简单提炼参加会议的收获和启发。

3. 希——希望

主持人需要明确会后各项决议的执行方案,落实每个事项的责任人与责任分工、完成目标的最终时间节点、关键事项的检查节点等。

4. 结——结束

主持人需要安排未尽事宜的处理方式,如是否需要提请更高层次领导决策等。如有必要,主持人宣布下一次会议的目标、时间及地点,并结束会议。

（四）控场

主持一场会议难免会遇到一些意想不到的问题或突发情况，作为主持人要随机应变，灵活处理。如遇到会议冷场，可以运用点将法、激将法、提问法、抛砖引玉法等，引导与会者积极发言；遇到会议中的突发情况，可以采用自嘲法、借言法、反推法等，化解难题或尴尬局面。

主持人在会议中要做到"三掌控"，才能掌控会议节奏，让会议顺利进行。

1. 掌控时间

（1）掌控会议时间。主持人需要对会议时间做整体把控，争取按时开始、按时结束。

（2）控制议题时间。当一个议题未能达成结论但讨论时间已到时，除非该议题的成果会影响后面的进程，否则应暂时搁置，避免占用其他议题的时间。

（3）控制发言时间。主持人对每个发言人的发言时间应有大致的时间限制。对于喋喋不休者，主持人可以直接提醒："发言时间到！"也可以委婉地表示："我们先听听别人的想法好吗？"

2. 掌控秩序

（1）保证完整表达思想。在别人没有结束发言之前，任何人都不得插话、打断，保证每个人都能完整地表达自己的思想。

（2）保证尊重他人意见。每个人都有表达观点的权利，任何人都不能凭借职位或经验压制他人；鼓励不同思想观点的交锋，但不得进行人身攻击。

（3）保证发言机会平等。主持人需观察在场人员的发言状况，鼓励沉默的与会者发言，保证所有人拥有公平的发言机会。

3. 掌控方向

（1）保证内容切题。当与会者的发言内容与会议主题不相干时，主持人应及时介入："你说的这个问题很重要，不过不属于今天的议题范畴，可以在会下讨论吗？"如果是有意义的话题，主持人可以先记录下来，待正式议题结束后，再安排时间讨论。

（2）避免内容琐碎。当发言或讨论涉及的内容陷入琐碎细节，甚至与主题无关时，主持人需要提醒与会者回到核心主题上来。

（3）避免情绪失控。一旦与会者情绪失控出现争吵，主持人应当立即进行制止，必要时可以宣布休息几分钟，以便相关人员将情绪稳定下来。

职场上的机会总是留给有准备的人。与其羡慕别人，不如通过日常练习，让自己保持头脑清醒、判断准确、思维敏捷、反应灵活，只有这样，才能在会议主持的时候做到随机应变、应对得体。

实践应用角

作为学习者，我们需要将从"知识充电站"获得的新知，在真实会议案例的分析中"激活"；在情景模拟中知晓会议口才应具有独特的风格；更需要在真实的任务情境中实践应用,只有将获得的新知与技能融入特定的职场会议任务,我们才能真正掌握会议口才的本领。

在共学单的三个"活动"中,设有进阶性的活动内容,具体如下:

有思,活动一——案例分析;

有辨,活动二——情景模拟;

有行,活动三——完成会议主持模拟训练的应用。

小贴士

"大学之道,在明明德,在亲民,在止于至善。"

——《大学》

活 动

共 学 单
(学习改变思维　训练改变行为)

表3-3-3　案例分析活动

活动一:案例分析	
活动内容	**在集团工作部署会议上的讲话** 各位同人: 　　大家好！今天是我们春节过后上班的第一天,也是集团中高管及集团地产板块直管干部的第一次会议。首先,给大家拜个晚年,祝大家在新的一年里身体健康,工作顺利。刚才总经理对2020年地产板块的工作进行了简单总结,肯定了大家的共同努力,我们取得了不错的成绩。同时,总经理也对今年的工作进行了部署,希望各公司、各部门按计划认真落实。下面我再给大家提几点希望和要求。 　　一、要提高站位,增强全局意识 　　在座的各位都是公司的中流砥柱,是公司发展的脊梁,是公司的风向标、先锋队。所以我们的站位要高,要有全局观念,在作出决策前,一定要考虑所做出的决策是不是站在公司的角度、是不是从经营者的角度出发的。同时我们还要有成本意识、经营意识,不论是销售、财务、工程、招采还是前期,都要多沟通多交流,综合考虑,算综合账,不能只考虑本部门得失,要以公司盈利为最终目的。木桶理论相信各位都知道,希望大家能把"家"当好,把能赚的钱应赚尽赚,把能省的钱应省尽省。 　　二、发挥"捞过界"的精神,相互补台不拆台 　　我们是一个集体、一个团队,每个人、每个部门的工作都不是独立存在的,部门之间要相互支持,积极配合,要有补位意识、主动意识,发现问题或有不同意见要及时沟通或向上级领导汇报,不能踢皮球,更不能事不关己高高挂起。 　　三、讲里子不讲面子,敢于自我否定 　　民营企业最大的特点就是灵活,错了就要及时纠正,而不是为了所谓的面子一错到底,民营企业不讲面子,只讲业绩。大家要敢于批评与自我批评,敢于否定自己。只要干工作都会犯错误,错了不可怕也不丢人,只要一心向好,发现错误及时反思改正,避免下回再犯就可以了。	**社会角色** 立足 职业岗位 服务 国家社会 **个体角色** 追求 精益之心 圆满之意

续　表

活动一：案例分析	
活动内容	四、公司要为想干事、能干事、会干事、干净干事的人创造平台 　　各公司、各部门的一把手要根据需求，合理优化岗位，要少用人，用好人；要坚决杜绝官僚主义、不作为行为，为想干事、能干事、会干事、干净干事的人创造平台。在审批文件或自动化办公流程中要认真审阅，每个人都要对"同意"两个字负责，要真正弄清楚事情的来龙去脉，权衡利弊之后，才能点"同意"两字，有不同意见要直接提出来。 　　五、集团要营造极度公开、极度透明、极度开放的工作氛围 　　开诚布公地亮出你的观点和不同意见，有话直说，不绕弯子，不兜圈子，不捂盖子，不站在自己的角度去猜测别人的意图，也不要猜测领导意图和喜好，要以更加职业化的身份和角色，从专业的角度拿意见、作决策。 　　六、管理者要有担当、敢担当、会担当、真担当 　　作为管理者首先要有担当，同时也要提升解决问题的能力。遇到问题和困难不逃避、不回避，是有担当、敢担当；积极寻求解决问题的办法和资源，想方设法把事办成，是会担当、真担当。 　　七、发挥各职能部门的职责，加大监管力度 　　监督不等于不信任，信任不代表不监督。要发挥好职能部门和审计监察部门的监督作用，加大监管力度，发现问题及时纠偏，同时要通过问题看本质，追根溯源，从根本上解决问题。各位都是各个领域的专家，专业的事你们最有发言权，也最能发现漏洞，要及时堵漏，避免不必要的损失。 　　八、要精打细算，养成过紧日子的习惯 　　大的政策、大的环境对地产行业非常不利，房地产已经到了微利时代，我们要想生存，就得精打细算，要算小账、算细账。营销部门不仅要快速把房子卖出去，还要想方设法快速把钱收回来，要站在集团的高度，考虑资金占用成本。 　　九、汇报工作要原汁原味，向上传递信息要真实 　　因为每个人的眼界不一样，资源不一样，理解不一样，所以看待问题的角度、解决问题的方向、作出的决策就不一样。这就要求我们汇报工作时要原汁原味地汇报，要还原最真实的情况，不要加入自己的理解，等汇报完毕后，再阐述自己的看法。领导听完了，可能和你看法不一样，可以再交流意见，交流的过程中也是相互取长补短、相互进步的过程。 　　十、厘清集团和项目公司的关系 　　在组织结构上，集团是项目公司的上级部门，但是从根本上来讲，集团更是管理部门、服务部门，项目公司不要依赖集团，不要等、靠、要，要有自驱力，要充分发挥项目公司的能动性。项目公司是发动机，要推着集团走，寻求集团的专业支持，而不是等着让集团拉着走。 　　十一、提升职业化程度 　　在工作中，对待同一个问题难免会有不同的声音，我们鼓励不同的声音，但是这个不同的声音一定基于职业角色的不同，基于专业的不同，而不是夹杂个人情绪、破坏内部团结。 　　最后，希望大家能够积极建言献策，多提宝贵意见和建议。 　　相信在新的一年里，在我们的共同努力下，集团的管理水平和经营水平一定能够再上新台阶。 　　谢谢大家！ 　　　　　　（资料来源：张泽辉，《在集团工作部署会议上的讲话》，有改动） **思考问题：** 　　1. 这篇会议发言稿在结构和内容方面有什么可取之处？ 　　2. 观看《国家电网：一次规范的党委会》，你想和大家交流什么？梳理思路，条理清晰地表达。

续 表

活动一：案例分析		
活动实施	1. 小组讨论分析案例。 　个人：分析会议发言的思路，体悟发言者的发言思路。 　小组：倾听交流(注意倾听、表达的礼仪)。 2. 小组将讨论意见汇总，录制讨论过程，上传至课程平台"分组任务"。 3. 参与课程平台分组任务。 4. 也可汇总意见后，采用小组现场汇报的形式进行汇报。	信息处理能力 团队合作能力 口头表达能力
考核评价	方式一(线上考核评价)： 1. 参与"分组任务"活动时获取课程积分，实施多元评价。 2. 教师综合点评。 方式二(线下考核评价)： 1. 小组现场汇报后，互评、教师点评。 2. 填写活动评价表。	

说明：1. 活动时长 30 分钟，分值 20 分，教师可根据实际进行调整。
　　　2. 可根据实际选择活动形式。
　　　3. 可根据活动形式调整考核评价方式。

表 3 - 3 - 4　会议模拟训练活动

活动二：会议模拟训练		
活动内容	通过会议模拟训练，了解会议流程和组织实施过程，提升会议发言能力。	个体角色 求真务实 精益求精
活动实施	1. 各小组根据会议发言 5 字口诀和实习岗位要求，围绕会议主题"中秋节营销活动策划"，准备会议发言材料。 2. 小组内分角色进行会议演练，一人主持，其余人员列席。 3. 小组录制会议过程，上传至课程平台"分组任务"中。 4. 参与课程平台分组任务。 5. 也可汇总意见后，采用小组现场汇报的形式。	信息处理能力 团队合作能力 口头表达能力
考核评价	方式一(线上考核评价)： 1. 参与"分组任务"活动时，根据评价标准，进行组内互评和组间互评。 2. 教师整体点评。 方式二(线下考核评价)： 1. 小组现场汇报后，互评、教师点评。 2. 填写活动评价表。	

说明：1. 活动时长 20 分钟，分值 20 分，小组汇报可适当延长活动时间，教师可根据实际进行调整。
　　　2. 可根据实际选择活动形式。
　　　3. 可根据活动形式调整考核评价方式。

表 3 - 3 - 5 完成会议主持模拟训练活动

活动三：完成会议主持模拟训练		
活动内容	**背景与情境：** 　　假如你是即将上岗的实习生，请你利用本次课所学的知识，完成"中秋节促销活动"会议主持演练。	解决问题
活动实施	1. 小组成员头脑风暴。 2. 结合"中秋节促销活动"主题，运用会议主持语言技巧，准备主持稿。 3. 设计互动，模拟主持流程。 4. 上台主持展示。 5. 组间观察评价，指出主持人在主持过程中存在的问题以及解决办法。	信息处理 能力 团队合作 能力 口头表达 能力
考核评价	教师根据模拟会议主持汇报活动表现，填写活动评价表。	

说明：1. 活动时长 20 分钟，分值 20 分，教师可根据实际进行调整。
　　　2. 可根据实际调整活动形式。
　　　3. 可根据活动形式调整考核评价方式。

会议口才训练评价表

班级：　　　　　姓名：　　　　　日期：　　　年　　月　　日

表 3 - 3 - 6 会议口才训练评价表

项目	评价标准	分值	学生自评(30%)	小组互评(30%)	教师评价(40%)	小计
素养培养	能以专注的态度参与实训活动，在实训活动中态度积极，善于合作，能与合作成员良好沟通	10				
	在实训过程中表现出爱岗敬业、文明礼貌的职业品质，要以精益之心达圆满之意	10				
	能够结合会议口才训练的技巧，认识到会议口才在职场会议中的重要性，合理会议发言或主持的意识强	10				
知识应用	在小组活动中能够准确陈述会议发言或主持的技巧	10				
	在班级陈述中能够正确运用会议口才的理论知识陈述本组观点	10				

续　表

项目	评价标准	分值	学生自评（30%）	小组互评（30%）	教师评价（40%）	小计
能力提升	能够将所学的会议语言技巧运用到实训任务中,学以致用	10				
	结合具体的会议活动,运用会议语言技巧对的会议角色进行分析,合理设计会议发言或主持	10				
项目成果展示	能够独立完成会议发言或主持的任务,在活动中能主动发现问题,找到解决问题的办法	10				
	在活动汇报中会议语言设计合理,形式丰富,效果好	10				
	项目成果能与职业精神紧密结合,体现爱岗敬业文明礼貌的职业品质	10				
合计		100				

自测袋袋库

　　学习者如何评价自己的学习效果?"评估"是评价自己行为的过程,完成自我观察,能够整理和规划自己的学习进度,从而积极地参与到学习过程中,提高学习的积极性。

评估:测测你在职场会议中的口才能力

续　学　单

(学习改变思维　训练改变行为)

表 3-3-7　续　学　单

序号	续学内容	必做要求	拓展要求	评价(15%)	备注
1	知识测试:高阶测验	线上课程平台完成	查找线上同类课程相关内容,进行练习	线上平台评价。可与预学单的达标测验对比,由老师进行评价	必做
2	能力实操:会议主持模拟训练	继续完成活动三会议主持模拟训练任务	阅读《发言——从零开始高效沟通》,拓展职场会议口才技能	完成评价表中的小组自评,小组互评项目。依据拓展内容完成情况,由老师进行增值性评价	必做

序号	续学内容	必做要求	拓展要求	评价(15%)	备注
3	拓展提升：归纳总结不同规模和类型职场会议发言和主持的规律	搜集不同规模和类型的会议发言和主持视频或案例。班级学委汇总提交	整理汇编成班级喜爱的案例库目录	依据归纳总结不同规模和类型的职场会议发言和主持的规律，老师视班级编辑情况与水准，予以总结性点评	必做

说明：1. 本次续学内容由学生个人完成。

2. 评价占比 10%(1 项占 5%，2 项成绩记在活动三，3 项占 5%)。

评价要项占比及分值(参考)

表 3 - 3 - 8　评价要项占比及分值(参考)

要项	签到(5%)	预学单(15%)	共学单(60%)	评估(10%)	续学单(10%)	备　注
分值	5分	15分(3项)	60分(3项)	10分	10分(2项)	

项目四

职场专项口才技能训练

任务一　销售口才训练——让"我"以敬业
　　　　之心达诚实之意

任务二　新媒体口才训练——让"我"以公
　　　　平之心达分享之意

任务三　谈判口才训练——让"我"以双赢
　　　　之心达合作之意

项目四的销售口才训练、新媒体口才训练、谈判口才训练三个任务旨在培养职场专项口才技能。将这三个任务置于销售的背景之下，完成职场专项任务的口才训练。

任务一　销售口才训练
——让"我"以敬业之心达诚实之意

指导表

表 4-1-1　"四环三单"学习指导表

项目名称			项目四　职场专项口才技能训练	任务名称	任务一　销售口才训练
学习过程　四个环节	目标	素质目标	1. 激发积极进取、爱岗敬业的职业精神 2. 养成诚实守信、团结合作的职业品质 3. 懂得在现代化进程中以敬业之心达诚实之意		
		知识目标	1. 了解销售语言技巧 2. 了解销售中处理异议的语言技巧 3. 掌握销售中语言表达的注意事项		
		能力目标	1. 能够运用销售语言技巧,提升销售服务能力 2. 能够运用销售中处理异议的相关语言技巧,提高与顾客沟通的能力		
	任务	任务描述	背景与情境:如果你是"果香园"零售部的一名门店员工,本周门店举办开业一周年店庆活动,需要针对进店顾客大力推销西瓜,你该怎么做呢?		
		预学单	1. 阅读"知识充电站"或观看线上课程视频(2选1) 2. 阅读销售文稿或观看销售视频(2选1) 3. 搜集不同商品的销售视频或案例(必做)		
	活动	共学单	1. 案例分析——激活深化 2. 视频对比——强化理解 3. 完成面对面销售的职场模拟——迁移应用		
	评估	自我评估	测测你在销售活动中的语言能力		
		续学单	1. 知识测试 2. 能力实操 3. 拓展提升		

目　标

学会销售中语言沟通的基本技巧

生活中衣食住行各行各业都需要通过销售才能达成交易。作为销售人员，我们需要将商品成功地卖给顾客。那么，我们应如何提升销售能力？销售人员需要给顾客提供良好的购物体验，掌握销售活动中的语言技巧是成功的关键。

通过运用销售语言技巧，结合所销售的商品，确定适合自己的销售语言流程，在特定背景与情境的学习和训练中，你将能够实现下列目标。

素质目标：通过学习销售语言技巧，激发积极进取、爱岗敬业的职业意识，养成诚实守信、团结合作的职业品质；懂得在现代化进程中，中国青年要以敬业之心达诚实之意。

知识目标：通过学习职场销售语言技巧的知识，能够叙述销售中各环节的语言技巧、销售中处理异议的语言技巧等。

能力目标：通过案例分析、视频对比和职场模拟，能够运用销售语言技巧，提升销售服务能力；能够运用处理异议语言技巧，提高与顾客沟通的能力。

任　务

完成一次面对面销售的语言沟通

如果你是"果香园"零售部的一名门店员工，本周门店举办开业一周年店庆活动，需要对进店顾客大力推销西瓜。在销售语言沟通方面，你必须明确以下内容：

1. 在不同的销售环节有哪些语言沟通技巧？
2. 针对不同的异议，怎样运用销售语言达成销售？
3. 分辨销售异议的方法有哪些？
4. 销售语言有哪些注意事项？

 小贴士

"敬业精神既关乎个人成长成才，更关于国家的兴盛、民族的复兴。"

——人民日报

预 学 单
（学习改变思维 训练改变行为）

表 4-1-2 预 学 单

序号	预学内容	预学要求	拓展要求	评价(15%)	备注
1	阅读"知识充电站"	运用思维导图整理知识要点，完成线上达标测验	思考从阅读中收获了什么	课程平台评价。依据问答评价	2选1
2	观看线上课程视频	结合视频内容提出你最关注的一个问题。完成线上达标测验	可以在关注的问题后面附上原因	课程平台评价。依据问答由老师进行评价	
3	阅读风陵渡《让罗振宇动心的销售员》	结合阅读的内容，谈谈在销售中语言技巧对你有什么启发	可以在阅读启发后附上自己的一些感想和体会	依据每一位同学总结的启发内容和感想体会，由老师进行评价	2选1
4	观看《安家》"如何接近顾客"视频	以敬业之心达诚实之意在视频中是如何体现的？摘录2~3处对你有启发的内容	中国青年爱岗敬业的工匠精神怎样体现？整理200字左右的文字资料	依据每一位同学回答的问题质量，由老师进行评价	
5	搜集不同类型商品的销售视频或案例	选一个你认为最有代表性的推荐给你所在的学习小组，上传课程教学平台	可附上推荐理由	依据每一位同学上传的资料质量及推荐理由，由老师进行评价	必做

说明：1. 本次预学内容由学生个人完成(可以是其中的一项或几项)。
　　　2. 评价占比 15%(3 项各占 5%)，评价方式依学习方式定。

🪧 知识充电站

销售语言是销售人员在日常销售工作中与顾客沟通时使用的一种专业用语，销售人员通过运用恰当的销售语言进行商品介绍和销售，可以提升销售能力，提高业绩。

一、销售语言

销售语言是销售人员在日常销售工作中使用的专业用语。销售人员通过运用销售语言和顾客建立沟通，最终实现销售商品的目的。销售人员需要掌握不同阶段销售语言的

销售口才训练(1)

运用方法,应对顾客的问答。良好的销售沟通可以促使顾客购买商品,提升销售人员的销售业绩。

二、销售的语言技巧

(一) 判断顾客类型,建立信赖——开场白语言技巧

通过观外貌,听谈吐,确定顾客类型。当顾客走进卖场后,销售人员可以通过顾客的仪容仪表,初步判断顾客的类型、文化背景等关键信息,以便选取恰当的方式与顾客打招呼。

1. 时尚潮流型

这类顾客一般穿着时髦,多穿当季最新款服装,年龄一般为四十岁以下,多为女性,时尚敏感度高,注重全身整体造型搭配。销售人员可以采用夸赞着装的方式进行开场,然后直接询问需要购买什么商品。

销售人员的夸赞可以是整体的,也可以针对顾客的一个配饰进行夸赞。销售人员可以使用"您今天穿得真好看!""您的打扮真时髦!""您的包真好看!""您一定是位时尚人士,您穿的是今年最流行的颜色!""您的胸针真好看! 在哪买的? 我也正想买一个"等语言。

2. 理智消费型

这类型顾客着装得体大方,气质好,衣物干净整洁,多为职场人士,一般年龄在三十岁以上。理智消费型顾客一般具有明确的购物目标,销售人员可以采用寒暄、赞美的方式或直接打招呼的方式建立沟通。

销售人员可以用"今天天气可真热啊!""您的连衣裙真好看!""您打算给谁买?""这个人多大了?""他是男性还是女性?""您打算在什么场合使用?"等语言开场。

3. 节俭传统型

这类型顾客多穿着基础款衣物,配饰多为百搭经典款,不注重是否当季最流行的款式和颜色,更注重"一物多用"、经济实惠。节俭传统型顾客一般会货比三家,注重性价比。销售人员应根据顾客着装风格和颜色,给顾客直接推荐性价比高的活动特价商品。

销售人员可以直接针对特价商品的大额优惠同顾客进行开场沟通。"女士,这款短袖是我家的基础百搭款,平时卖 998 元,今天店庆有活动,只要 199 元!""先生,您好! 今天芒果特价,买一送一! 您要不要买一些?"

关于天气的开场白

情景:室外正在下雨,因卖场没有窗户,销售人员不知道现在是否还在下雨,所以询问顾客,用对天气的问询建立与顾客的开场沟通。

销售人员:"您好! 请问现在外面还在下雨吗?"

顾客:"嗯,是的,还在下,但下得不大,小雨。"

销售人员:"好的,谢谢!(看到顾客手中的雨伞图案很好看)您的雨伞真好看,在哪儿买的呀?"

顾客:"是吗? 我也觉得好看。这个是我以前买的,都用了好多年了,是××品牌。"

销售人员:"太好了,谢谢您! 请问您想买点什么呢?"

顾客:"我有个朋友要过生日,打算给她买个生日礼物。"

分析:案例中的顾客为理智消费型,销售人员采用聊天气的方式与顾客展开第一回合的开场对话,建立与顾客的沟通,接着根据情景恰当赞美雨伞,与顾客展开第二回合的沟通,逐步引导顾客对销售人员建立信赖。两轮对话之后,销售人员再展开询问顾客购买意向的相关话题。通过前期的铺垫,顾客放下了戒备,开始与销售人员进行商品沟通。

(二)了解购买动机,进行推介——销售中的语言技巧

通过开场,销售人员顺利与顾客建立信赖,接着就需要销售人员针对顾客开展关于购买动机的询问。

1. 顾客买给他人

顾客购买商品作为礼物送给他人时,销售人员可以询问顾客"请问您想买点什么?""您给谁买呢?""他多大年龄?""他喜欢什么风格?""他喜欢什么颜色?""他喜欢什么款式?""您是什么场合用呢?"等,以便帮顾客作出准确的推荐。

案例阅读

针对给他人购买的顾客的询问

顾客:"我有个朋友要过生日,打算给她买个生日礼物。"

销售人员:"您确定要买什么了吗?"

顾客:"还没有,我也不知道买什么合适。"

销售人员:"方便问下您的预算是多少吗?"(问)

顾客:"200 元左右。"(答)

销售人员:"好的。您的预算可以有多种选择,我给您介绍一下。"(赞)

顾客:"谢谢你。"

销售人员:"您看这款香水怎么样? 您的朋友平时有喷香水的习惯吗?"

顾客:"好像没有。"

销售人员:"是吗? 那您可以建议她开始使用。喷喷香水,香氛可以让疲惫的身心得到一定的舒缓。"(把香水喷到试纸上,轻轻扇动,让香气慢慢飘散在空中)

顾客:"嗯,不错,淡淡的花香,就要这款吧。"

分析:案例中销售人员首先探寻到顾客购买商品的目的是送给朋友,接着采用"问—答—赞"的方式进行预算探寻。销售人员与顾客语言沟通时要热情回答顾客的提问,并且运用专业的方式让顾客试用,在试用商品时讲解商品性能,让顾客亲身体验商品性能。销售人员通过问答的形式在沟通中接收顾客的反馈,以便及时调整推荐策略并达成交易。

2. 顾客买给自己

对于有明确购买意向且是给自己购买商品的顾客,销售人员可以询问顾客"您一般使用什么型号?""您喜欢什么颜色呢?""您喜欢什么款式呢?""您需要什么功能呢?"等,并根据询问的结果进行商品推荐。

针对给自己购买的顾客的询问

销售人员:"您好!请问我可以帮您吗?"

顾客:"谢谢!我想看看身体乳,现在我用的是朋友送给我的,但我不太喜欢它的味道。"

销售人员:"哦,是这样啊。那您有没有喜欢的味道呢?"

顾客:"我也不太懂,不知道选哪个。"

销售人员:"请问您平时使用香水吗?"

顾客:"用的,是××品牌的粉色那款,我挺喜欢香水的味道。"

销售人员:"好的,您用的是他们家的主打产品,这款香水是椰奶淡花香型。"

顾客:"对对,你这么一说,我感觉是有椰奶的味道,也有花香味。"

销售人员:"好的,我们正好有类似香型的身体乳,我给您在手背处试试,您闻闻喜不喜欢。"

顾客:"好的。(涂抹手背)嗯,的确好闻,就要这款。谢谢你!"

分析:首先,销售人员通过简单开场沟通,了解到顾客是给自己选购商品。然后,销售人员采用直接询问的方法,询问顾客想要购买什么商品。销售人员通过询问香水间接了解顾客对香味的喜好,准确推荐符合顾客需求的产品,从而促成销售。

(三)学会处理异议,达成交易——处理异议的语言技巧

在商品销售流程中后期,顾客会因自身各种各样的状况产生异议,常见异议类型如下。

(1)价格异议:大多数顾客都有"砍价"的习惯,会询问是否可以再便宜点。销售人员

要站在顾客的立场进行应答,如果可以打折或赠送礼物,要尽全力给顾客争取,让顾客看到销售人员的诚意,并且感知到现在购买性价比最高。

(2)支付异议:顾客会因为自身情况提出支付方式的异议,销售人员可以根据客户的实际推荐多样化的支付方式。

(3)需求异议:当商品数量过剩、顾客购买意愿不强时,需要销售人员给顾客制定多买多优惠的销售策略。

(4)自身原因异议:顾客不想购买时,可能找各种借口进行拒绝,销售人员要做好心理准备。无论顾客拒绝的理由是否真实,销售人员在商品展示介绍时都要尽心尽力,可能顾客在了解过其他品牌的商品后,会因为你专业的介绍重新返回购买。

(5)对商品厂家的异议:顾客可能因为负面报道对商品质量、性能、服务等因素等提出异议。

销售人员必须了解顾客对商品销售的哪一个方面存在异议,根据专业背景知识和其他顾客的使用反馈意见进行相应的解答,打消顾客的疑虑。

处理异议的技巧

顾客:"嗯,不错,淡淡的花香味,就要这款吧。能不能再便宜点?"

销售人员:"这款香水是我们家的经典款,销量一直很好。现在好多商品因为原材料涨价也涨价了,这款却一直没有涨价。今天咱俩聊得这么投机,我给您再赠送两个我家的洗面奶小样怎么样?"

顾客:"好的,谢谢你! 我以后买护肤品还找你。"

销售人员:"我是否方便留一下您的联系方式? 以后有新商品,或者店里搞活动我及时和您联系。"

顾客:"好的,有活动赶紧告诉我,我的护肤品也快用完了,到时候过来买。"

销售人员:"好的,您放心,一定给您最优惠的价格,商品包装好了。"

顾客:"好的,再见!"

销售人员:"拿好您的雨伞,您慢走!"

分析:案例中,在沟通交流的后期,基本达成交易的时候,顾客提出了价格异议。销售人员表示商品不能降价,并说明不能降价的原因。为了满足顾客降价的需求,销售人员采用赠送小样的方式进行化解,赠送小样也表明了自己站在顾客的角度,已经尽全力为顾客争取到最大的利益,从而促成交易。

三、销售语言的实战技巧

销售人员需要掌握常用的语言沟通技巧,用来进行对顾客的一般性应答。

销售口才
训练(2)

(一) 情景一：顾客刚刚走进卖场，销售人员上前主动询问

销售人员："您好！请问您想买点什么？"

顾客："我随便看看。"

销售人员："好的，您先看着，有喜欢的告诉我。"

以上情景多出现在开场环节。顾客刚进入卖场，对销售人员天然存在抗拒心理。销售人员不能一见到顾客就直接询问购买意向，应该进行情感铺垫，让顾客对自己产生信赖感，再逐步进行购买目的的探寻。

销售人员正确的应答："好的，没问题，您先看看有没有喜欢的。""好的，您以前有没有使用过同类产品？""好的，您以前使用的是哪个品牌？""好的，您打算用在哪里呢？"

(二) 情景二：顾客在卖场进行商品浏览，并将心仪的商品拿到镜子前比照

销售人员："您如果喜欢可以试穿一下，上身看看效果。"

顾客："不用了，太麻烦，我先看看。"

以上情景多出现在开场后的初步沟通阶段，销售人员为了达成销售目的，会建议或催促顾客进行试穿、试用，这样反而会给顾客造成压力。销售人员应该对购买动机一步步由浅入深进行探寻，掌握顾客的需求点，把握时机，再建议顾客试用。当顾客试用时，销售人员要对商品充满信心，根据顾客的需求随时调整推荐策略，主动展示商品。

销售人员正确的应答："好的，大冬天我们都穿得比较多，试衣服确实不太方便。""好的，您可以先看看，有喜欢的一起试穿，这样省事点。""好的，您先看看，卖场商品比较多，您还有什么需要买的商品，我可以为您提供。"

(三) 情景三：顾客试穿、试用后，对商品有些不满意，没有当场决定购买

销售人员："您看这件合适吗？"

顾客："我再转转，没有合适的再回来买。"

以上情景多出现在顾客试穿、试用过后，顾客对商品存在异议，这种异议可能是对商品本身的，也可能是对价格的。销售人员要及时沟通了解顾客不购买的原因，并针对异议进行化解。

销售人员正确的应答："您对哪里不太满意呢？""这里还有一款类似风格的衣服，您可以试试，这件正好在做活动，能打三折。""您是对颜色不满意吗？同款刚好还有一件米白色，我给您拿过来试试，您稍等。"

(四) 情景四：顾客试穿、试用后，对产品表示满意，明确提出价格异议

销售人员："您看这件衣服您穿上的效果多好，又有气质，质量又好。"

顾客："能不能再便宜点？"

以上情景多出现在顾客试穿、试用后，在感觉效果不错的基础上，顾客已经有了一些购买意向，但对价格产生异议。讨价还价是人之常情，销售人员要站在顾客的角度给出合理的折扣，化解顾客的价格异议。

销售人员正确的应答："我给您看看能不能再申请个折扣。""好的，您这么有诚意，我就和经理说，给您最低折扣。""这款产品真的是最低价了，要不您办理个会员，消费可以积分，以后再购买时，可以直接减现金。"

（五）情景五：顾客试穿、试用后，对产品表示满意，明确提出支付异议

销售人员："您看这件衣服您穿上的效果多好，又有气质，质量又好。"

顾客："今天我带的钱不够，过两天再过来。"

以上情景多出现在顾客试穿、试用后，感觉商品不错，有一定的购买意向时。销售人员要询问顾客认为多少钱合适，如果顾客预期价格与销售价格相差不多，销售人员可以采用情景四的方式。如果预期价格和销售价格相差很多，顾客确实没有带够钱，销售人员可以建议顾客采用分期付款的方式进行支付。

销售人员正确的应答："这次促销活动确实难得，一年才一次，这件商品我已经给您申请到最低价了。您也看到了刚才还有一位顾客还想试穿，要是合适您就带走，不然过两天您再来，肯定没有了。""要是确实没有带够钱，那您可否付一点定金？我给您留着，您明天过来结清余款。"

四、销售语言的注意事项

（一）注重销售前的准备

销售人员在上岗前，需要提前了解每一件商品的卖点，掌握商品的价格，反复模拟演练面对顾客的情景，也可以邀请有经验的同事扮演顾客进行练习；注重仪表、仪态和礼仪，销售人员要按照公司的规定统一着装、化淡妆，彰显良好的精神面貌。销售仪态主要指站姿、走姿和引领手势，男性和女性在标准上有略有差别；注重言谈和礼仪，优美的声音、适度的音量、有条理的表达、规范的用词，往往能给顾客留下良好的印象，提升职业形象。销售人员要随身携带少量的名片，当你为顾客介绍完商品，特别是比较昂贵的商品时，顾客很可能不会当场就决定是否购买，当顾客快要离开时，你可以递上名片，方便为顾客提供后续咨询服务。

（二）注重销售中的沟通

销售新人要多注意观察前辈同事的销售沟通语言、动作，结合自身情况学习借鉴。在与顾客交流时，不要打断对方，不要补充对方，也不要纠正对方，更不要否定、质疑对方。销售人员在与顾客进行交谈、交流、沟通时，应该结合顾客的特征控制自己语言的节奏，在重点强调的地方要采用重音，要采用抑扬顿挫的语调，以便吸引顾客的注意。在交谈中还要恰当停顿，不要一口气说完，使得顾客没有反应的时间，也不要停顿时间过长，以免影响与顾客的交流。

（三）注重心理素质的培养

树立自信乐观的心态，每天早晨出门前照镜子时送自己一个微笑，鼓励自己今天加油；树立主动积极的心态，看到顾客进店时要主动上前询问顾客购买意向；树立学习进取的心态，利用下班后的空闲时间，借助互联网多学习专业技能和销售技巧；树立坚持不懈的心态，遇到顾客只询问商品却不购买时，不要泄气，要明白每一次的全力服务都是为下一次的高品质服务打基础，勉励自己下一次一定会做得更好；树立不断创新的心态，在销售过程中学习前辈的经验，结合自身的特点进行创新性的探索；树立敬业服务的心态，认

真做好自己岗位的工作,认真接待每一位顾客。

训练销售口才,我们应该从以下技巧着手:① 销售语言是一种专业用语,在销售工作中我们应该注重这种语言的养成;② 销售的语言技巧包括开场白、销售中和处理异议三个环节不同的销售语言技巧;③ 日常销售中常见的五种情景实战技巧;④ 销售环节语言方面应注意的事项包括销售前的准备、销售中的沟通和心理素质的培养。

实践应用角

检验知识学习的效果,可以通过实践的方式。在学习过程中,我们需要将从"知识充电站"获得的新知,在案例分析中"激活";在视频对比中判断异议类型,能找到恰当的处理方式;在职场模拟真实的全过程销售情境中实践应用,只有将获得的新知与技能融入职场情境,我们才能真正掌握销售语言。

在共学单的三个"活动"中,设有进阶性的活动内容,具体如下:

活动一——案例分析;

活动二——视频对比;

活动三——面对面销售的实践应用。

> **小贴士**
>
> "独立思考,实事求是,锲而不舍,以勤补拙。"
>
> ——周培源

活 动

共 学 单
(学习改变思维 训练改变行为)

表 4 - 1 - 3 案例分析活动

活动一:案例分析	
让罗振宇动心的销售员 罗振宇公司的"得到"App 的数据全都在"云"上面,每年都要为此支付几千万元的费用。"华为云"是国内第三大"云"供应商,他们一直在和罗振宇接触,希望罗振宇能选择"华为云",但是罗振宇一直拒绝。前段时间,"得到"要开展企业知识付费业务,"华为云"的销售人员陈盈霖给罗振宇发了一封邮件,彻底打动了罗振宇。罗振宇甚至愿意用价值几千万元的合同换取陈盈霖,他说:"华为,你们肯不肯把陈盈霖送到我们公司入职? 第一天入职,第二天我们就签约。"到底是什么样的邮件有这么大的魔力呢? 根据罗振宇的叙述,这封邮件有五层意思。 第一层,我们"华为云"做事情,不是要赚客户的钱,而是要帮助客户赚钱。听说"得到"最近要做企业知识付费业务,我们本着负责任的精神,在我们服务的企业客户当中,精挑细选,替你们找到了一家客户,替"得到"企业对这家客户做了工作,他们急需和你们签约,预算 500 万元。请给我们一个联系人,我们帮您把这	**社会角色** 立足 职业岗位 服务 国家社会
活 动 内 容	

	活动一：案例分析	
活 动 内 容	件事情促成。 　　第二层，不要有顾虑，也不要有压力，这跟我们"华为云"和"得到"之间的合作没有关系，我们只是想把这件事情促成，至于我们的合作，慢慢来，不着急。 　　第三层，在你们现在的服务商眼中，"得到"只是一个大客户，但是在"华为云"眼中，"得到"不一样，我们的总裁、副总裁都是"得到"的用户，他们特别关心这个项目的进展。所以，如果我们有幸给"得到"服务的话，我们会调集最优质的资源和最优秀的人员，为"得到"提供最优质的服务。 　　第四层，没关系，不着急。不是有那句话吗？"客户虐我千百遍，我待客户如初恋。"您就是拒绝我们一百次，我们也一定会再跟您联系第一百零一次。 　　第五层，我们"华为云"也许没有高级装备，但是在您最需要的时候，我们一定能为您搭起"人桥"。 　　罗振宇说道："你通篇看到的是什么？难道仅仅是个业务的单子吗？不是，是一个人对世界的感受，对客户的理解，以及倾其所能为客户做方案的能力。我的第一个感觉是，我和华为签约的所有障碍，似乎都被他搬走了。我眼前只有一条道路，通向和他的签约。" 　　为什么这份单子有这么大的感染力呢？ 　　第一，正所谓"欲先取之，必先予之"，"华为云"为了谈成这项业务，先帮助罗振宇的公司谈成了一份价值 500 万元的单子。但是他们不是将其作为一种利益交换，而是作为"华为云""不是要赚客户的钱，而是要帮助客户赚钱"这个宗旨的论据，并且一再强调这与两家企业的合作无关。这让人看到了"华为云"的诚意，也让人相信了"华为云"的企业宗旨并不是一句空话，有人情味，也有可信度！ 　　第二，谦虚低调，不骄不躁。"华为云"一直在强调"不着急"，这样就避免了给罗振宇造成压力；同时他们也强调自己不会放弃，让罗振宇感受到了他们想要合作的诚意。为别人考虑，又不乏诚意，这不也是一种人情味吗？ 　　第三，"华为云"自己的总裁、副总裁都是"得到"的用户，这会让罗振宇觉得他们是真的认可"得到"的价值。这拉近了"华为云"和罗振宇的情感距离。 　　最后，陈盈霖用诚恳的话传递自己的信念。这让罗振宇明白，这封邮件不是所谓的"话术"，而是陈盈霖用心写就的，增加了罗振宇对他的好感。 　　几千万元的大生意，谈了那么久都没动静，却被一封邮件撬动了，关键就在于这封邮件里满满的诚意。 　　（资料来源：风陵渡，《让罗振宇动心的销售员》，有改动） **思考问题：** 　　1. "华为云"的销售人员陈盈霖在邮件中是如何运用销售语言技巧与罗振宇沟通的？ 　　2. 案例中是如何体现以敬业之心达诚实之意的？	**个体角色** 爱岗敬业 诚实守信
活 动 实 施	1. 小组讨论分析案例。 　　个人：分析案例中的销售思路，体验销售者的情感。 　　小组：倾听交流（注意倾听、表达的礼仪）。 2. 小组将讨论意见汇总，上传至课程平台"分组任务"。 3. 参与课程平台主题讨论。 4. 也可汇总意见后，采用小组现场汇报的形式进行汇报。	信息处理 能力 团队合作 能力 口头表达 能力
考 核 评 价	方式一（线上考核评价）： 1. 参与"分组任务"活动时，根据评价标准，进行教师评价、组内互评和组间互评。 2. 教师整体点评。	

活动一：案例分析	
考核评价	方式二(线下考核评价)： 1. 小组现场汇报后,互评、教师点评。 2. 填写活动评价表。	

说明：1. 活动时长 30 分钟,分值 20 分,教师根据实际进行调整。
　　　2. 可根据实际选择活动形式。
　　　3. 可根据活动形式调整考核评价方式。

表 4-1-4　视频对比活动

活动二：视频对比		
活动内容	1. 观看《钻石销售》和《如何使用对比效应提高产品销售》,对照两个视频在销售语言技巧方面的异同。 2. 各小组将每人搜集到的不同类型商品的销售视频或案例资料进行分享(预学单中的"5"),分析不同的销售语言在销售各环节中的技巧。 (2 选 1,也可各组领取不同任务)	**社会角色** 立足 职业岗位 服务 国家社会 **个体角色** 爱岗敬业 诚实守信
活动实施	1. 小组讨论分析案例。 　个人：分析销售的语言技巧,体会销售人员不同的沟通方式。 　小组：倾听交流(注意倾听、表达的礼仪)。 2. 小组将讨论意见汇总,录制过程,上传至课程平台"主题讨论"或"班级群"。 3. 参与课程平台主题讨论。 4. 也可汇总意见后,采用小组现场汇报的形式进行汇报。	信息处理 能力 团队合作 能力 口头表达 能力
考核评价	方式一(线上考核评价)： 1. 参与"分组任务"活动时,根据评价标准,进行教师评价、组内互评和组间互评。 2. 教师整体点评。 方式二(线下考核评价)： 1. 小组现场汇报后,互评、教师点评。 2. 填写活动评价表。	

说明：1. 活动时长 20 分钟,分值 20 分,小组汇报可适当延长活动时间,教师可根据实际进行调整。
　　　2. 可根据实际选择活动形式。
　　　3. 可根据活动形式调整考核评价方式。

表 4-1-5　完成我的一次职场面对面销售

活动三：完成我的一次职场面对面销售		
活动内容	**背景与情境：** 　如果你是"果香园"零售部一名门店员工,本周门店开展一周年店庆活动,需要针对进店顾客大力推销西瓜,你该怎么做呢?	**解决问题**

续 表

	活动三：完成我的一次职场面对面销售	
活动实施	1. 各小组回顾销售语言技巧。 2. 小组讨论，分析西瓜的特性、潜在顾客群体是哪些人。 3. 小组讨论，分配角色。三人扮演顾客，两人扮演销售人员。 4. 小组成员按照分配的角色，根据商品销售环节设计对话。 5. 小组内部模拟演练商品销售过程，注重销售语言技巧的运用。 6. 观看或汇报展示。	信息处理能力 团队合作能力 口头表达能力
考核评价	教师根据小组展示汇报活动表现，填写活动评价表。	

说明：1. 活动时长 20 分钟，分值 20 分，教师可根据实际进行调整。
　　　2. 可根据实际调整活动形式。
　　　3. 可根据活动形式调整考核评价方式。

销售口才训练评价表

班级：　　　　　姓名：　　　　　日期：　　年　　月　　日

表 4-1-6　销售口才训练评价表

项 目	评价标准	分值	学生自评(30%)	小组互评(30%)	教师评价(40%)	小计
素养培养	能以诚实守信的态度参与实训活动，态度积极，善于合作，能与合作成员良好沟通	10				
	在实训过程中表现出爱岗敬业的职业品质，能结合销售流程和顾客类型恰当运用销售语言技巧	10				
	结合销售语言技巧，合理设计销售流程的意识强，体现诚实守信的职业品质	10				
知识应用	在小组活动中能够准确陈述销售语言技巧	10				
	在班级陈述中能够正确运用销售语言技巧陈述本组观点	10				
能力提升	能够将所学的销售语言技巧运用到实训任务中，学以致用	10				

项目	评价标准	分值	学生自评(30%)	小组互评(30%)	教师评价(40%)	小计
能力提升	能结合具体的销售活动,运用销售语言技巧对具体的销售任务进行分析,合理设计销售语言	10				
项目成果展示	能够根据销售活动,独立完成销售语言设计的任务,在活动中能主动发现问题,找到解决问题的办法	10				
	在活动汇报中销售语言设计合理,形式丰富,效果好	10				
	将职业精神渗透到项目成果中,体现爱岗敬业、诚实守信的职业品质	10				
合计		100				

自测袋袋库

评估:测测你在销售活动中的语言能力

　　学习效果可以通过"评估"进行测定,依据评估完成自我观察,通过评估结果及时了解学习的成果,查漏补缺。

续 学 单

(学习改变思维　训练改变行为)

表 4-1-7　续 学 单

序号	续学内容	必做要求	拓展要求	评价(15%)	备注
1	知识测试:高阶测验	线上课程平台完成	查找线上同类课程相关内容,进行练习	线上平台评价。可与预学单的达标测验对比,由老师评价	必做
2	能力实操:模拟销售训练活动	继续完成活动三模拟销售训练的任务	阅读程浩南的《销售中的 8 堂口才课》,养成销售语言技能	完成评价表中的小组自评,小组互评项目。依据拓展内容完成情况,由老师进行增值性评价	必做

续　表

序号	续学内容	必做要求	拓展要求	评价(15%)	备注
3	拓展提升：归纳总结不同类型商品销售语言的规律	搜集不同类型商品的销售视频或案例。班级学委汇总提交	整理汇编成班级喜爱的案例库目录	依据归纳总结不同类型商品销售语言的规律，老师视班级编辑情况与水准，予以总结性点评	必做

说明：1. 本次续学内容由学生个人完成。

2. 评价占比 10%（1 项占 5%，2 项成绩记在活动三，3 项占 5%）。

评价要项占比及分值(参考)

表 4-1-8　评价要项占比及分值(参考)

要项	签到(5%)	预学评估(15%)	共学评估(60%)	自我评估(10%)	续学评估(10%)	备注
分值	5分	15分(3项)	60分(3项)	10分	10分(2项)	

任务二　新媒体口才训练
——让"我"以公平之心达分享之意

指导表

表 4-2-1　"四环三单"学习指导表

项目名称		项目四　职场专项口才技能训练		任务名称	任务二　新媒体口才训练
学习过程　四个环节	目标	素质目标	1. 激发守正创新、团结合作的职业意识 2. 养成恪尽职守、热情服务的职业品质 3. 懂得在现代化进程中以公平之心达分享之意		
		知识目标	1. 了解新媒体销售中开播暖场语言技巧 2. 知晓新媒体销售中商品展示语言技巧 3. 掌握新媒体销售中创造需求的语言技巧		
		能力目标	1. 能够运用新媒体销售语言技巧，完成商品销售 2. 能够运用专业知识判断一般顾客的心理，通过语言技巧针对性给出希望，建立沟通		
	任务	任务描述	背景与情境：如果你是"果香园"商务部下属线上销售直播号的一名员工，近期平台进行"6.18"年中大促活动，公司为"助三农"大量采购柠檬作为店铺引流福利款商品，你该如何进行直播销售呢？		
		预学单	1. 阅读"知识充电站"或观看线上课程视频(2选1) 2. 阅读新媒体销售文稿或观看相关视频(2选1) 3. 搜集不同商品的新媒体销售视频或案例(必做)		
	活动	共学单	1. 案例分析——激活深化		
			2. 模拟训练——强化理解		
			3. 完成直播销售的职场模拟——迁移应用		
	评估	自我评估	测测你的新媒体销售语言能力		
		续学单	1. 知识测试 2. 能力实操 3. 拓展提升		

目 标

学会新媒体销售语言沟通基本技巧

网络的普及带来多元化的购物体验,高效便捷的新媒体销售为销售行业带来新的生机。伴随而来的,是新媒体销售模式对从业人员提出了不同于传统销售的语言交流沟通要求。

通过运用新媒体销售语言技巧,结合新媒体销售的商品,确定适合自己的新媒体销售语言流程,在特定背景与情境的学习和训练中,你将能够实现下列目标。

素质目标:通过学习新媒体销售语言技巧,激发守正创新、团结合作的职业意识;养成恪尽职守、热情服务的职业品质;懂得在现代化进程中中国青年要以公平之心达分享之意。

知识目标:通过学习职场新媒体销售语言技巧,能够叙述新媒体销售中开播暖场、商品展示的技巧;叙述新媒体销售中创造需求的语言技巧等。

能力目标:通过案例分析、模拟训练和职场模拟,运用新媒体销售语言技巧,顺利完成商品新媒体销售;能够运用专业知识判断一般顾客痛点,通过语言技巧有针对性地给出希望、建立沟通。

任 务

完成一次新媒体销售的语言沟通

如果你是"果香园"商务部下属线上销售直播号的一名员工,近期平台进行"6.18"年中大促活动,公司为"助三农"大量采购柠檬作为店铺引流福利款商品。在线上直播销售中,你必须明确以下内容:

1. 直播销售中主播应该如何进行开播暖场?
2. 主播应该怎样进行商品导入?
3. 主播如何进行商品讲解?
4. 主播应该如何唤起观众的购买需求?

新媒体口才训练(1)

"我觉得人生求乐的方法,最好莫过于尊重劳动。一切乐境,都可由劳动得来,一切苦境,都可由劳动解脱。"

——李大钊

预 学 单
（学习改变思维 训练改变行为）

表 4-2-2 预 学 单

序号	预学内容	预学要求	拓展要求	评价(15%)	备注
1	阅读"知识充电站"	运用思维导图整理知识要点，完成线上达标测验	思考从阅读中收获了什么	课程平台评价。依据问答评价	2选1
2	观看线上课程视频	结合视频内容提出你最关注的一个问题。完成线上达标测验	可以在关注的问题后面，附上原因	课程平台评价。依据问答由老师进行评价	
3	阅读陈进《直播销售员——如何做好带货主播》	结合阅读的内容，谈谈在新媒体销售中语言技巧对你有什么启发	可以在阅读启发后附上自己的一些感想和体会	依据每一位同学总结的启发内容和感想体会，由老师进行评价	2选1
4	观看《直播带货话术》视频	"我"要以分享之心达成交之意，在视频中是如何体现的？摘录2～3处对你有启发的内容	中国青年的分享之心怎样体现？整理200字左右的文字资料	依据每一位同学回答的问题质量，由老师进行评价	
5	搜集不同类型商品的新媒体销售视频或案例	选择一个你认为最有代表性的推荐给你所在的学习小组，上传课程教学平台	可附上推荐理由	依据每一位同学上传的资料质量及推荐理由，由老师进行评价	必做

说明：1. 本次预学内容由学生个人完成(可以是其中的一项或几项)。
2. 评价占比 15%(3 项各占 5%)，评价方式依学习方式定。

🪧 知识充电站

知识是培养能力的基础。互联网时代，人们广泛采用网络购物的形式完成商品购买，良好的新媒体销售语言技巧是达成销售的关键因素。网络直播作为当下最火热的销售方式，已经成为扩大商品销量的重要途径。

一、开播暖场语言技巧

主播在进行直播时经常会遭遇冷场的尴尬情况，这时需要主播学会使用开播暖场语言技巧,活跃直播间的氛围。

(一)介绍店铺的语言技巧

主播在开场时,首先应该介绍店铺是一个什么样的店铺,主要销售的商品是什么,以及商品的风格,让观众第一时间了解店铺。这时观众可以根据自己的喜好决定是否停留。

例如:"我们是一家专业批发鲜花的店铺,从鲜花基地直采,供应给全国花店和喜爱插花的朋友们!"

(二)介绍活动的语言技巧

在直播间人气不断上涨的过程中,主播要适当抛出一点福利款,让进入直播间的观众暂时停留,看看福利款是什么。很多直播间采用9.9元福利款进行引流,提升直播间的人气。

(三)介绍参与方式的语言技巧

进入直播间的有老顾客,也有新顾客,需要主播反复提示新进入的顾客点击关注,强调只有成为店铺粉丝后才可以参与活动,从而提升店铺的关注度,提高人气。

二、商品导入语言技巧

主播在暖场过后,开始进入商品导入环节。主播在介绍商品时,要表现出积极主动的情绪,体现恪尽职守、热情服务的职业品质。

(一)直接推荐的语言技巧

这主要针对店铺销售量非常好,供货量又不足的商品,以及老粉丝已经非常了解商品性能,主播没有必要再做过多的宣传推荐的商品。

(二)唤起需求的语言技巧

直播间的观众有很大一部分是随手进入的,并没有明确的购买意向。这时就需要主播通过专业的商品介绍吸引观众。可根据商品特性,推断购买人群的关注点,并重复这个关注点,放大这个点,给顾客希望,引出商品。

(三)商品展示的语言技巧

主播可以通过试穿、试用、试吃等方式,代替顾客进行商品的试用。主播在试用的过程中要及时反馈试用感受,用语言清晰地表达,给镜头前的顾客以形象的感知。在展示中,主播需要根据商品调整景深、体姿、展示的屏幕等,以达到最佳展示效果。

(四)价格优势的语言技巧

无论是新开播的直播间,还是已经很有人气的直播间,都需要对商品的价格做到最优惠。特别是新的直播店铺,想要积累人气,在商品差异性不大的情况下,可以采用零利润,甚至赔钱的方式,通过优惠的价格吸引观众,提升粉丝数量。

三、商品讲解的语言技巧

(一)卖点利他化的语言技巧

主播在开播前,要准确了解商品的卖点,让顾客知道这个商品和他有什么关系。每一个商品都有自身的卖点,通过卖点找到顾客的关注点,才能百发百中,说到顾客心坎里。

（二）卖点放大化的语言技巧

通过卖点，找到用户的关注热点，并放大它，引导顾客产生共情。

（三）需求场景化的语言技巧

新媒体口才
训练(2)

大多数观众进入直播间时都抱着随便看看的想法，这时就需要主播根据销售的商品，营造一种生活场景，引导顾客进入你营造的场景，给顾客创造生活化、场景化的氛围，让他们感觉自己也会经常遇到同样的情景，同样需要一个主播推荐的商品，这是将在线人数转化为购买人数的关键。

四、商品促单的语言技巧

通过前期三个步骤的讲解，主播最终的目的是达成销售。主播可以不断重复强调商品的卖点；强调商品的性价比，通过同类同款商品别家的价格进行价格锚定；通过限量销售的方式，给顾客营造紧迫感，从而促使顾客完成下单。

案例阅读

促单的语言技巧

现在是"双十一"年终大促，我们看水果店的价格是 19.9 元 1 千克，本次直播，我们厂家直接供货，为大家争取到 9.9 元 1 千克的优惠。原价 19.9 元，现在仅需 9.9 元 1 千克。本次我们是一个助农活动，厂家一分钱不加，利润全部给大家。本次直播，我们给大家准备了 2 000 千克，5 千克 1 份打包销售，共 400 份。仅有 2 000 千克，仅有 2 000 千克，一定要赶紧加购！刚刚过去 10 分钟，已经卖出去 1 200 千克了，不多了，不多了！请您赶紧下单，给全家人带来健康是当下最重要的事情！抓紧买起来！

分析： 案例中通过促销活动向顾客说明商品售价已达到最低价，并和促销活动前商品的价格进行了对照，这里销售人员采用了价格锚定的方法。限量 2 000 千克是饥饿销售的方式，给顾客造成马上卖完的紧迫感，促使顾客赶紧下单。

五、辅助肢体语言技巧

肢体语言包括眼神、体态和手势。

（一）眼神

新媒体销售人员要根据所销售的商品，配合恰当的眼神，眼神要真诚，看镜头和商品时的切换要自然、协调。眼睛要看着摄像头，营造出从用户视角来看，销售人员总是在与自己对视的感觉。

（二）体态

新媒体销售人员在屏幕前的体态要挺拔、放松，让用户感到双方没有距离感。如果是服装类商品,销售人员要试穿衣物,并扩大镜头拍摄的范围,方便销售人员来回走动展示衣物;如果是坐着销售,销售人员要保持良好的坐姿,抬头挺胸,展现爱岗敬业的精神面貌。

（三）手势

新媒体销售人员要配合商品的种类、讲解的节奏、展示的细节,恰当运用手势指出商品的特性,提升商品介绍的深度。手势和语言可以合理搭配,帮助表达,也能调节画面,不至于一成不变。

在新媒体销售口才训练中,我们了解到:① 开播暖场语言表达要热情洋溢;② 商品导入语言表达要积极主动;③ 商品讲解语言表达要专业可信;④ 商品促单语言表达要实现高效分享;⑤ 肢体语言辅助成交,全方位、多角度提升自己的新媒体语言的沟通能力。

 实践应用角

知识是实践的基础。我们要将从"知识充电站"学到的新知,在案例分析中"激活";在反复模拟训练中学会用新媒体语言激发希望的方法;在综合模拟真实的全过程新媒体销售情境中实践应用,只有将获得的新知与技能融入职场情境,我们才能真正掌握新媒体销售语言的本领。

在共学单的三个"活动"中,设有进阶性的活动内容,具体如下:

活动一——案例分析;

活动二——模拟训练;

活动三——新媒体销售语言的实践应用。

> **小贴士**
>
> "想要干大事,就必须懂得跟别人分享,而不是一味地往自己怀里捞。"
>
> ——胡雪岩

活 动

共 学 单
（学习改变思维　训练改变行为）

表 4－2－3　案例分析活动

活动一：案例分析

<table>
<tr><td rowspan="2">活动内容</td><td>董宇辉的三次回应</td></tr>
<tr><td>　　2022 年,董宇辉在爆火的同时,也遭受了不少质疑。董宇辉的直播间曾以 6 元 1 根的价格销售玉米,另一位直播达人辛巴称一根玉米的成本价为 7 角左右。他批评董宇辉打着助农的旗号赚取暴利,而非为农民谋利,一时间引起巨大的争议,董宇辉被推到了风口浪尖。董宇辉在直播间回应:"大部分的玉米不是用来给</td></tr>
</table>

续 表

活动一：案例分析		
活动内容	人吃的,是用来养牲口的,所以价格确实是四五角一根。我们找的生食玉米来自东北产地,成本本来就很高。我们也想让农民多挣钱,但如果只想让农民挣钱,这个商品就不会挣钱。如果没有中间商,谁去收购玉米? 没有厂商包装、运输、售后,谁把玉米卖出去? 如果卖得好,中间商来收的价格就高。农业是一个特别透明的大产业,没有人能偷偷发横财。" 2022 年 10 月 30 日,董宇辉在"山东行"助农直播中被陌生女子泼水,引发众多关注。之后,董宇辉回应:"大家好,先给大家报平安。我已经返回北京家里,昨天至今,收到很多朋友的关心,温馨、感动,大家的爱给我力量,为我披上铠甲。有惊无险,当地民警第一时间到达现场表示了关心,表现出极强的专业度和责任心。他们也尊重我的意愿,我希望不要过度追究。一方面,我希望大家忽略这个小意外,记住美好,记住各级政府的尽心尽力,记住当地企业的全力以赴,记住热心朋友的守候陪伴,爱让人勇敢。另一方面也不想给那位大姐造成未来的生活压力。再次感谢大家,希望有机会能再去山东。" 很多人因为董宇辉喜欢上了读书,作家们也纷纷来到东方甄选的直播间做客。董宇辉热心地为网友列了书单,列入书单的作品有《活着》《平凡的世界》《月亮与六便士》等。面对这个书单,有人公开在社交媒体上发文质疑:"董宇辉推荐的书单很浅薄,思想水平很低,只有不读书的人才觉得他推荐的书有价值。"董宇辉回应:"你可以羞辱我,但你不能羞辱这些文学作品;你可以说董宇辉很浅薄,但千万不要说董宇辉推荐的书很浅薄。书读不出来深度,那是你没有智慧,是你缺乏经历,不要轻易就说书不好。在读书这件事上,很多时候其实不是书不行,是你的理解力不行;不是书的问题,是你经验的问题,是你感受力的问题。读书不是用来和他人比较的,能够丰富自己的内心就足够了。" (资料来源:京九珍,《董宇辉的三次回应》,有改动) **思考问题:** 1. 案例中董宇辉怎样运用语言化解了三次质疑? 2. 请你说一说案例中董宇辉在直播间如何进行分享。	**社会角色** 立足 职业岗位 服务 国家社会 **个体角色** 公平公正 乐于分享
活动实施	1. 小组讨论分析案例。 　个人:分析案例中董宇辉的应对思路,体悟情感。 　小组:倾听交流(注意倾听、表达的礼仪)。 2. 小组将讨论意见汇总,上传至课程平台"分组任务"。 3. 参与课程平台主题讨论。 4. 也可汇总意见后,采用小组现场汇报的形式进行汇报。	信息处理能力 团队合作能力 口头表达能力
考核评价	**方式一(线上考核评价):** 1. 参与"分组任务"活动时,根据评价标准,进行教师评价、组内互评和组间互评。 2. 教师整体点评。 **方式二(线下考核评价):** 1. 小组现场汇报后,互评、教师点评。 2. 填写活动评价表。	

说明:1. 活动时长 30 分钟,分值 20 分,教师可根据实际进行调整。
　　　2. 可根据实际选择活动形式。
　　　3. 可根据活动形式调整考核评价方式。

表 4 - 2 - 4 唤起需求模拟训练活动

	活动二：唤起需求模拟训练	
活动内容	各小组选一本书,结合商品性能、适读人群和书籍内容,查找顾客关注点,针对商品利用唤起需求语言技巧,完成小组模拟训练。	**社会角色** 立足 职业岗位 服务 国家社会 **个体角色** 担当 时代责任 公平公正 乐于分享
活动实施	1. 小组讨论回顾直播中的唤起需求和商品讲解语言技巧。 　　个人：按照预学单知识要点回顾。 　　小组：倾听交流,补充不足。 2. 小组讨论,商定要选择模拟销售的书。 3. 小组讨论,分配角色。三人扮演顾客,两人扮演销售人员。 4. 根据角色,精心设计网络直播唤起需求的销售语言话术。 5. 调试设备,小组内部测试直播声音和画面,确保直播顺畅。 6. 小组内部模拟直播,录制过程,上传至课程平台"分组任务"。 7. 参与课程平台主题讨论。	信息处理能力 团队合作能力 口头表达能力
考核评价	方式一(线上考核评价)： 1. 参与"分组任务"活动时,根据评价标准,进行教师评价、组内互评和组间互评。 2. 教师整体点评。 方式二(线下考核评价)： 1. 小组现场汇报后,互评、教师点评。 2. 填写活动评价表。	

说明：1. 活动时长 20 分钟,分值 20 分,小组汇报可适当延长活动时间,教师可根据实际进行调整。
　　　2. 可根据实际选择活动形式。
　　　3. 可根据活动形式调整考核评价方式。

表 4 - 2 - 5 完成一次新媒体销售的语言沟通活动

	活动三：完成一次新媒体销售的语言沟通	
活动内容	**背景与情境：** 　　如果你是"果香园"商务部下属线上销售直播号的一名员工,近期平台进行"6.18"年中大促活动,公司为"助三农"大量采购柠檬作为店铺引流福利款商品,你该如何进行直播销售的语言设计呢?	**解决问题**
活动实施	1. 各小组成员回顾新媒体销售语言技巧。 2. 小组讨论,分析柠檬的特性、潜在顾客群体是哪些人。 3. 小组讨论,分配角色。三人扮演顾客,两人扮演销售人员。	信息处理能力

活动三：完成一次新媒体销售的语言沟通	
活动实施	4. 调试新媒体销售设备,测试设备画面,调整景深,测试麦克风等设备是否能正常使用。 5. 小组成员按照分配的角色,根据柠檬设计直播销售对话。 6. 调试设备,小组内部模拟销售过程,注重运用语言技巧。 7. 观看或汇报展示。	解决问题能力 团队合作能力
考核评价	教师根据小组汇报活动表现,填写活动评价表。	

说明：1. 活动时长 20 分钟,分值 20 分,教师可根据实际进行调整。
　　　2. 可根据实际调整活动形式。
　　　3. 可根据活动形式调整考核评价方式。

新媒体销售训练评价表

班级：　　　　　　姓名：　　　　　　日期：　　　年　　月　　日

表 4-2-6　新媒体销售训练评价表

项目	评价标准	分值	学生自评 (30%)	小组互评 (30%)	教师评价 (40%)	小计
素养培养	能以乐于分享的态度参与实训活动,在实训活动中态度积极,善于合作,能与合作成员良好沟通	10				
	在实训过程中表现出积极挑战、乐于分享的职业品质,能结合顾客痛点运用新媒体销售语言技巧	10				
	能够结合新媒体销售语言技巧,认识到乐于分享的重要性,要以公平之心达分享之意	10				
知识应用	在小组活动中能够准确陈述新媒体销售语言技巧	10				
	在班级陈述中能够正确运用新媒体销售语言技巧陈述本组观点	10				
能力提升	能够将所学的新媒体销售语言技巧运用到实训任务中,学以致用	10				

续　表

项　目	评　价　标　准	分值	学生自评(30%)	小组互评(30%)	教师评价(40%)	小计
能力提升	结合具体的新媒体销售活动,运用语言技巧对具体的销售任务进行分析,展示新媒体语言沟通能力	10				
项目成果展示	能够根据新媒体销售活动,独立完成语言设计的任务,在活动中能主动发现问题,找到解决问题的办法	10				
	在活动汇报中新媒体销售语言设计合理,展示力强	10				
	项目成果与职业精神结合紧密,体现公平公正、乐于分享、热爱劳动的职业品质	10				
合计		100				

自测袋袋库

　　学习效果如何进行评定?"评估"是对学习效果的测评,通过自我观察,及时了解学习的效果反馈,查缺补漏,取长补短。

评估:测测你的新媒体销售语言能力

续　学　单
(学习改变思维　训练改变行为)

表4-2-7　续学单

序号	续学内容	必做要求	拓展要求	评价(15%)	备注
1	知识测试:高阶测验	线上课程平台完成	查找线上同类课程相关内容,进行练习	线上平台评价。可与预学单的达标测验对比,由老师进行评价	必做
2	能力实操:模拟新媒体销售训练活动	继续完成活动三模拟新媒体销售训练的任务	阅读陈进的《直播销售员——如何做好带货主播》,养成新媒体销售语言技能	完成评价表中的小组自评,小组互评项目。依据拓展内容完成情况,由老师进行增值性评价	必做

续　表

序号	续学内容	必做要求	拓展要求	评价(15%)	备注
3	拓展提升：归纳总结不同类型商品新媒体销售语言的规律	搜集不同类型商品的新媒体销售视频或案例。由班级学委汇总提交	整理汇编成班级喜爱的案例库目录	依据归纳总结不同类型商品新媒体销售语言的规律，老师视班级编辑情况与水准，予以总结性点评	必做

说明：1. 本次续学内容由学生个人完成。

　　　2. 评价占比 10%(1 项占 5%,2 项成绩记在活动三,3 项占 5%)。

评价要项占比及分值(参考)

表 4 - 2 - 8　评价要项占比及分值(参考)

要项	签到(5%)	预学评估(15%)	共学评估(60%)	自我评估(10%)	续学评估(10%)	备　注
分值	5分	15分(3项)	60分(3项)	10分	10分(2项)	

任务三 谈判口才训练
——让"我"以双赢之心达合作之意

指导表

表4-3-1 "四环三单"学习指导表

项目名称			项目四 职场专项口才技能训练	任务名称	任务三 谈判口才训练
学习过程 四个环节	目标	素质目标	1. 养成谈判时良好的职场沟通习惯,沉着自信、积极应变、正确判断并应对销售谈判 2. 养成诚实守信、尊重包容、遵纪守法的职业品质 3. 懂得在现代化的新征程中以双赢之心达合作之意		
		知识目标	1. 了解谈判前的细节准备工作 2. 了解谈判的环节与策略 3. 掌握谈判的语言技巧知识		
		能力目标	1. 能够运用谈判沟通的七个关键点提升谈判口才 2. 能够借助训练活动,提高洽谈、谈判的能力		
	任务	任务描述	背景与情境:如果公司(果香园)让你参加"端午节"大客户销售谈判活动,你该怎么做?		
		预学单	1. 阅读"知识充电站"或观看线上课程视频(2选1) 2. 阅读演讲稿或观看谈判视频(2选1) 3. 搜集真实谈判比赛资料(必做)		
	活动	共学单	1. 案例分析——激活深化 2. 视频对比——关联转化 3. 完成我的职场模拟——迁移应用		
	评估	自我评估	测测你的职场谈判能力		
		续学单	1. 知识测试 2. 能力实操 3. 拓展提升		

目 标

学会职场谈判基本策略和语言技巧

谈判无处不在,在职场上,公司间有讨价还价,找领导谈加薪是谈判,在生活中买东西时的砍价、与父母协商零花钱,甚至尝试说服他人都是谈判。所以无论是人际交往还是商务洽谈都需要谈判。因此,拥有一定的谈判技巧对每一个人都十分重要,它可以让你在谈判中占据先机,获得更多。

通过运用谈判的策略和基本技巧,在特定的谈判背景与情境的学习和训练中,你将能够实现下列目标。

素质目标:通过学习谈判基本技巧的知识与技能,养成谈判时良好的职场沟通习惯;养成诚实守信、尊重包容、遵纪守法的职业品质;懂得在现代化新征程中以双赢之心达合作之意。

知识目标:通过学习谈判基本技巧的知识,能够叙述谈判前的细节准备、谈判环节与策略、谈判的语言技巧等。

能力目标:通过案例分析、视频分析、完成职场谈判三个活动的训练应用,培养运用谈判技巧知识提升谈判效果的能力。

任 务

完成一次销售活动的谈判

如果公司让你去洽谈业务,或者做一次重要的销售谈判,你必须明确以下问题:

1. 我首先应该做什么准备?
2. 在谈判中,我应该把握什么原则?
3. 有可参考的谈判语言技巧吗?
4. 在谈判策略方面,我还要准备什么?

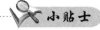
小贴士

"我们要高举和平、发展、合作、共赢的旗帜,始终站在历史正确的一边,践行真正的多边主义,践行全人类共同价值。"

——习近平在十四届全国人大一次会议闭幕式上的讲话

预 学 单

（学习改变思维 训练改变行为）

表 4-3-2 预 学 单

序号	预学内容	预学要求	拓展要求	评价(15%)	备注
1	阅读"知识充电站"	运用思维导图整理知识要点,完成线上达标测验	思考从阅读中收获了什么	课程平台评价。依据问答评价	2选1
2	观看线上课程视频	结合视频内容提出你最关注的一个问题。完成线上达标测验	可以在关注的问题后面附上原因	课程平台评价。依据问答由老师进行评价	
3	阅读销售谈判案例	结合阅读的内容,谈谈在谈判方面对你有什么启发	可以在阅读启发后附上自己的一些感想和体会	依据每一位同学总结的启发内容和感想体会,由老师进行评价	2选1
4	观看视频 2021.11.11 "医保谈判"和影视剧《中国合伙人》《正青春》中的谈判片段	"我"以双赢之心达合作之意,在视频中是如何体现的?摘录 2~3 处对你有启发的内容	谈谈谈判中沉着自信、积极应变、尊重包容是怎样体现的。整理 200 字左右的文字资料	依据每一位同学回答问题的质量,由老师进行评价	
5	搜集真实谈判资料	选一个最喜欢的谈判资料推荐给你所在的学习小组,上传课程教学平台	可附上推荐理由	依据每一位同学上传资料的质量及推荐理由,由老师进行评价	必做

说明：1. 本次预学内容由学生个人完成(可以是其中的一项或几项)。

2. 评价占比 15%(3 项各占 5%),评价方式依学习方式定。

 知识充电站

能力的形成离不开基础知识的掌握,学习应知应备的知识内容,是提高能力训练效果的重要前提。"知识充电站"明晰了谈判的基础知识和语言技巧。

谈判口才
训练(1)

一、谈判前做好细节准备

谈判前的细节准备包括收集信息、组建谈判队伍、拟定谈判方案,还需要做物质条件的准备。有必要的话,还可以进行模拟谈判。

(一) 收集信息

1. 尽可能多地了解对方情况

(1) 了解对方企业的经营状况、行业情况、企业文化、谈判目的等。

(2) 了解谈判对手的资历、能力、意志品质,以及心理类型(气质、爱好、生活方式)。

2. 熟悉自身的相关信息

(1) 本企业的社会地位、产品特点、在行业中以及同类产品中的优势与劣势。

(2) 谈判相关的专门技术、相关理论、法律依据等。

(3) 谈判者的水平、特征,以及与对方相比自己存在的优势与劣势。

(二) 组建谈判队伍

1. 单人谈判

一对一的单人洽谈或商谈,这种形式灵活、温和。

2. 谈判小组

3~5 人为宜,人员构成关注性别、年龄、气质、能力、分工等方面搭配,以形成优势互补、配合得当、群体优势。这类谈判正规、严肃。

(三) 拟定谈判方案

1. 确定谈判目标

一般谈判目标有三个层次:最低目标、可接受目标、最高目标。

2. 制定谈判策略

根据自己的实力确定自己在谈判中的地位,从而确定好的策略去赢得谈判。

3. 规划谈判议程

包括通则和细则,可以由谈判的单方面制定,对方认可,也可由双方在一起讨论制定。

(四) 物质条件准备

谈判前还需要做物质条件的准备,包括谈判场所、食宿安排和礼品的准备。物质条件的准备也很重要,许多典型谈判案例就是在此方面做文章,最终取得了有利于己方的谈判成果。

谈判地点主要有己方地点、对方地点、第三方地点三种选择。选择己方地点,利于造势,增强压迫感,但易产生依赖,且有一定的负担。选择对方地点,利于摸底,也表现对对方的充分尊重,但在谈判安排方面被动。选择第三方地点,对双方公平,但会造成一定时间、精力、财力方面的浪费,适合双方不太熟或信任度不高的情况。

(五) 模拟谈判

在正式谈判之前,选出一些人扮演谈判对手的角色,从对手的立场、观点、风格等出发,进行谈判模拟"彩排"。

模拟谈判是大型谈判或国际商务谈判中不可或缺的组成部分。通过模拟谈判,可磨合队伍,提高己方谈判水平,为临场发挥做好心理准备。

谈判双方都会在谈判前做足准备工作：收集信息；组建谈判队伍；制定谈判方案；确定谈判时间、地点、人员等，如图 4－3－1 所示。

图 4－3－1 谈判前的准备工作

二、谈判过程的三阶段

（一）开局阶段

谈判各方之间寒暄和表态，并对谈判对手的底细进行试探。开局很关键，它能为影响、控制谈判进程奠定基础。

1. 营造合适的气氛

可根据需要利用开局营造有利于己方的谈判气氛。

（1）营造热烈愉快的气氛。具体做法：回顾以往交往历史，以示关系密切；询问对方以示关心；幽默得体地与他人开玩笑；等等。

谈判口才
训练(2)

（2）营造真诚友好的气氛。具体做法：不要一上来就谈有分歧的议题，谈一些友好或中性的话题，谈谈当前都感兴趣的新闻热点。

（3）营造严肃紧张的气氛。可选择己方谈判场地来造势，增强压迫感。

2. 探知情况，了解虚实

在开局阶段，谈判人员可以借助感官来接受对方通过行为语言传递来的信息，并对其进行分析综合，以判断对方的性格、态度、风格、经验等，或是关系到其谈判结果达成的有关信息。

3. 开局陈述

在开局阶段，双方都要把自己的观点作一个全面的陈述，使对方能弄清楚自己的意图。具体做法：阐明会谈所涉及的问题，说明己方通过谈判应取得的利益，以及自己可以采取何种方式为双方共同获得的利益而作出贡献。

（二）磋商阶段

磋商阶段是谈判的中心环节，它包括报价、还价、让步等阶段。磋商阶段涉及双方核心利益，直接关系谈判的结果，因此是谈判的关键。

1. 报价阶段

在谈判中，报价是谈判进入实质性问题的开始。在实际过程中，一般是一方报价，一方还价，当然这里的"价"不仅仅是价格，还包括各项有关的交易条件。

关于报价的时期要具体问题具体分析，先报价占据主动，先发制人向对方施加影响，显得更有力量和信心，气势足。后报价处于被动地位，但可以根据对方的条件，适当地调整自己的期望，以便做到心中有数。

谈判报价的原则如下：

(1) 极限原则。最初报价稍高一点，达到己方目标的最高线。报价高，成交水平就可能高，能为以后的讨价还价留下充分的余地，但也会影响己方提供的商品和劳务在对方心目中的印象。

(2) 合理原则。最初报价高一点，绝对不是漫天要价，毫无控制，高要有高的道理，要合乎情理，否则对方会认为你缺少诚意而中止谈判。

(3) 明确原则。价格报出要坚定果断，不要吞吞吐吐，犹犹豫豫，同时要明确清晰，不要含糊不清。

除以上原则之外，还要结合具体情况来报价：如双方关系友好，有长期的合作，报价就要稳妥；如己方有较多竞争对手，那就要合理报价，甚至要压低一些。

2. 还价阶段

还价，是指在谈判中一方报价后，另一方认为离自己的期望值太远，要求报价方"调整报价"的行为。在这个环节要注意以下几个方面：一是仔细检查对方开出的每一个条件，并逐项询问理由；二是认真倾听，弄懂对方最真实的想法；三是原则上只告诉对方自己最基础的信息。

3. 让步阶段

在谈判中，让步是必然的。谈判是双方不断让步，最终达到价值交换的过程。但也不是无原则地让步。让步要把握三个原则：一是不要轻易让步；二是如果没有回报，绝不让步；三是要谨慎让步。

4. 破解谈判僵局

在谈判过程中，可能会遇到三种困难。

(1) 障碍。可采用迂回法，把障碍放一边，先解决其他事情，利用其他事项的解决积累更大的动力，到时候障碍就会比较容易排除。

(2) 胶着。可参考的处理模式，一是改变谈判地点；二是缓和紧张情绪；三是同意交付仲裁。

(3) 僵局。引进第三方——中立者，对整个事态作出仲裁。

(三) 结束阶段

谈判到最后可能会有三种情况：破裂、中止、成交。

(1) 谈判破裂，有时不可避免，当协议无法达成，我们要争取用相互理解、尊重客观的态度来结束谈判，真正做到"买卖不成仁义在"。

(2) 谈判中止，是指虽然经过一系列的讨价还价，但还是因为某些主观原因而没有达成协议，但这并不意味着谈判的最终破裂，还有回旋的余地，还可以再次谈判。

(3) 谈判成交。在谈判各环节的相继推动下，交易条件在双方可接受的范围内，并且原则上已全部达成协议，协议合同一般是书面的，谈判双方进入走向一致的最后阶段——成交阶段。

谈判成交后还会涉及总结成果、整理记录和签订合同等具体内容。

三、谈判沟通的七种语言技巧

(一)"问"的语言技巧

1. 事先设计好问题

谈判口才
训练(3)

有经验的谈判人员会事先设计好问题,先提出听起来很一般的问题,如果对方不假思索地回答,很可能已经承认某种逻辑,这时再让其回答第二或第三个重要问题,对方就只好按照这种逻辑回答了。

案例阅读

事先设计问题的沟通

导购员:"这款地板您喜欢吗?"(事先设计问题,针对不同答案设计进一步沟通的方式)

顾客:"我还要比较一下价格。"

导购员:"您说得对,买东西就是要多比较。您一定要多关注环保指标,尤其是小孩每天都要跟它接触,您说是吗?"(问答案已知的问题,在肯定中取得顾客的认同)

顾客:"是的,孩子比大人脆弱。"

导购员:"您有这样的想法很正常,毕竟健康是最重要的,家庭装修环保应该是第一位的。喜欢的款式也很重要,毕竟要看几十年,一分价钱一分货,您说对吗?"(肯定顾客意见,问答案已知的问题)

顾客:"对。"

2. 提出问题后闭口不言

有这样一种说法:谈判中谁先说话谁先失败。谈判要理解客户的谈判要求,验证对方的目标、优先顺序、底线,对方说得越多,我了解的信息就越多。

除了保持沉默,你还可以用鼓励性的肢体语言和对方互动,表示你希望他说得更多,客户实在不想说的时候,你也可以说"我的意思是……""我希望更多了解……"总之,对方说得越多越有利。

3. 对方回避不答时

不强迫,有耐心,待有合适机会再继续追问或换种提问的方式,连续发问会让对方产生防范心理。也可转换角度,以诚恳的态度来问。

例如:"如果我们同意你的要价,你可以给我们的订单金额最多是多少?""如果同意你们的付款期限,你们能接受的最高价格是多少?"

客户也经常用这招套取供应商的底线,客户说:"我们准备采购1万套,你们报一个新的价格吧,采取现金支付和采用分期付款的形式,价格会有什么差别?"

4. 重复问同一个问题

这是为了验证对方回答的真实性,若前后回答不一致则说明有问题。当然,同一问题也可有不同的提问方式。

5. 问答案已知的问题

目的是验证对方的诚实程度。

（二）"听"的语言技巧

1. 集中精力地听

可以用注视、微微一笑、赞同地点头等肢体语言表示你的倾听,也可辅以鼓励性的语言回应:"你的意思是说……然后呢?"认真倾听是赢得顾客好感乃至信任的关键。

2. 鼓励对方提出所有条件

初听时不太理解对方的发言,或对方提出的条件很离谱,我们也要不动声色地了解客户所有的谈判要求。在没有弄清楚对方全部的谈判要求之前,先不作回应,否则将失去掌握谈判的机会。

3. 不要打断对方

在对方发言时,如果有疑问,也不要打断对方,急于提出问题,因为这样会影响对方表达真实需求,也会暴露我方的意图,对方会马上调整其后的讲话内容,从而使我们失去本应获取的信息。正确做法是记下问题,等对方讲完后,在合适时机提出问题。

（三）"答"的语言技巧

在谈判过程中,不能客户问什么答什么,总有一些问题是客户想知道而你不能如实告知的,怎样回答既可巧妙避开一些不可控问题,又能让谈判顺利进行呢?

1. 不立即回答

留一定的思考时间,待慎重思考再回答对方提出的问题,沟通中的"黄金六秒"原则,就是回答前等六秒。搞清对方提问的目的和动机,再回答。

2. 用数据支持立场

回答问题、阐述立场时需要数据支持,否则你的回答就会很空洞,没有任何说服力,在谈判中也达不到争取己方利益的目的。

3. 不明确回答/不正面回答/回避地回答

确定不能拒绝回答的问题,就不正面回答。通常会用"据我所知……""那要看……情况而定"。

4. 用"如果"回应对方要求

在谈判中,当直接回答对你不利时,可以用"如果"一词来回应对方。

（四）"说"（叙述）的语言技巧

1. 语调平稳,语气谦和,表达委婉

掌握说话节奏,语调平稳、语气谦和、表达委婉,是内心强大自信的表现,也是谈判者的一种修养。

2. 逻辑清晰，表达一致，真实客观

谈判者的思维要清晰，逻辑要严谨，言语表达前后一致。谈判中的叙述是有目的的沟通。可选用金字塔原理的叙述方式，先讲观点再说论据，从上往下、从左往右递推，使表达内容层次分明，条理清楚，从而达到理想的说服效果。

（五）"辩"（论辩）的语言技巧

谈判中，双方观点不同、立场差异，一方免不了为自己的立场进行辩解，或对另一方的观点进行辩驳。

谈判口才
训练（4）

为了更清晰地论证自己的观点，在论辩时要运用客观材料以及能够支持己方论点的证据，以增强论辩效果。在论辩过程中，要有战略眼光，掌握大的方向，不在枝节问题上与对方纠缠不休，辩的目的不是战胜对方，分出对错，而是说服对方，获得己方的利益。

（六）"拒绝"的语言技巧

谈判中，对于与己方相反或相差太远的要求或观点，就需要使用拒绝的语言策略，不伤害对方，不使谈判陷入僵局，有理有节地达到成交的目的。我们可以采用这几种方法：一是以行业内的惯例，或公司制度等作为拒绝的理由；二是提出对方无法接受的条件；三是数据支持；四是用沉默拒绝。

在谈判中应知道何时拒绝、如何拒绝，尽量不使用否定性的词语拒绝，巧妙使用拒绝策略，保持平和融洽的谈判气氛，以取得谈判的成功。

（七）"确认"的语言技巧

谈判中，听话者按照自己的主观意愿来理解对方的谈话，对别人的话进行毫无根据的推论，或忽视与自己心愿不符的意见，往往会扭曲对方的本意，导致接收信息不准确，判断失误。

谈判高手与一般谈判者的区别在于确认回答以加深理解。

如果对方提了一个建议，但你感觉不太明确，就必须弄清楚客户的真实意图，避免对谈判条款的理解出现偏差而导致被动。这时候，可以采用确认型提问，可确保双方的沟通在同一频道。

在谈判沟通中，除了叙述、辩解、拒绝、确认、回答、提问、倾听七个语言关键点，还要注意沟通中的语音语调、肢体语言，因为它们比语言沟通对人的影响更大，而且更隐蔽。

有数据显示，在沟通中对人的影响，肢体语言占到55%，语音语调占到38%，而口头语言占到7%（图4-3-2）。

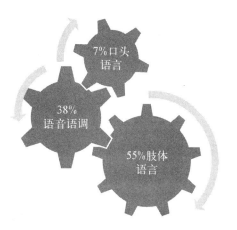

图4-3-2　沟通的三种形式及占比

四、实施好谈判的策略

谈判策略的制定，除了与双方实力对比有关，还与未来客户关系的重要性有关。

事实上,与大客户维持关系的意义远远高于某个谈判的结果。为了把大客户的价值最大化,从谈判策略上应当着眼于未来和长期的收益。另外,谈判策略还跟涉及的利益大小,以及对方的谈判风格等因素有关。

常见的谈判策略有四种:双赢谈判、实力谈判、柔性谈判、感性谈判(图 4-3-3)。

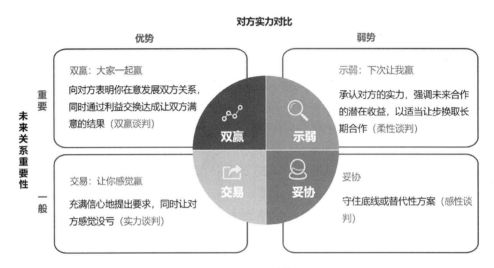

图 4-3-3 四种谈判策略对比

(一) 双赢谈判

与对方实力相较,我方处于优势,但对方有很强的持续采购能力,未来能给我方带来很大的价值,对方与我方的未来关系就非常重要。谈判时,向对方表明你在意双方的关系,同时通过利益交换达成让双方满意的结果。

(二) 实力谈判

与对方实力相较,我方处于优势,与对方是一锤子买卖,未来没有合作的潜力,我方就要充满信心地提出要求,但不可过于贪婪,要让对方感觉损失不大,甚至给他一种赢了谈判的感觉,而我们获得赢的结果,可以减少合作执行中的麻烦。

(三) 柔性谈判

如果双方实力相较我方处于劣势,我方与对方未来的关系又非常重要,我们就要正视客观事实,承认对方实力,在谈判中"示弱""以柔克刚",维护自身利益和底线,强调未来合作的潜在收益,以适当让步换取长期合作。

(四) 感性谈判

在供大于求的大背景下,供应商谈判处于弱势地位时,要善于打感情牌,同时守住底线,善于寻找替代性方案。用示弱、博取同情、放低姿态等方式激发客户的正面情绪,以获得理想的谈判结果。

在谈判口才训练中,我们需要了解以下内容:① 谈判前的细节准备,谈判过程的三个阶段(开局、磋商、结束);② 谈判口才的七个语言关键点(提问、倾听、回答、叙述、辩解、拒绝和确认);③ 四种谈判策略(双赢谈判、实力谈判、柔性谈判、感性谈判)。

在以后的实践中多揣摩、活学活用,你一定可以胜任销售谈判的工作。

 实践应用角

知识的价值需要在实践中才能得到验证。作为学习者,我们需要将从"知识充电站"获得的新知,在真实的谈判案例的分析解读中"激活";在视频比对中明辨谈判策略与语言技巧;更需要在真实的任务情境中实践应用,只有将获得的新知与技能融入特定的谈判任务,我们才能一定程度上掌握谈判策略和语言技巧。

在共学单的三个"活动"中,设有进阶性的活动内容,具体如下:

活动一——案例分析;

活动二——视频对比;

活动三——销售谈判的实践应用。

> **小贴士**
>
> "不积跬步,无以至千里,不积小流,无以成江海。"
>
> ——《荀子》

活 动

共 学 单
(学习改变思维 训练改变行为)

表4-3-3 案例分析活动

活动一:案例分析		
活动内容	**医保谈判** (第一次报价) 张劲妮(医保方):"……我们的目标是一致的,而且我们都不希望有套路,我觉得套路对这种价位的药品是没有价值的。" 药企方:"是的。" 张劲妮:"请企业进行第一轮报价。" 药企方:"第一轮报价,总部授权的报价是53 680元(每瓶)。" 显然,这个价格同张劲妮想为患病家庭申请的预期有不小距离。 张劲妮上身微微前倾,依然坚定地、一字一句地说:"我们希望企业在第一轮报价时就拿出最大的诚意,其实我们一直在考虑这个问题,每一个小群体都不应该被医保放弃,这个品种如果进来,我想以中国这种人口基数、中国政府为患者服务的决心,其实你们很难再找到这样的市场,请考量一下。"说完,她脸上又出现甜美的微笑。 药企方:"我们再商量一下。" (第二次报价) 药企代表们起身进行商议。 药企方:"经过我们的协商,我们修改了一次报价,是48 000元(每瓶)。" 张劲妮:"对中国的医保基金而言,今年实际上是一个非常困难的年份,这方面我想可能外企也有享受到相应的优惠。疫苗的费用实际上占了医保基金非常大的支出,所以我们对国家医保局今年仍然有勇气来开展我们的医保谈判工作感	**社会角色** 立足 职业岗位 服务 国家社会 **个体角色** 担当 时代责任 提升 生命价值 人生幸福

	活动一：案例分析
活动内容	到十分感动,确实也体会到了人民健康至上的这种非常大的决心。" （第三、四次报价） …… 　　这次,张劲妮开始了更深入的沟通尝试,从自己切身的感受出发:"45 800元(每瓶)这个价格如果很困难,那么我们可以给点评,不是很困难的话,我们进行下一步,我们五个都是在地方一线工作的医保人员,我们直接面对面地在接触这些群体,我们希望企业再努力一些,我们希望在点评阶段给企业明晰的指引。" …… 　　张劲妮用真诚加上高超的谈判技巧,再次出发:"42 800 元(每瓶)这个价格,对企业来说我相信你们觉得很心疼,因为降幅确实已经非常大了,但是 42 800元(每瓶)这个价格离我们还要进一步谈还有一定的距离,我相信在全球没有哪个市场比中国决心更大,在全国的范围内对这一类品种、对这种价位的品种开展谈判的决心,我想你们应该能够体会到。" …… 　　张劲妮:"如果这种药能谈妥,我们真的可能比你们还要高兴,好吗？请继续努力。" 　　药企方:"好。" （第五次报价） …… 　　药企方:"我们的报价是 37 800 元(每瓶),在 42 800 元(每瓶)基础上作了非常大的努力。"药企谈判代表也非常诚恳。 　　这时张劲妮稳住立场,态度也更明确:"刚才其实我们真的是反复表态了,我觉得在谈判桌上我们作为甲方已经十分卑微,其实我们谈判组对底价的可以调整的空间是 0,我们就是按照这个底价,你们踩进来我们就相遇,踩不进来我们就是平行线。"同时,她动之以情:"真的很艰难,其实刚才我觉得我眼泪都快掉下来了。" （第六次报价） 　　药企方:"我们也是,我们也快掉眼泪了,你们给点提示。" 　　张劲妮:"非常的艰难,请进入谈判空间。" …… 　　张劲妮:"从我们谈判组来说,我们就是引导企业报到这个底价之下,我们才能谈成,我们的底线摆在那里。确实有很多的评价公平性的方法,刚才说了小群体不应该被放弃,但是这个药一旦进来,就可能有数千人缴费,我想你们账算得比我清楚,我们其实也是要面临很大的压力的。" 　　企业又进行了第六次、第七次商量后,药企方:"我们的报价是 34 020 元(每瓶)。" 　　张劲妮:"我觉得前面的努力都白费了,我真的有点难过。" （第七次报价） 　　医保方商量了一下。 　　张劲妮说:"我们双方都抱着极大的期望,希望能把它谈成,所以刚才我们谈判组的成员商量了一下,给到大家的报价 33 000 元(每瓶)是一个整数,希望你们能接受,可能你们手头上还有一些权限,但我们的权限是 0,真的是 0,是一个刚性的线,我想你们再商量一下,好吗？" 　　药企代表们起身进行商议。 　　药企方:"经过我们的商量,取一个好的报价,也是一个吉利的数字……" 　　医保方:"请问这是你们确认的最终报价吗？" …… 　　医保方:"请确认。"

续　表

	活动一：案例分析	
活动内容	药企方："确认。" 　　医保方："好的，成交。" <div align="right">（资料来源：据 2021.11.11"医保谈判"视频整理，有改动）</div>**思考问题：** 　　1. 为什么价格呈 53 680—48 000—45 800—42 800—37 800—34 020—33 000 变化，而不一次全部让出或分次等额让出？ 　　2. 分别说明七次报价中都使用了哪些谈判语言技巧，并解读其语言技巧运用的具体含义。 　　3. 观看"医保谈判"视频，你想和大家交流什么？请梳理思路，条理清晰地表达。	
活动实施	1. 小组讨论分析案例。 　　个人：分析"灵魂砍价"及谈判语言技巧，体悟"医保局"代表的情感。 　　小组：倾听交流（注意倾听、表达的礼仪）。 2. 小组将讨论意见汇总，录制讨论过程，上传至课程平台"主题讨论"或"班级群"。 3. 参与课程平台主题讨论。 4. 也可汇总意见后，采用小组现场汇报的形式进行汇报。	信息处理能力 团队合作能力 口头表达能力
考核评价	**方式一（线上考核评价）：** 1. 参与"主题讨论"活动时获取课程积分，还可在课程分数权重项设置中获得"讨论"项分值。 2. 主题讨论词云投屏，教师点评。 **方式二（线下考核评价）：** 1. 小组现场汇报后，互评、教师点评。 2. 填写活动评价表。	

说明：1. 活动时长 30 分钟，分值 20 分，教师可根据实际进行调整。
　　　2. 可根据实际选择活动形式。
　　　3. 可根据活动形式调整考核评价方式。

表 4-3-4　视频对比活动

	活动二：视频对比	
活动内容	1. 观看"医保谈判"视频、《正青春》和《中国合伙人》"谈判"片段，比对谈判的开局形式有什么不同，并说说谈判的核心环节。 2. 各小组将每人搜集到的真实谈判视频资料进行分享（预学单中的"5"），分析不同的谈判语言方面的技巧使用。 （2 选 1）	**社会角色** 立足 职业岗位 服务 国家社会 **个体角色** 担当 时代责任 提升 生命价值 人生幸福

续　表

	活动二：视频对比	
活动实施	1. 小组讨论分析案例。 　个人：分析谈判过程，体会谈判双方的相关利益。 　小组：倾听交流(注意倾听、表达的礼仪)。 2. 小组将讨论意见汇总，录制过程，上传至课程平台"主题讨论"或"班级群"。 3. 参与课程平台主题讨论。 4. 也可汇总意见后，采用小组现场汇报的形式进行汇报。	信息处理能力 团队合作能力 口头表达能力
考核评价	方式一(线上考核评价)： 1. 参与"主题讨论"活动时获取课程积分，还可在课程分数权重项设置中获得"讨论"项分值。 2. 主题讨论词云投屏，教师点评。 方式二(线下考核评价)： 1. 小组现场汇报后，互评、教师点评。 2. 填写活动评价表。	

说明：1. 活动时长 20 分钟，分值 20 分，小组汇报可适当延长活动时间，教师可根据实际进行调整。
　　　2. 可根据实际选择活动形式。
　　　3. 可根据活动形式调整考核评价方式。

表 4-3-5　完成一次我的销售谈判活动

	活动三：完成一次我的销售谈判	
活动内容	**背景与情境：** 　　如果你是果香园(连锁水果品牌)店长，在端午节来临之际，你到附近多家公司进行节日销售推广，你怎样和公司主管领导进行销售谈判?	解决问题
活动实施	1. 小组分工写作完成谈判前的准备。 　(1) 了解各家公司发放端午节职工福利的形式及价位。 　(2) 准备水果销售谈判的专业知识及相关资料。 　(3) 制定销售价格底线与谈判策略。 2. 小组交流确定店长、谈判对手的角色分工，各角色准备销售谈判相关资料。 3. 小组进行销售谈判模拟，谈判过程中注意言谈举止友好、轻松、稳重、礼貌。 4. 完成销售谈判，或发展潜在顾客。	信息处理能力 解决问题能力
考核评价	教师根据各小组职场模拟活动表现，填写活动评价表。	

说明：1. 活动时长 30 分钟，分值 20 分，教师可根据实际调整。
　　　2. 可根据实际调整活动形式。
　　　3. 可根据活动形式调整考核评价方式。

谈判口才训练评价表

班级：　　　　　姓名：　　　　　日期：　　年　月　日

表4-3-6　谈判口才训练评价表

项目	评价标准	分值	学生自评(30%)	小组互评(30%)	教师评价(40%)	小计
素养培养	能以细致、严谨的态度参与实训活动，在实训活动中积极参与、善于合作、友好沟通	10				
	在实训过程中表现出沉着自信、诚实守信、尊重包容、遵纪守法的职业品质，能积极应变，提出富有新意的观点	10				
	能够意识到谈判语言技巧及谈判策略在谈判中的重要性，激发销售谈判的意识强	10				
知识应用	在小组活动中能够准确陈述谈判的准备工作、谈判语言技巧、谈判策略等知识	10				
	在班级陈述中能够正确运用谈判的基本理论知识陈述本组观点	10				
能力提升	能够将所学的谈判的技巧运用到实训任务中，学以致用	10				
	能结合具体的销售谈判任务，运用谈判的技巧知识对具体的谈判任务进行分析	10				
项目成果展示	能够独立完成谈判活动的任务，在活动中能主动提出问题、解决问题	10				
	在活动中汇报表达自如流畅，语速得当	10				
	项目成果能与时事结合紧密，体现双赢之心达合作之意的精神品质	10				
合计		100				

自测袋袋库

　　如何评价自己的谈判口才学习效果？"自我评估"是对学习效果的自我有效监控与反馈，通过"自我评估"可感受自我能力提升的成就感，鼓舞我们的学习热情。如有不足，要提醒自己及时修正和提升。

评估：测测你的职场谈判能力

续 学 单

（学习改变思维 训练改变行为）

表 4 - 3 - 7　续 学 单

序号	续学内容	必做要求	拓展要求	评价(15%)	备注
1	知识测试：高阶测验	线上课程平台完成	查找线上同类课程相关内容，进行练习	线上平台评价。可与预学单的达标测验对比，由老师进行评价	必做
2	能力实操：完成我的一次销售谈判	继续完成活动三销售谈判模拟任务	浏览最新的真实谈判视频	完成评价表中的小组自评，小组互评项目。依据拓展内容完成情况，由老师进行增值性评价	必做
3	拓展提升：归纳职场谈判的规律	搜集职场谈判视频。班级学委汇总提交	整理汇编成班级喜爱的谈判视频目录	依据归纳职场谈判规律，老师视班级编辑情况与水准，予以总结性点评	必做

说明：1. 本次续学内容由学生个人完成。
　　　2. 评价占比 10%(1 项占 5%，2 项成绩记在活动三，3 项占 5%)。

评价要项占比及分值(参考)

表 4 - 3 - 8　评价要项占比及分值(参考)

要项	签到(5%)	预学评估(15%)	共学评估(60%)	自我评估(10%)	续学评估(10%)	备注
分值	5 分	15 分(3 项)	60 分(3 项)	10 分	10 分(2 项)	

项目五

团队沟通口才技能训练

任务一　有效沟通口才训练——"我们"以认同
　　　　之心达互助之意

任务二　内部沟通口才训练——"我们"以热忱
　　　　之心成和谐之意

任务三　外部沟通口才训练——"我们"以协同
　　　　之心达共进之意

项目五的有效沟通口才训练、内部沟通口才训练、外部沟通口才训练三个任务关乎在职场中绽露的团队沟通口才技能。请将这三个任务置于职场沟通、合作的背景之下,完成职场团队沟通口才训练。

任务一　有效沟通口才训练
——"我们"以认同之心达互助之意

指导表

表 5 - 1 - 1　"四环三单"学习指导表

项目名称			项目五 团队沟通口才技能训练	任务名称	任务一 有效沟通口才训练
学习过程 四个环节	目标	素质目标	1. 激发团队沟通中的包容合作意识,养成善倾听、能"说话"的沟通习惯 2. 养成关注他人、换位思考的沟通素养 3. 懂得在职场中要以认同之心达互助之意		
		知识目标	1. 了解 4D 识人方法 2. 了解有效倾听这种沟通形式的技巧知识 3. 掌握说话这种沟通形式的技巧知识		
		能力目标	1. 能够运用 4D 识人工具快速识人 2. 能够运用有效倾听的技巧提升有效沟通能力 3. 能够运用说话的语言技巧进行有效沟通		
	任务	任务描述	背景与情境:如果你是"果香园"零售事业运营中心一名员工,现需团队成员结合市场和用户需求,策划当季热销产品芒果的运营方案,你们该怎么做呢?		
		预学单	1. 阅读"知识充电站" 2. 阅读有效沟通案例或观看有效沟通视频(2 选 1) 3. 搜集真实团队有效沟通资料(必做)		
	活动	共学单	1. 案例分析——激活深化		
			2. FAB 表述情景演练——关联转化		
			3. 完成有效沟通的职场模拟——迁移应用		
	评估	自我评估	测测你的有效沟通能力		
		续学单	1. 知识测试 2. 能力实操 3. 拓展提升		

目 标

学会有效倾听和说话的技巧

沟通无处不在,我们从事任何职业都离不开沟通,职场人士需要提升沟通效果。如果你无法听懂对方的表达,就绝对不可能开展有效沟通。因此,在职场的团队沟通中,我们要有耐心,从最基础的倾听开始掌握沟通的方法。

通过运用 4D 识人法、有效倾听和说话这两种沟通形式的语言技巧,在特定背景与情境的学习和训练中,你将能够实现下列目标。

素质目标:通过学习 4D 识人法、有效倾听和说话这两种沟通形式的语言技巧知识,激发团队沟通中的包容合作意识,养成善倾听、能说话的沟通习惯;养成关注他人、换位思考的沟通素养;懂得在职场中要以认同之心达互助之意。

知识目标:通过学习 4D 识人法,有效倾听和说话这两种沟通形式的语言技巧知识,能够叙述 4D 认识法、有效倾听和说话这两种沟通形式的语言技巧。

能力目标:通过案例分析、情景演练和职场模拟完成我的职场有效沟通三活动的训练应用,培养运用倾听和说话这两种沟通形式的语言技巧知识,能够全力以赴地完成一次有效沟通。

任 务

完成一次职场活动中的有效沟通

如果你是"果香园"零售事业运营中心一名员工,现需团队成员结合市场和用户需求,策划当季热销产品芒果的运营方案,你的团队该怎么做呢? 必须明确以下问题:

1. 在团队中,你的沟通风格是怎样的?

2. 在倾听别人说话时,你该怎么抓信息重点呢?

3. 在平时的沟通中,你最大的优点和劣势是什么?

4. 如果对方提出了我们不想回应的要求,你该如何答复呢?

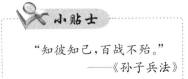

小贴士

"知彼知己,百战不殆。"

——《孙子兵法》

预 学 单
（学习改变思维 训练改变行为）

表 5 - 1 - 2 预 学 单

序号	预学内容	预学要求	拓展要求	评价(15%)	备注
1	阅读"知识充电站"	运用思维导图整理知识要点，完成线上达标测验	思考从阅读中收获了什么	课程平台评价。依据问答评价	2选1
2	观看线上课程视频	结合视频内容提出你最关注的一个问题。完成线上达标测验	可以在关注的问题后面附上原因	课程平台评价。依据问答由老师进行评价	
3	扫码阅读亚明辉《跟领导说话，要学会三种转换》	结合阅读的内容，谈谈在与人沟通中说话的技巧对你有什么启发	可以在阅读启发后附上自己的一些感想和体会	依据每一位同学总结的启发内容和感想体会，由老师进行评价	2选1
4	观看《打错电话后》视频	在沟通中要有关注他人、灵活机智、换位思考的沟通素养，在视频中是如何体现的？摘录 2 处对你有启发的内容	在倾听过程中应注意哪些因素呢？整理 200 字左右的文字资料	依据每一位同学回答问题的质量，由老师进行评价	
5	搜集有效沟通资料	选一个最认可的推荐给你所在的学习小组，上传课程教学平台	可附上推荐理由	依据每一位同学上传资料的质量及推荐理由，由老师进行评价	必做

说明：1. 本次预学内容由个人完成(可以是其中的一项或几项)。
　　　2. 评价占比 15%(3 项各占 5%)，评价方式依学习方式定。

 知识充电站

　　知识和能力是学习过程中不同阶段的产物,相互之间有从属关系和演变关系,知识是能力转化的前提,能够促进能力的发展。"知识充电站"明晰了团队沟通中个人角色沟通风格的评估方法、有效倾听和说话这两种沟通形式的语言技巧。

一、团队沟通中的角色确认

　　俗话说"知彼知己,百战不殆"。不同的人沟通风格迥异。在沟通过程中,4D 识人工

有效沟通
口才训练
(1)

具能够帮助你了解对方的沟通风格,会对沟通的达成起到帮助。

4D识人工具是用来测试个人天性的一种工具,目前被认为是最简洁、最高效的识人方法。这种测试法一共有两个表,第一个表是天生决策倾向测试(表5-1-3),第二个表是天生资讯倾向测试(表5-1-4)。

表5-1-3　天生决策倾向测试

情　感	勾　选		逻　辑
1. 大体和谐很重要			1. 和谐是达成目的的手段
2. 凭感觉行事			2. 凭"合理不合理"行事
3. 首先考虑的是人			3. 首先考虑的是事
4. 倾向和谐的关系			4. 倾向做对的事
5. 通过形成共识来决策			5. 根据自己的想法来决策
6. 重要的是信赖我的情感			6. 重要的是信赖我的理智
7. 不能忍受冲突、对立			7. 可以忍受冲突、对立

表5-1-4　天生资讯倾向测试

直觉资讯	勾　选		感觉资讯
1. 依赖我的内在觉知			1. 依赖我的观察
2. 偏重思考"可能会如何?"			2. 偏重思考"是什么?"
3. 倾向创意			3. 倾向常识
4. 行为依据闪现的灵感			4. 行为依据仔细分析
5. 喜欢研究概念			5. 喜欢研究事实和数据
6. 注重全局考虑			6. 注重细节
7. 喜欢远大构想			7. 喜欢确立的事实

天生决策倾向测试表左边有七个表述,右边有七个表述,左边测人的情感,右边测人的逻辑。天生资讯倾向测试表中同样有七个表述,左边测人的直觉,右边测人的感觉。在选择时横向来看,每一个问题只能二选一,选出后画上相应的对号,再把左右两列的对号数分别相加,最后将测到的结果放在下面的象限里。如果你在天生决策倾向测试表中情感比逻辑的对号多,那么就放在左半部分;天生资讯倾向测试表中直觉比感觉的对号多,那么就放在上半部分,重合的那个象限就是你的色彩。

象限中的色彩一共有四种,分别是蓝色、橙色、黄色和绿色,分别称为蓝色远见型、橙色指导型、黄色包容型和绿色培养型(图5-1-1)。

(一) 蓝色远见型

蓝色远见型关注一些大胆的想法,有新的创意,产生想法通常比别人快,喜欢创新、聪明、善分析,追求卓越是蓝色远见型人最大的优势。但蓝色远见型人包容性差,容易挑剔,好争辩,有时会苛求完美,容易不满,不太考虑别人的感受,不容易服从权威,所以有时候可能会伤害别人。

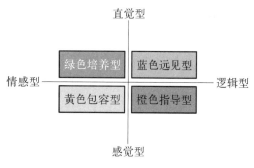

图5-1-1　倾向测试象限

蓝色远见型人倾向于不断创新,追求把事情做得更好,在工作中可以做创意总监,或是团队重要工作的开拓者。

(二) 绿色培养型

绿色培养型比较关注人的需要,愿意为别人服务,追求的是对人没有伤害的成功,理想主义,热心且胸怀慈悲,具有崇高的价值观和目标,但容易过度敏感、情绪化,容易出现受害者心态,有时候容易不切实际。

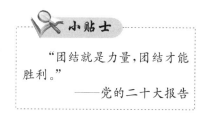

小贴士

"团结就是力量,团结才能胜利。"

——党的二十大报告

绿色培养型人注重事情的价值和对方的感受,是人际关系的创造者,乐于奉献,但是需要别人对他的价值作出肯定。

(三) 橙色指导型

橙色指导型关注流程和确定性,负责任、有序、一丝不苟、有逻辑、专注任务,喜欢有计划的工作,并会严格按照纪律去执行,但容易指责和抱怨、爱批评、爱控制、思想保守、不敏感,容易对别人不满,很少注重别人的感受。

橙色指导型人守纪律,倾向于按照标准和流程把事情做好,更适合做督导类的工作。

(四) 黄色包容型

黄色包容型的人胸怀宽广,有同情心,信任他人,忠诚友好,有合作精神,注重和谐的关系,害怕冲突,害怕矛盾,注重团队,最大的优势是包容,最大的劣势是过度的包容,显得没有原则和立场,有些过度服从和压抑自己的观点。

黄色包容型人关注关系的维护,是团队的建设者,适合建设和谐的团队,与难以相处的人合作。

从沟通的角度来讲,对角线上的两类人沟通时容易产生误会。

二、团队中有效沟通技巧——倾听

倾听是沟通的起点。社会学家和心理学家们做过一个推算,人如果在10分钟里能够讲1 000个字,那就可以听5 000个字,因为听的速度约是说的速度的5倍。倾听必须以听为基础,它是一种特殊形态的听。首先,它是人主动参与的听,人必须对声音有所反馈。

其次,必须是有视觉器官参与的听。没有视觉的参与、闭上眼睛的听,只有耳朵参与的听不能称为倾听。

（一）有效倾听的要素

1. 听到

有效沟通口才训练（2）

听到是倾听的生理维度。当声波以一定的频率和响度撞击内耳时,我们就可以听到声音。听到的过程又会受到很多因素的影响,如背景噪音。如果环境中有其他嘈杂的声音,尤其频率又刚好与所接收到的信息的频率一样时,我们就会很难从所处的背景中整理出重要的信息。因此,作为沟通方,我们要及时调整我们说话的方式,让对方能够听到。

2. 专注

专注是一个心理过程。相关研究显示,当倾听对方会给自己带来好处时,人们就会更加专注于倾听。因此,作为沟通方,要及时评估对方的需求点,以便能够吸引对方,使其对谈话内容专注。

3. 回应

回应是给予说话者清楚的反馈。倾听的差异在于反馈的呈现方式。好的倾听者会使用语言行为和非语言行为来表达他们的关心。语言行为包括回应对方的问题、交换意见与看法来证明自己专注于倾听;非语言行为如保持目光接触、做出适当的表情等。

4. 记忆

记忆是人记住信息的一种能力。如果无法记住自己听到的信息,就会枉费我们对倾听所作的努力。研究指出,大部分人对刚刚听完的信息,只能记得 50% 的内容;八小时之后,就会下降到 35%;两个月后,平均只会剩下 25%。人们每天所处理的信息,无论是来自朋友、手机还是其他媒介,能够被记忆保留下来的信息其实都仅仅是我们听到的信息的一小部分。

（二）有效倾听的技巧

听懂他人所说的信息很重要;把自己听懂的信息传递给对方,让双方达成共识也很重要。在接收到对方传达的信息后,要运用 3F 聆听法,按照感受情绪、确认事实、明确行动的顺序,得出更多信息。

1. 感受情绪

情绪是我们内在感受的外在表现,在沟通中不清楚对方到底想要什么,很多时候是因为情绪的阻隔。当人们面临心理压力或负面情绪的时候,需要的是情绪上的支持。处理情绪最简单的方式就是对对方的情绪给予正面的回应。对方如果感受到他的情绪已被接纳,就会慢慢地回归理性状态。

2. 确认事实

"情绪地雷"排除后,就可以先把听到的事实用自己的话描述一遍。一般来讲,如果描述正确,对方会给一个肯定的确认,如果描述不对,对方就会补充更多的信息。但有时,对方表达的信息,我们可能压根就没有听懂,这时不要回避,可以利用一系列提问的技巧去追问,如:"不好意思,我这里没有听懂,请您再给我讲讲吧。"与人沟通时适时提出问题,会刺激对方讲话的意愿,使他把很多事情的原委说出来。

3. 明确行动

明确行动,就是要把对方的期待转化成接下来可实施的行动,让对方清晰地感受到你确实听懂了他的意思,并按照他的期待规划出了行动。

三、团队中有效沟通技巧——说话

团队中的有效沟通不仅要会倾听,还要讲究"说话"的技巧。"说话"是多种能力构成的综合能力。会不会说话是与知识储备、思维判断、语言感受和自我调节能力密切相关的。3F 表达法和 FAB 表达法,不仅可以让我们听懂对方隐含的信息,还可以让对方明白我们确实听懂了。

(一) 3F 表达法

第一个 F(feel)指的是理解对方的感受,也就是说,理解对方为什么会有这样的感受或者这样的诉求。第二个 F(felt)指的是别人的感受,其他人曾经也有过类似的感受或者是诉求。最后一个 F(found)指的是发觉,说明处理事情的原因。

3F 表达的步骤不能调整,沟通过程中使用 3F 表达方法的目的就是让对方明白,这样处理问题是为了保护他们的利益。

(二) FAB 表达法

1. 什么是 FAB 表达法

FAB 中,F 代表的是"feature",指的是特点;A 代表的是"advantage",指的是优点;B 代表的是"benefit",指的是效用价值。

FAB 表达法就是围绕对方的需求,在要介绍的产品的属性中选择与对方需求相关联的属性,将它们转化为对对方有利的效益价值,并介绍给对方,让对方充分感知他们可以得到的利益。

2. FAB 表达法的步骤

第一步是认同对方。在认同对方时需要做到以下两点。一要重复对方的需求并赞同,这样可明确对方的需求,不致造成信息理解错误,使对方在心理上再一次强化该需求,锁定不变,同时使其感觉到被尊重。二要配合使用身体语言。这是对对方最大的尊重以及体现对其需求的重视,这样还可以快速与之建立起良好的、亲和的关系。

第二步是 FAB 利益表述。根据对方的需求,有针对性地列举分析产品的特点、优点,转换成对方需要的效用与利益,以这个效用价值来满足其利益,促使对方情不自禁地感慨道"这正是我所需要的"。

第三步是进行信息的确认与核实。明确客户需要产品解决什么问题,只有如此才能真正说到客户心里面,给客户带来好处和价值。

有效沟通口才训练应遵循的原则如下:① 学会运用 4D 识人工具探索人性;② 了解有效倾听的要素——听到、专注、回应、记忆和有效倾听的技巧——感受情绪、确认事实、明确行动;③ 学会说话的两种表达方式——3F 表达法和 FAB 表达法。

实践应用角

知识是实践的基础。作为学习者,我们需要将从"知识充电站"获得的新知,在真实的职场沟通案例分析解读中"激活";在真实的任务情境中实践应用,只有将获得的新知与技能融入特定的有效沟通口才实训任务,我们才能真正掌握有效沟通口才的本领。

在共学单的三个"活动"中,设有进阶性的活动内容,具体如下:

活动一——案例分析;

活动二——角色扮演;

活动三——完成特定情境下有效沟通口才训练的应用。

>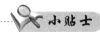
> **小贴士**
>
> "与人善言,暖于布帛;伤人之言,深于矛戟。"
> ——《荀子》

活　动

共　学　单

(学习改变思维　训练改变行为)

表 5-1-5　案例分析活动

活动一:案例分析		
活动内容	**同样的岗位,不同的待遇** 　　为保留老客户,酒店的营销部要求前台协助,留下每位入住客人的联系电话,以便建立客户资料。大家都很清楚,对于一个企业而言,保留老客户的成本远远低于开拓一个新客户,所以这是每个企业的营销部都要努力去做的一件事情。酒店的前台服务员小王和小刘都按照要求去做,一段时间下来,效果却有很大的不同。小王屡遭客人拒绝,小刘却基本都留下了客人的联系方式,而且经理收到了很多表扬小刘工作认真负责的信息。小王感到很郁闷,于是两个人进行了交流。 　　小王很想知道小刘是如何跟客人沟通的。小刘说:"你先说说你是怎样跟客人说的。"小王说:"我是这样跟客人交流的:'先生/女士您好,您可以给我们留个联系电话吗? 方便酒店给您留个房间。'"客人说:"我想来住的时候,自然会给你们打电话的,不用留。"所以小王感到很无奈。那么小刘是怎样说的呢? 　　小刘是这样说的:"先生/女士您好,请您在住宿单上签字确认房价,并麻烦您留下联系电话,我们会为我们的常客设置专门的客室档案,当酒店有比较实惠的促销活动时,我们会优先考虑我们的常客,并及时电话联系您。如果您不小心在退房时遗漏了物品,我们也能第一时间通知您。"小王听了小刘的沟通方式后,默默地为小刘竖起了大拇指。 　　还有一次酒店的客人投诉说:"你们这是什么五星级酒店,咖啡机居然是坏的,我要投诉!"小刘来到这个房间跟客人说:"不好意思先生,给您带来麻烦了。	**社会角色** 立足 职业岗位 服务 国家社会 **个体角色** 文明礼貌 关注他人 包容合作	

	活动一：案例分析	
活动内容	听说这个咖啡机不好用,我来帮您处理一下。"然后他身体面向客人的角度站立演示咖啡机的使用方法,让客人看到应该如何操作这款咖啡机。他打开咖啡机上面的一个小盖子,轻轻触动,并用抱歉的语气跟客人说:"您好,刚才这里卡了一下,您看我这样一动,咖啡机已经好了。" 小刘在工作中的表现得到了新老客户和领导的一致好评。 **思考问题:** 　1. 请从案例中分析小刘"说话"这种沟通方式的语言技巧。 　2. 分析此案例,想想小刘为什么能够成功地建立客户资料,他与客户沟通的过程中有哪些职业态度值得我们学习?请梳理思路,条理清晰地表达。	
活动实施	1. 小组讨论分析案例。 　个人:分析说话的语言技巧,体悟沟通中的职业素养。 　小组:倾听交流(注意倾听、表达的礼仪)。 2. 小组将讨论意见汇总,录制讨论过程,上传至课程平台"主题讨论"或"班级群"。 3. 参与课程平台主题讨论。 4. 也可汇总意见后,采用小组现场汇报的形式进行汇报。	信息处理能力 团队合作能力 口头表达能力
考核评价	**方式一(线上考核评价):** 1. 参与"主题讨论"活动时获取课程积分,还可在课程分数权重项设置中获得"讨论"项分值。 2. 主题讨论词云投屏,教师点评。 **方式二(线下考核评价):** 1. 小组现场汇报后,互评、教师点评。 2. 填写活动评价表。	

说明: 1. 活动时长 30 分钟,分值 20 分,教师可根据实际调整。
　　2. 可根据实际选择活动形式。
　　3. 可根据活动形式调整考核评价方式。

表 5 - 1 - 6　FAB 表述训练活动

	活动二：FAB 表述训练	
活动内容	假如你是生产厂家的业务员,现在需要你向"果香园"电商事业部介绍你们公司的主打产品沙棘汁,该产品由纯天然植物果实提炼而成,无菌灌装,密闭包装,保质期为 12 个月。	**个体角色** 换位思考
活动实施	1. 各小组根据 FAB 表述的步骤,撰写情景模拟的脚本。 2. 小组成员介绍产品时要充分考虑到果香园电商事业部的需求,进行有效表达。 3. 小组录制介绍视频,上传至课程平台"分组任务"中。 4. 也可采用小组现场汇报的形式进行汇报。	信息处理能力 团队合作能力 口头表达能力
考核评价	**方式一(线上考核评价):** 1. 参与"分组任务"活动时,根据评价标准,进行组内互评和组间互评。 2. 教师整体点评。	

续　表

活动二：FAB 表述训练	
考核评价	方式二(线下考核评价)： 1. 小组现场汇报后，互评、教师点评。 2. 填写活动评价表。	

说明：1. 活动时长 20 分钟，分值 20 分，小组汇报可适当延长活动时间，教师可根据实际进行调整。

　　　2. 可根据实际选择活动形式。

　　　3. 可根据活动形式调整考核评价方式。

表 5－1－7　完成我们的一次有效沟通活动

	活动三：完成我们的一次有效沟通	
活动内容	**背景与情境：** 　　如果你是"果香园"零售事业运营中心的一名员工，现需团队成员结合市场和用户需求，策划当季热销产品芒果的运营方案，你的团队该怎么做呢？请结合所讲内容，分组模拟演练。	解决问题
活动实施	1. 各组选择一项需要团队合作完成的任务，小组成员运用 4D 识人工具进行沟通风格评测，然后根据每个人的颜色分配各自的任务，运用本节课所学的知识合力完成设定的任务目标。 2. 小组现场汇报，其他小组观察，并找出存在的问题以及解决办法。 3. 课上不能汇报的小组，课下录制视频交回。	信息处理能力 解决问题能力 团队合作能力
考核评价	教师根据模拟有效沟通活动中的表现，填写活动评价表。	

说明：1. 活动时长 20 分钟，分值 20 分，教师可根据实际调整。

　　　2. 可根据实际调整活动形式。

　　　3. 可根据活动形式调整考核评价方式。

有效沟通口才训练评价表

班级：　　　　　姓名：　　　　　日期：　　　年　　月　　日

表 5－1－8　有效沟通口才训练评价表

项目	评价标准	分值	学生自评 (30%)	小组互评 (30%)	教师评价 (40%)	小计
素养培养	能以热情的态度参与实训活动，积极参与，包容合作，友好沟通	10				

续　表

项目	评价标准	分值	学生自评（30%）	小组互评（30%）	教师评价（40%）	小计
素养培养	在实训过程中表现出关注他人、换位思考的沟通素养	10				
	能够结合有效沟通口才技巧，认识到倾听和说话这两种沟通形式语言技巧是有效沟通的重要因素	10				
知识应用	在小组活动中能够准确陈述 4D 识人法、有效倾听和说话这两种沟通形式的语言技巧	10				
	在班级陈述中能够正确运用有效沟通口才的理论知识陈述本组观点	10				
能力提升	能够将所学的有效沟通口才的技巧运用到实训任务中，学以致用	10				
	能结合具体的职场有效沟通任务，运用有效沟通口才的技巧知识对小组合作任务进行分析	10				
项目成果展示	能够独立完成 FAB 表述和有效沟通模拟演练的任务，在活动中能主动提出问题，解决问题	10				
	在活动中汇报表达自如流畅，语速得当	10				
	项目成果能与职业精神结合，体现以认同之心达互助之意	10				
合计		100				

自测袋袋库

　　评估是检测自己学习效果的活动，通过评估可以改善自己的学习效果，改善学习氛围，从而提升学习效率。

评估：测测你的有效沟通能力

续　学　单
（学习改变思维　训练改变行为）

表 5-1-9　续 学 单

序号	续学内容	必做要求	拓展要求	评价(15%)	备注
1	知识测试：高阶测验	线上课程平台完成	查找线上同类课程相关内容，进行练习	线上平台评价。可与预学单的达标测验对比，由老师进行评价	必做
2	能力实操：完成一次我们的有效沟通	继续完成活动有效沟通模拟训练任务	阅读余世维《有效沟通》，拓展有效沟通口才技能	完成评价表中的小组自评，小组互评项目。依据拓展内容完成情况，由老师进行增值性评价	必做
3	拓展提升：归纳总结有效沟通的技巧规律	搜集不同场合的职场沟通视频和案例。班级学委汇总提交	整理汇编成班级喜爱的案例库目录	依据归纳总结有效沟通的技巧规律，老师视班级编辑情况与水准，予以总结性点评	必做

说明：1. 本次续学内容由个人完成。
　　　2. 评价占比10%（1项占5%，2项成绩记在活动三，3项占5%）。

评价要项占比及分值（参考）

表 5-1-10　评价要项占比及分值（参考）

要项	签到(5%)	预学评估(15%)	共学评估(60%)	自我评估(10%)	续学评估(10%)	备注
分值	5分	15分(3项)	60分(3项)	10分	10分(2项)	

任务二　内部沟通口才训练
——"我们"以热忱之心成和谐之意

指导表

表 5-2-1　"四环三单"学习指导表

<table>
<tr><td colspan="2">项目名称</td><td colspan="2" style="text-align:center">项目五
团队沟通口才技能训练</td><td>任务名称</td><td colspan="2" style="text-align:center">任务二
内部沟通口才训练</td></tr>
<tr><td rowspan="11">学习过程　四个环节</td><td rowspan="3">目标</td><td>素质目标</td><td colspan="4">1. 激发团队沟通中的包容合作意识,建立和谐友善的内部关系
2. 养成积极应变、爱岗敬业、文明礼貌的职业素养
3. 懂得在职场中要以热忱之心成和谐之意</td></tr>
<tr><td>知识目标</td><td colspan="4">1. 了解内部沟通类型的技巧知识
2. 了解内部沟通策略的技巧知识
3. 掌握内部沟通的语言技巧知识</td></tr>
<tr><td>能力目标</td><td colspan="4">1. 能够运用内部沟通策略的技巧知识,完成与同事间的有效沟通
2. 能够运用内部沟通口才的语言技巧,完成与上下级和同事间的有效沟通</td></tr>
<tr><td rowspan="2">任务</td><td>任务描述</td><td colspan="4">背景与情境:如果你是"果香园"零售事业运营中心的一名员工,现需要根据线上平台的经营目标,制定当季热销产品芒果的线上运营方案,你们团队该如何做呢?</td></tr>
<tr><td>预学单</td><td colspan="4">1. 阅读"知识充电站"
2. 阅读内部沟通口才技巧文稿或视频(2 选 1)
3. 搜集真实职场内部沟通资料(必做)</td></tr>
<tr><td rowspan="3">活动</td><td rowspan="3">共学单</td><td colspan="4">1. 案例分析——激活深化</td></tr>
<tr><td colspan="4">2. 视频对比——关联转化</td></tr>
<tr><td colspan="4">3. 完成内部沟通的职场模拟——迁移应用</td></tr>
<tr><td rowspan="2">评估</td><td>自我评估</td><td colspan="4">测测你的内部沟通能力</td></tr>
<tr><td>续学单</td><td colspan="4">1. 知识测试
2. 能力实操
3. 拓展提升</td></tr>
</table>

目标

学会职场内部沟通口才的基本技巧

在职业生涯中,每个人都属于一定的组织或团队,有策略地进行沟通,可以提升组织内部工作效率,使我们工作起来更加得心应手。

通过学习运用内部沟通的语言技巧,结合在组织内部场合的恰当运用,在特定背景与情境的学习和训练中,你将能够实现下列目标。

素质目标:通过学习职场内部沟通口才技巧的知识与技能,激发团队沟通中的包容合作意识,建立和谐友善的内部关系;养成积极应变、爱岗敬业,文明礼貌的职业素养;懂得在职场中要以热忱之心成和谐之意。

知识目标:通过学习职场内部沟通口才技巧知识,能够叙述内部沟通的类型和策略以及内部沟通的语言技巧等。

能力目标:通过案例分析、视频对比和情景模拟完成我的职场内部沟通三活动的训练应用,培养运用内部沟通口才的技巧,建立和谐的内部关系,从而提升工作效率。

任务

完成一次职场中的内部沟通

如果你是"果香园"零售事业运营中心的一名员工,现需要根据线上平台的经营目标,制定当季热销产品芒果的线上运营方案,你们团队该如何做呢? 必须明确以下问题:

1. 在团队内部沟通中,我应把握什么原则?
2. 在团队内部沟通中,我应该怎么去做?
3. 有可参考的组织内部沟通语言技巧吗?
4. 面对不同的沟通对象,我们的沟通策略一样吗?

小贴士

"不学礼,无以立。"
——孔子

预　学　单

（学习改变思维　训练改变行为）

表 5-2-2　预 学 单

序号	预学内容	预学要求	拓展要求	评价(15%)	备注
1	阅读"知识充电站"	运用思维导图整理知识要点,完成线上达标测验	思考从阅读中收获了什么	课程平台评价。依据问答评价	2选1
2	观看线上课程视频	结合视频内容提出你最关注的一个问题。完成线上达标测验	可以在关注的问题后面,附上原因	课程平台评价。依据问答由老师进行评价	
3	阅读《西游记》和《领导语调低,下属情绪高》,体会团队建设的重要性	结合阅读的内容,谈谈在内部沟通语言技巧方面对你有什么启发	可以在阅读启发后附上自己的一些感想和体会	依据每一位同学总结的启发内容和感想体会,由老师进行评价	2选1
4	观看《职场小钢炮——制造共同语言》《职场小钢炮——适当表扬下属》	职场中与同事、上下级等相处应该运用什么样的语言技巧?摘录2~3处对你有启发的内容	年轻人走进职场,面对新的环境,应该如何与同事沟通?整理200字左右的文字资料	依据每一位同学回答问题的质量,由老师进行评价	
5	搜集真实职场沟通资料	选一个最喜欢的推荐给你所在的学习小组,上传课程教学平台	可附上推荐理由	依据每一位同学上传资料的质量及推荐理由,由老师进行评价	必做

说明：1. 本次预学内容由个人完成(可以是其中的一项或几项)。
　　　2. 评价占比 15%(3 项各占 5%),评价方式依学习方式定。

知识充电站

知识是能力形成的基础,能力是在掌握知识的过程中形成和发展的。"知识充电站"明晰了团队内部沟通口才的原则和技巧。

在组织内工作,需要掌握与组织内外人员沟通的能力。在任何一个组织中,都需要跟领导、下属、同事进行沟通,好的沟通策略可以让我们在平时工作中收到事半功倍的效果。

一、内部沟通的类型

内部沟通口才训练(1)

依据信息在组织结构中传递方向的不同,可以将内部沟通分为两类:水平沟通和垂直沟通。

(一) 水平沟通

水平沟通也叫横向沟通,是组织内部各个部门之间的沟通。管理层和各个部门之间就任务、法规要求和职责权限进行沟通,以便各部门明确工作重点、规范管理行为、确保目标的实现。各个部门之间也可以将工作的过程、结果以及资源的需求、改进的方案与管理层进行沟通,以获得相关的协调、配合,从而获取业绩。

(二) 垂直沟通

垂直沟通也叫纵向沟通,是沿着组织结构中的直线等级,进行的自上而下或是自下而上的沟通。其中按照等级上下垂直沟通,又可分为上行沟通和下行沟通,如管理者就当前的任务以及要求与员工进行沟通,以使其进一步了解工作的目的,掌握工作的要求。同时,员工也会与管理者就当前的状态以及需求进行反馈,以获得日益变化的信息。

二、内部沟通的策略

据调查显示,在所有离职者中,有将近一半的人是因为办公室中的人际关系问题难以解决而选择离职。他们感到压抑,无法投入工作,发挥不出自己的实际水平,不得不选择离开。那么在组织内部沟通中我们通常会遇到哪些问题呢? 怎样来避免这些问题出现?

(一) 向上沟通,要有胆识

"凡事预则立,不预则废。"经过精心准备的沟通,势必更加顺畅有序。

作为沟通方要给出多个选择,提供多种解决方案。有的领导会直接告诉下属自己喜欢什么样的沟通方式。实际上,对于普通员工来说,给领导提供多个可以选择的沟通方式往往更加奏效。如:你可以问问老板,希望你多久汇报一次工作;你也可以问问他,喜欢电话沟通、邮件沟通还是面对面沟通,可以提供多种方案,合理安排沟通时间及沟通方式。

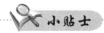

小贴士

"和平、发展、合作、共赢的历史潮流不可阻挡,人心所向、大势所趋决定了人类前途终归光明。"

——党的二十大报告

(二) 向下沟通,要有心情

因为沟通发起者是职位较高的人,加上在沟通过程中存在着企业组织结构的复杂性、管理者风格的差异性,所以在下行沟通时,需要讲究一定的技巧,才能使人信服。如"你们把这个方案马上做出来,否则不准下班""大家辛苦,下班前把这个方案做出来,时间比较紧"这两句话表达同一个意思,但显然,后者会让员工在工作时更有动力,而前者会不自觉地让员工产生一种逆反心理。因此,要使自己的观点、想法被同事信服,首先要做到的就是说服自己。和下属沟通,首先要用心,员工更容易服从真诚的领导。其次要用情,说好听的话,使员工们工作顺心,然后才能使其忠于你、忠于公司。

(三) 水平沟通,要有肺腑

以和为贵,不带有个人偏见看待同事间的沟通。涉及利益的时候,需要树立"内部顾客"的理念,在态度上要注意主动体谅和谦让,树立双赢的沟通理念。

例如,某培训师为某酒店服务企业的员工做培训,这个团队成员之间的关系一直不融洽。培训师发现,一部分人更愿意靠直觉来做决定,在团队合作时经常改变主意;而另一部分人喜欢用事实说话,他们觉得其他人优柔寡断,只关心自己的利益。团队成员互相了解后,不再从自己的角度来看待其他的同事,而是学着从其他人在意的方向出发表达自己的建议。后来,整个部门相处得其乐融融,沟通起来也毫不费力了。

三、内部沟通的语言技巧

职场人士在工作中,必然会与领导、同事和下属进行沟通。说什么,怎么说,什么话能说,什么话不能说,都十分讲究。对象不同,沟通的语言技巧也不同。

内部沟通口才训练(2)

(一) 与领导沟通的语言技巧

下属与领导主动沟通,既能够准确了解信息,又能够及时表达自己的意图,形成有效的双向互动。在与领导沟通中要注意以下三点。

1. 明确目的,确定重点

在沟通中,明确说话目的才不会走弯路、走偏路。只有确定沟通的重点,才能提高沟通效率,使重要信息得到精准传达。那么,如何明确沟通目的和沟通重点呢? 首先,要明确本次沟通的是哪几项工作内容,并按照重要性为其排序。其次,要明确本次沟通的每一部分内容最终需要达成什么目标。最后,从中挑出最重要的事情,并与领导进行深入探讨,最大限度保证沟通的准确性。

2. 依据事项,确认时机

与领导沟通时,要选择恰当的时机。首先,要选择领导比较空闲的时候,与领导沟通前,可以通过电话和信息主动预约,确定好时间后,自己按时赴约。其次,要选择领导心情良好的时候,如果领导的情绪欠佳,最好不要去打扰。最后,要寻找适合单独交谈的机会,如果有其他人在场或在附近时,说话之前要考虑清楚是否会有影响。

3. 态度谦和,灵活应变

下属与领导沟通时,礼节要周全,精神要饱满,让双方以愉快的态度开始沟通。在沟通时,因为领导性格特点、文化素养不同,要选择灵活的说话方式。与严谨的领导沟通时,不仅要有根有据,还要注意逻辑性;与直爽的领导沟通时,要开门见山,单刀直入;与干练的领导沟通时,要言简意赅,干脆利落。在沟通过程中,要观察领导说话时的语气和肢体语言。若意见略有不同,要先表示赞同再做补充;若意见相反,不要在语气上表现不满,要根据领导的态度视情况改变策略,力求把事情协调到自己能够控制的范围内。

（二）与同事沟通的语言技巧

1. 要懂得把握分寸

古人云"谨言慎行"。在沟通中要注意分寸，要知道什么话该说，什么话不该说，话要说到什么程度。应常常以"我""我们部门"作为谈话的开头，如"我想改变一下今天的会议流程，想听听你的意见""我个人认为这样做更有效，不知您怎么想"。职场中如果可以多花一些时间，设身处地为别人着想，就可以在很大程度上避免没有把握好说话的分寸引起的矛盾。

2. 要懂得尊重对方

尊重别人就是尊重自己。在与同事沟通交流时，一定要摆正自己的心态，端正自己的态度，给予对方该有的尊重。不能因为对方的工作失误而对他批评指责，而是要学会换位思考，在互相尊重的情况下，给对方提出合理的建议，可以用"我认为……或许……"来表达自己的观点。

> **小贴士**
>
> "非仁无为也，非礼无行也。"
>
> ——孟子

3. 学会表达赞美

赞美是对他人的尊重，在一定程度上能够激起对方内心的愉悦，从而使双方交流顺畅。每个人都渴望得到他人的认可，尤其是身边的人的认可。在工作中如果同事获得荣誉，要第一时间送上赞美之词，对方会由衷地感到喜悦。当然在职场中，难免会因工作的事情与同事闹矛盾，但不管如何，切记要只对事不对人，只针对工作展开讨论，而不要对人格进行评价，同事也会因为你原则性强而高度认可你。

4. 学会表达感谢

心存感激是一种积极的生活态度，也是成功的重要因素。在沟通中，与同事合作共同完成项目后，一定要明确地向对方表达感谢。尽管与同事的关系亲密，也不要认为理所应当。要详细说出同事在工作中的价值，让同事感受到被尊重，而不要简单只说一句"谢谢"。如"非常感谢你熬夜帮我，因为你的帮助，报告更加完善了"或者"如果没有你，绘图工作没办法这么快完成"。

（三）与下属沟通的语言技巧

1. 要放下架子说话

与下属沟通应该避免使用命令、训斥的口吻说话，要放下架子，以平易近人的态度来对待下属。在与下属沟通时，首先，不要直接否定下属的观点。"你应该怎么做""你说话前有没有思考"等语句会让人产生抵抗情绪，影响下属工作的积极性，应多使用"请"或"我们"等词语。其次，不揭下属的短处。即便下属在工作中表现得不够好，也不要揭短，尊重下属是第一要务，做到对事不对人。最后，允许下属自由表达。作为领导在与下属沟通时，不要限定过多的条条框框，要给下属自由表达的空间，这样不仅利于了解对方的思想，也能达到有效沟通的目的。

2. 要聆听员工意见

作为领导要有开阔的心胸，以开放的心态去聆听员工的意见，只有这样才能避免决策失误，提高工作效率。当下属在表达自己的观点时，应该耐心聆听对方的言语，即便对方表达的方法和意见不够合理,你也应该允许他讲述完毕,不要打断他的话,更不要拒绝聆听对方的建议和意见,这都是不尊重下属的表现。在职场中与下属交流需注意两点。首先,给下属创造一个表达自己观点的空间。在做抉择和制定策略之前先聆听下属的建议和意见,不要独断专行。其次,对下属的意见要给予肯定。即便下属的观点不够合理,也要鼓励下属表达自己的思想,给予鼓励。

内部沟通是一个综合运用多种表达技巧的过程,人们根据表达的需要,得体地采用各种技巧,通过有声语言和无声语言内容上的增减、程序上的变化和方法上的组合构成具有不同魅力的语言。

 实践应用角

知识是实践的基础,活学活用,才能真正把知识有效应用。作为学习者,我们需要将从"知识充电站"获得的新知,在真实的内部沟通案例中感受;在比对观测中了解语言的魅力;更需要在真实的任务情境中实践应用,只有将获得的新知与技能融入特定的内部沟通口才任务,我们才算真正掌握了内部沟通口才的本领。

在共学单的三个"活动"中,设有进阶性的活动内容,具体如下:

活动一——案例分析;

活动二——视频对比;

活动三——内部沟通语言技巧的实践应用。

> **小贴士**
>
> "修身践言谓之善行,行修言道,礼之质也。"
>
> ——《礼记》

活　动

共　学　单
(学习改变思维　训练改变行为)

表5-2-3　案例分析活动

活动一:案例分析	
活动内容	**王华的沟通之道** 　　王华是一家传媒公司的销售总监。他的顶头上司杨总的主业是做学术研究,一直以来他的工作重点都在研究和开发领域,对销售一知半解。但是杨总经常插手销售部的事,作为下属,王华不会顶撞杨总,工作中会按照杨总的吩咐去做。不久,销售部的工作被折腾得乱七八糟,销售业绩也一跌再跌。一时间,高层批评,客户也埋怨,让圈子里曾经赫赫有名的销售大王王华头晕眼花,有苦说不出。 　　王华考虑了很久,决定就工作的事情和领导进行沟通。王华利用自己的空余时间,撰写了一份自己的工作总结,总结中归纳了最近销售业绩下滑的主要原因,	**社会角色** 立足 职业岗位 服务 国家社会 **个体角色** 积极应变 爱岗敬业

	活动一：案例分析	
活动内容	并提出了解决的可行性方案,方案中还附上了同行业公司的成功案例。同时他还主动出击,在杨总还没有开始指挥的时候,他就把事情处理的几种方式、路径,以及每一种方式和路径的利弊等都详细列出后再去虚心地请教杨总。杨总再不懂销售,也知道采用成本最少、赚钱最多的那套销售方案。 　　通过这样的努力,王华利用自己独有的沟通方式解决了工作中一直以来的苦恼,实现了自己的目标,充分得到了公司高层领导的认可与赞赏,在销售方面也有了自己的显著成绩。自此之后,杨总肯定了王华的工作能力,也慢慢地改变了自己的工作方式,把更多的时间用在自己的专业以及人事、财务的管理上,不再干涉销售部的具体工作,而王华的工作,在他的努力下,也取得了令人满意的成绩,得到了单位高层领导和同事的认可。 **思考问题:** 　　1. 从案例中分析王华与领导沟通时使用了什么语言技巧。 　　2. 分析此案例,想想王华在与领导沟通过程中哪些职业态度值得我们学习,并详细分析概括王华取得成功的经验是什么。梳理思路,条理清晰地表达。	
活动实施	1. 小组讨论分析案例。 　　个人:分析案例,体悟案例中内部沟通的策略和语言技巧。 　　小组:倾听交流(注意倾听、表达的礼仪)。 2. 小组将讨论意见汇总,录制讨论过程,上传至课程平台"主题讨论"或"班级群"。 3. 参与课程平台主题讨论。 4. 也可汇总意见后,采用小组现场汇报的形式进行汇报。	信息处理能力 团队合作能力 口头表达能力
考核评价	方式一(线上考核评价): 1. 参与"主题讨论"活动时获取课程积分,还可在课程分数权重项设置中获得"讨论"项分值。 2. 主题讨论词云投屏,教师点评。 方式二(线下考核评价): 1. 小组现场汇报后,互评、教师点评。 2. 填写活动评价表。	

说明:1. 活动时长 30 分钟,分值 20 分,教师可根据实际调整。
　　2. 可根据实际选择活动形式。
　　3. 可根据活动形式调整考核评价方式。

表 5 - 2 - 4　视频对比活动

	活动二：视频对比	
活动内容	1. 观看《职场小钢炮——制造共同语言》和《职场小钢炮——适当表扬下属》,比对职场中内部沟通的语言技巧。 2. 各小组将每人搜集到的真实职场沟通资料进行分享(预学单中的"4"),分析不同人在职场中有效沟通语言技巧的使用情况。 (2选1,也可各组领取不同任务)	个体角色 文明和谐

	活动二：视频对比	
活动实施	1. 小组讨论分析案例。 　个人：分析不同的人在职场沟通中采取了哪些语言技巧。 　小组：倾听交流(注意倾听、表达的礼仪)。 2. 小组将讨论意见汇总,录制讨论过程,上传至课程平台"主题讨论"或"班级群"。 3. 参与课程平台主题讨论。 4. 也可汇总意见后,采用小组现场汇报的形式进行汇报。	信息处理能力 团队合作能力 口头表达能力
考核评价	方式一(线上考核评价): 1. 参与"主题讨论"活动时获取课程积分,还可在课程分数权重项设置中获得"讨论"项分值。 2. 主题讨论词云投屏,教师点评。 方式二(线下考核评价): 1. 小组现场汇报后,互评、教师点评。 2. 填写活动评价表。	

说明：1. 活动时长 20 分钟,分值 20 分,小组汇报可适当延长活动时间,教师可根据实际进行调整。
　　　2. 可根据实际选择活动形式。
　　　3. 可根据活动形式调整考核评价方式。

表 5-2-5　完成一次我们的内部沟通活动

	活动三：完成一次我们的内部沟通	
活动内容	**背景与情境：** 　　如果你是果香园零售事业运营中心一名员工,现需要根据线上平台的经营目标,制订当季热销产品芒果的线上平台运营活动方案,你们团队该如何做呢?	**解决问题**
活动实施	1. 小组成员头脑风暴,分组讨论工作中遇到的情况。 2. 运用内部沟通语言技巧,以小组为单位,合理想象并设计具体的实施方案,制作情景模拟沟通脚本。 3. 分组进行情景模拟演练。 4. 自我评价任务的完成情况和收获体验。 5. 小组互评、教师评价。主要对各组任务的实施的目标、过程和效果进行评判,肯定成绩,提出建议,指导做进一步的总结和改进。	信息处理能力 解决问题能力 团队合作能力
考核评价	教师根据内部沟通模拟训练活动表现,填写活动评价表。	

说明：1. 活动时长 20 分钟,分值 20 分,教师可根据实际调整。
　　　2. 可根据实际调整活动形式。
　　　3. 可根据活动形式调整考核评价方式。

内部沟通口才训练评价表

班级：　　　　　　姓名：　　　　　　日期：　　年　　月　　日

表 5－2－6   内部沟通口才训练评价表

项目	评 价 标 准	分值	学生自评(30%)	小组互评(30%)	教师评价(40%)	小计
素养培养	能以积极的态度参与实训活动,态度积极、善于合作,能与合作成员良好沟通	10				
	在实训过程中表现出以诚相待、爱岗敬业、文明礼貌的职业品质	10				
	能够结合内部沟通口才训练的技巧,认识到内部沟通口才在职场中的重要性,运用内部沟通口才的语言技巧的意识强	10				
知识应用	在小组活动中能够准确陈述内部沟通语言的技巧知识	10				
	在班级陈述中能够正确运用内部沟通口才的理论知识陈述本组观点	10				
能力提升	能够将所学的内部沟通语言技巧运用到实训任务中,学以致用	10				
	能结合具体的职场环境,运用内部沟通语言技巧进行有效沟通	10				
项目成果展示	能够独立完成不同场合中内部沟通任务,在活动中能主动发现问题,找到解决问题的办法	10				
	活动汇报中语言设计合理、形式丰富、效果好	10				
	项目成果能与职业精神紧密结合,体现以热忱之心成和谐之意	10				
合计		100				

评估：测测
你的内部
沟通能力

🚩 **自测袋袋库**

　　评估是对自己学习收获的一个总结,由此可以及时了解学习的成果反馈,品尝能力提升的成就感,鼓舞学习热情。

续　学　单

（学习改变思维　训练改变行为）

表 5-2-7　续 学 单

序号	续学内容	必做要求	拓展要求	评价(15%)	备注
1	知识测试：高阶测验	线上课程平台完成	查找线上同类课程相关内容，进行练习	线上平台评价。可与预学单的达标测验对比，由老师进行评价	必做
2	能力实操：完成一次内部沟通	继续完成活动内部沟通模拟训练任务	通过网络平台，浏览3～5个职场沟通的案例	完成评价表中的小组自评，小组互评项目。依据拓展内容完成情况，由老师进行增值性评价	必做
3	拓展提升：归纳内部沟通口才的实用技巧	搜集沟通案例，总结内部沟通口才的实用技巧。由班级学委汇总提交	整理汇编成班级同学认为实用的职场中的内部沟通口才技巧汇总	依据归纳总结内部沟通口才的实用技巧规律，老师视班级编辑情况与水准，予以总结性点评	必做

说明：1. 本次续学内容由个人完成。
　　　 2. 评价占比10%（1项占5%，2项成绩记在活动三，3项占5%）。

评价要项占比及分值（参考）

表 5-2-8　评价要项占比及分值（参考）

要项	签到(5%)	预学评估(15%)	共学评估(60%)	自我评估(10%)	续学评估(10%)	备 注
分值	5分	15分(3项)	60分(3项)	10分	10分(2项)	

任务三　外部沟通口才训练
——"我们"以协同之心达共进之意

指导表

表 5 - 3 - 1　"四环三单"学习指导表

项目名称			项目五 团队沟通口才技能训练	任务名称	任务三 外部沟通口才训练
学习过程　四个环节	目标	素质目标	1. 激发团队外部沟通意识,培养团结合作、积极作为的态度 2. 养成文明礼貌、善于倾听、换位思考的职业素养 3. 懂得在职场中要有以协同之心达共进之意		
		知识目标	1. 了解外部沟通的内涵、策略 2. 了解外部沟通口才的技巧 3. 掌握外部沟通中会出现的问题及应对技巧		
		能力目标	1. 能够运用外部沟通的语言技巧进行团队顺畅沟通 2. 能够运用外部沟通策略,解决团队沟通中的矛盾		
	任务	任务描述	背景与情境:如果你是"果香园"零售事业部运营中心的一名员工,近期你所在工作团队正策划芒果的销售分配方案,由于水果数量有限,须与北京区、上海区协调销售份额,你们该怎么做?		
		预学单	1. 阅读"知识充电站"或观看线上课程视频(2选1) 2. 阅读外部沟通案例或观看外部沟通视频(2选1) 3. 搜集真实的团队外部沟通资料(必做)		
	活动	共学单	1. 案例分析——激活深化		
			2. 情景演练——关联转化		
			3. 完成外部沟通口才的职场模拟——迁移应用		
	评估	自我评估	测测你的外部沟通能力		
		续学单	1. 知识测试 2. 能力实操 3. 拓展提升		

目　标

学会团队外部沟通的语言技巧

团队的成功不仅在于团队自身的努力，还在于与组织内各部门的协调与合作。谦逊的态度往往会让别人很难拒绝你的要求，这也是一个人不可战胜的关键。沟通是管理的命脉，管理过程强调"沟通无处不在"，特别强调对外沟通的艺术。深入理解对外沟通的作用，掌握对外沟通的基本策略和技能，可以进一步提高团队协作能力和部门运作效率。

通过了解外部沟通的作用，掌握外部沟通的基本策略和技能，通过特定背景与情境的学习和训练，你将能够实现下列目标。

素质目标：通过学习外部沟通口才训练知识和技能，运用外部沟通的技巧激发团队外部沟通意识，培养团结合作、积极作为的态度；形成文明礼貌、善于倾听、换位思考的职业素养；懂得在职场中要以协同之心达共进之意。

知识目标：了解外部沟通的内涵、策略；了解外部沟通口才的技巧；掌握外部沟通中会出现的问题及应对技巧。

能力目标：通过案例分析、视频分析、完成团队沟通口才技能训练，能够灵活运用外部沟通的语言技巧顺畅地进行团队合作沟通；能够运用外部沟通策略，解决团队外部沟通中的矛盾与冲突。

任　务

完成一次职场活动中的外部沟通

如果你是"果香园"零售事业部运营中心的一名员工，近期你所在工作团队正策划芒果的销售分配方案，由于水果数量有限，须与北京区、上海区协调销售份额，你们该怎么做？在如何进行外部沟通方面，你们必须明确以下问题：

1. 我们首先应该做什么准备？

2. 在与其他部门的沟通中，我们应把握什么原则？

3. 在进行外部沟通方面，我们还要准备什么？

4. 我们应该运用哪些语言技巧？

 小贴士

"故与智者言，依于博；与博者言，依于辨；与辨者言，依于要。"

——《鬼谷子》

预 学 单
(学习改变思维 训练改变行为)

表 5-3-2 预 学 单

序号	预学内容	预学要求	拓展要求	评价(15%)	备注
1	阅读"知识充电站"	运用思维导图整理知识要点,完成线上达标测验	思考从阅读中收获了什么	课程平台评价。依据问答评价	2选1
2	观看课程视频	结合视频内容提出你最关注的一个问题,完成达标测验	可以在关注的问题后面附上原因	课程平台评价。依据问答由老师进行评价	
3	阅读案例《果香园的烦恼》	结合阅读的内容,谈谈在进行外部沟通方面你有什么启发	可以在阅读启发后附上自己的一些感想和体会	依据每一位同学总结的启发内容和感想体会,由老师进行评价	
4	情景演练:"果香园"公司即将举行周年庆典活动。秘书小王负责全面的调度工作。她与相关部门负责人协调后就没再怎么过问。庆典的日子快到了,小王匆匆去了解事情的进展情况。结果令她大吃一惊:工作的进展十分缓慢	如果你是秘书小王,面对工作进展缓慢的情况,你应该如何挽回局面?请四人一组进行角色扮演模拟演练	年轻人面对职场外部沟通,应该如何做到坦诚沟通,从容应对?请你整理500字左右的文字资料	依据每一位同学回答问题的质量,由老师进行评价	2选1
5	搜集真实外部沟通资料	选一个最喜欢的推荐给你所在的学习小组,上传课程教学平台	可附上推荐理由	依据每一位同学上传资料的质量及推荐理由,由老师进行评价	必做

说明:1. 本次预学内容由学生个人完成(可以是其中的一项或几项)。
2. 评价占比15%(3项各占5%),评价方式依学习方式定。

知识充电站

　　知识的积累,有助于发展自己的能力。对于员工个人来说,运用沟通技巧可以有效地增进与其他人员的关系,增进相互理解,达成共识。一个优秀的企业,强调的是团队的精诚团结,团队成员之间如何沟通是一门大学问。只有通过更好的沟通,人们的心灵才能畅通,企业才能蓬勃发展。

一、外部沟通的内涵

外部沟通是在同一组织内不同部门之间的沟通。每一个组织都是一个有机的整体, 每一个部门都会与其他部门有交流和协作。完成工作的过程几乎都会涉及外部的事务, 如果缺乏沟通,整个组织的运转就会陷入停滞状态。

外部沟通口才训练(1)

外部沟通是现代企业发展的重要内容,它能够帮助企业更好地实现协同合作,提高企业整体的运营效率。通过沟通,可以统一团体内成员的想法,产生共识,以达成团体目标; 相互提供资料,掌握工作的过程与结果,使管理工作更顺利;相互交换意见,使"知"的范围 扩大,"不知"的部分缩小,以利于问题的解决;强化人际关系,改善团队成员的工作情绪, 团结起来,形成一个强大的团队。

二、外部沟通的障碍

调查发现,有超过 40% 的人将无效的外部沟通视为企业战略执行的最大障碍。他们 表示,如果能有效解决这一难题,工作的效率会大幅度地提升。

(一) 外部沟通的个人障碍

1. 认知偏见

团队是由个体组成的,而每个人的认知水平都是有限和不同的,有些人对某些事情有 偏见。这些偏见一开始是对某个部门或个人的抱怨,随着时间的推移,它们会导致认知偏 见。例如,一些员工认为人力资源部门总是无所事事,这是一种偏见。这可能是对其部门 的工作不熟悉,也可能是以前的经历造成的,但事实并非如此。认知偏见可能会给部门之 间的沟通造成障碍。

2. 理解偏差

沟通的障碍除了认知上的差别,还存在团队中有的人因为语言表达能力有限,不能清 晰表达自己的意思,缺乏表达的艺术,不能让他人了解自己的意图,自然也无法获得他人 的支持和配合。因此,语言能力好与不好,产生的沟通效果会有较大差别。

3. 情绪偏离

团队情绪会影响团队成员的工作效率,甚至会成为一个团队成员是否留在团队中的 原因。当对客观事物持积极态度时,人们会感到幸福、满足等;当持消极态度时,人们会感 到仇恨、恐惧、愤怒或悲伤,而情绪变化会影响部门之间的沟通。例如,当财务部门在年底 太忙而没有时间时,人力资源部门要求其进入企业内部信息系统,评估部门员工的绩效并 提供相关信息。财务部门员工在焦虑和紧迫的状态下接收信息,可能会对人力资源部门 产生厌倦感,任务分配的重要信息可能没有得到足够的重视,会导致人力资源部门无法及 时完成分配的任务。

先处理情绪，后处理问题

我们时常会遇到各种各样的问题，处理问题时一定要把握正确的秩序：先处理情绪，后处理问题。这样才能冷静、理智地解决问题，如果带着情绪去处理问题，只会让事情变得更糟，甚至让自己陷入孤立无援的尴尬境地。

（资料来源：张君燕，《先处理情绪，后处理问题》，《演讲与口才》，2021 年第 3 期）

分析： 在团队外部沟通中，应该以冷静、理智的情绪去解决遇到的问题，如果情绪消极甚至产生愤怒、仇恨，就会让沟通陷入困境。

（二）外部沟通的组织障碍

1. 职责分工不明确

外部沟通出现问题的主要原因是组织部门分工不清、部门职责分工重叠、部门之间权力划分不清。权力不明确很容易导致出现责任推诿、任务拖延、工作内容重复。

2. 组织架构不合理

传统工业经济下形成的企业组织多为线性职能组织，管理层级众多，部门众多，"层层叠加"，企业结构庞大。这样一个大型机构运营困难，沟通效率低，导致部门之间的联系减弱。有许多会议、文件、指示请求和多层指示，极易导致沟通问题产生。

3. 组织氛围不和谐

组织的氛围也会对信息接收水平产生影响。开放的办公室政策和相对和谐的组织氛围将提高部门之间的沟通效率；而在封闭的办公政策和紧张的组织氛围中，部门之间的沟通会相对减少，不利于信息的传递。

4. 信息系统不完整

组织信息系统是企业各部门之间沟通的重要渠道。如果沟通渠道不畅，沟通双方掌握的信息不对称，就会产生跨部门沟通问题。比如，某企业在制订生产计划时，计划部门与供销部门的意见不一致，原来计划部门的数据来源于上级的规划，而销售部门的数据来源于市场需求，由于掌握的信息不一致，分歧在所难免。

三、外部沟通的原则

（一）建立相互信任

工作中，你面对的同事通常会与你长期合作，所以诚实是上策，最忌讳的是欺骗、隐瞒事实和破坏信任关系。一旦部门之间缺乏信任，就会加剧彼此的防御感，彼此沟通时可能会有所保留，甚至隐藏重要信息。相反，相互信任会在沟通中打开双方的思路，有利于彼此明确表达自己的需求和考虑，增强共同解决问题的意愿。

外部沟通口才训练(2)

（二）客观陈述事实

对于团队和企业来说，沟通是一个永恒的问题，其实无论是大型的跨国企业，还是中型企业、新兴企业，尽管花了很多时间进行沟通训练，尽管不断强调沟通，甚至将其列为重要的企业文化，但都永远没办法提高到完美的境界，尤其是跨部门外部沟通时问题更大。团队沟通最基本的要素是我们对事件的描述，当我们在描述事实而不是陈述观点时，描述的都是大家都知道的客观存在，对方无法反驳，同时也避免因为观念的不同而让对方产生抵触情绪，所以，在外部沟通中最好"用事实说话"。

（三）关注中心问题

集中沟通的最佳方式是呈现具体事实，引导人们迅速关注中心问题，减少不适当的猜测。事实（如当前销量、市场份额、研发费用、竞争对手行为等）可以最大限度地减少沟通过程中的人为因素。在缺乏事实的情况下，可能会让人怀疑个人动机。但"事实就是事实"，它不是来自人的幻想或自私的欲望。因此，陈述事实可以营造一种强调问题而非人身攻击的氛围。

（四）明确共同目标

毫无疑问，各部门之间必须既有合作，又有竞争。如果想在部门之间进行建设性的沟通，那么强调彼此之间的合作关系是很重要的，竞争越少越好。合作的关键在于有共同的目标。因此，我们要尝试创建一个能联系所有部门的共同目标，激发共同努力，即使存在争议，也无所谓。

在外部沟通中，实现商定的目标需要澄清四个问题：双方的共同目标是什么？双方合作的障碍是什么？创造共同目标的资源是什么？合作的价值是什么？

团队与合作

李某在国外读书时，被一家网络科技公司聘请为高级顾问，负责收集相关公司的市场数据。有一次，李某被派遣到某地调研市场，行程很紧，争分夺秒，经过努力，李某总算调查完毕。这时，他从别人那里得知，某款新产品存在技术漏洞，而他所在的公司有一款产品也是基于这项技术而设计的。他只好请朋友帮忙，联系有关人员了解漏洞的解决方法。当他把调研报告和解决方法交给领导时，领导诧异地问："负责这个项目的人可不喜欢你啊！况且，这个产品与你并没有直接关系！"李某说："虽然我们的意见不一致，但只有同事相互协作，公司才能更好地发展，您才能更加安心。"领导对李某另眼相看。

（资料来源：蓝若兮，《团队的基本常识》，《演讲与口才》，2021年第3期，有改动）

分析：任何一个团队中都会存在分歧，但是更重要的是朝着一个共同的目标一起奋斗拼搏。李某没有拘泥于个人的得失，而是站在整个公司的高度，摒弃了私怨，为公司提出改进方案，这体现了勇于担当的精神和宽阔的胸怀。

四、外部沟通的语言技巧

在外部沟通中,你需要不断地提高自己的沟通技能。比如在沟通内容上,要使自己观点清晰,重要内容有理有据,且能够被理解;在沟通方式上,采用同事容易接受的沟通频率、语言风格。

(一)沟通要正面肯定

要正面肯定对方所说的内容,不要只说一些敷衍的话。这可以通过重复对方沟通中的关键词,甚至把对方的关键词语经过自己语言的修饰后,反馈给对方来实现。这会让对方觉得他得到了你的认可与肯定。

(二)沟通要"先跟后带"

"先跟后带"是指即使是你的观点和对方的观点是相对的,在沟通中也应该先让对方感觉到你是认可他的、理解他的,再通过语言和内容的诱导抛出你的观点。在团队沟通中,我们应经常使用这种技巧。

(三)沟通要声音清晰

当你说出你的想法时,要有自信,一定要让别人听得到。要告诉你的听众你在说什么,你所说的话是经过深思熟虑的,你说的话是值得一听的。适当的音量和声调能够保证你的听众听清楚你说的每一个字,避免产生误解。

(四)沟通内容要有分寸

外部同事之间利用闲暇时间进行沟通,不仅可以增进相互间的了解,还可以增进双方的友谊,有助于建立良好的关系。但在沟通过程中,沟通内容的选择至关重要。公司中有些部门掌握了较多的公司机密信息,部门员工在与其他人聊天时,一定要把握说话的度,注意分寸,做到"不该说的坚决不说",不泄露公司或部门的秘密,从而维护部门的利益和公司的稳定。此外,在与他人聊天时,还要注意不要随便在人后议论他人,"言多必失""祸从口出""讷于言而敏于行"是我们说话做事应该遵循的原则。

(五)沟通方式要恰当

说话的方式和内容都会影响沟通的有效性。我们说话不仅仅是为了表达自己的想法或情绪,而主要是为了实现工作目标,达到预期的沟通效果。在对外沟通中,为了达到预期的沟通效果,说话的方式比说什么更重要。真诚对待他人,保持谦逊,这些信息可以通过沟通语言传达。在表达自己时,应该注意礼貌、谦逊地说话,赞扬他人并耐心倾听。对方只有当感受到我们的真诚时,才会感到舒适,更愿意配合我们的工作。

(六)沟通态度要主动

主动沟通是外部沟通的第一要义。需要部门之间合作的项目不是只用一次会议就可以实现的。即使规定了具体的完成时间,为了更好地掌握工作进展,使各部门之间的总体目标更加明确,具体负责人事后也应始终保持联系,积极跟进并了解其他部门的任务完成情况,随时了解最新进展。俗话说,只有监督才能进步。不要被动地等待对方告诉你有问题,而是要积极、持续地沟通,防止问题的发生。

（七）沟通信息要准确

调查数据显示,超过 50%的企业执行绩效不佳的原因是任务接收者和任务发布者对任务的理解不一致,并且他们都认为自己对任务的了解是准确的。沟通主要用于传达个人的想法、情绪和信息。在对外沟通中,除了加强情感思维和沟通,信息的传递更为重要。作为信息的最初传播者,重要的是要清楚地了解对方部门需要做什么,在什么程度上以及何时需要做。至关重要的是,不仅要让所有需要了解信息的人都收到了这些信息,还要注意反馈,以确保信息接收者准确地理解这些信息。

实践应用角

"行是知之始,知是行之成",理论知识需要通过实践去印证。作为学习者,我们需要将从"知识充电站"获得的新知,在真实的外部沟通训练中"激活";在比对观测中明确外部沟通的技巧;更需要在真实的任务情境中实践应用,只有将获得的新知与技能融入特定的工作实践,我们才能真正掌握外部沟通的要领。

在共学单的三个"活动"中,设有进阶性的活动内容,具体如下:

活动一——案例分析;

活动二——情景演练;

活动三——外部沟通的实践应用。

活 动

共　学　单
（学习改变思维　训练改变行为）

表 5-3-3　案例分析活动

活动一：案例分析

	"果香园"公司的烦恼
活 动 内 容	"果香园"公司是一家水果连锁加盟公司,是集生产、销售于一体的民营企业,随着加盟商队伍逐渐庞大,公司快速发展,从最初的一家门店,发展为全国拥有近 100 个加盟商,近 600 家加盟店的中型企业。但近来公司发现内部管理水平已经跟不上业绩的快速发展,各部门之间总是扯皮推诿。 　　2023 年春节前夕,零售事业部运营中心配合山西地区加盟商制定了春节的促销活动,需要仓库准备 500 套水果礼盒,于是零售事业部运营中心的文员小张将这个需求通过 QQ 发给了行政支援部行政专员小李,让小李通知供应链部仓库负责人小谢在 2023 年 1 月 10 日前准备好 500 套水果礼盒,要求水果新鲜、使用新春

	活动一：案例分析	
活动内容	限定款包装，并放入节日贺卡及小礼物。小张也同时通知了小谢(小李并不知道小张同时通知了小谢)。小李在接到通知后，询问了供应链部，发现这 500 套水果礼盒要 1 月 8 日才能全部送到供应链部仓库，因此小李计划等这批货送到仓库后再通知小谢。 　　2023 年 1 月 7 日，山西地区加盟商反映由于准备不充分决定取消春节限定水果礼盒促销活动。于是小张立即通知行政支援部小李，让小李通知供应链部仓库的小谢活动取消，这 500 套不需要特别包装和小礼品，会作为正常订单产品发送给各地区的加盟商。小李因为还没有通知供应链部仓库小谢准备春节活动款备货，因此他觉得就没有必要再把活动取消的信息发送给仓库小谢。 　　1 月 8 日，供应链部仓库收到这 500 套水果礼盒，小谢按照零售事业部运营中心小张的要求组织人员进行包装，并放置贺卡及小礼品。 　　1 月 8—10 日，这 500 套春节限定款水果礼盒被各地区的加盟商分别订购，仓库也按照正常流程安排物流公司将这些礼盒送到了各地区加盟商处。 　　接下来几天，销售中心客服人员纷纷接到各地加盟商打来的投诉电话，问为什么礼盒换了包装也没有通知加盟商，礼盒怎么不是往常水果礼盒的配置，部分加盟商退货，也有加盟商将错就错在春节做促销，还有的加盟商只能安排人员更换包装，总之，给加盟商带来了许多麻烦，公司也遭受损失。 **思考问题：** 　　1. 请根据上述材料，分析各部门之间的沟通存在哪些问题？你觉得谁应该为最后的问题负责？他们应该运用什么沟通语言技巧？ 　　2. 根据以上材料，谈一谈你对团队工作中协同合作、相互补台有什么感受。	**社会角色** 立足 职业岗位 服务 国家社会 **个体角色** 协同合作 积极沟通
活动实施	1. 小组讨论分析案例。 　　个人：分析外部沟通的技巧，体悟工作中的协同合作。 　　小组：倾听交流(注意倾听、表达的礼仪)。 2. 小组将讨论意见汇总，录制讨论过程，上传至课程平台"主题讨论"或"班级群"。 3. 参与课程平台主题讨论。 4. 也可汇总意见后，采用小组现场汇报的形式进行汇报。	信息处理 能力 团队合作 能力 口头表达 能力
考核评价	**方式一(线上考核评价)：** 1. 参与"主题讨论"活动时获取课程积分，还可在课程分数权重项设置中获得"讨论"项分值。 2. 主题讨论词云投屏，教师点评。 **方式二(线下考核评价)：** 1. 小组现场汇报后，互评、教师点评。 2. 填写活动评价表。	

说明：1. 活动时长 30 分钟，分值 20 分，教师可根据实际进行调整。

　　2. 可根据实际选择活动形式。

　　3. 可根据活动形式调整考核评价方式。

表 5 - 3 - 4　情景演练活动

	活动二：情景演练	
活动内容	"果香园"公司即将举行周年庆典活动。秘书小王负责全面的调度工作。她尽心尽力地去找行政部、人力资源部、财务部的负责人，并布置好了各部门需要完成的工作。忙完这些事以后，小王觉得事情已经办得差不多了，也就没再过问。庆典的日子快到了，小王匆匆去了解事情的进展情况。结果令她大吃一惊：工作进展十分缓慢。 　　如果你是秘书小王，面对工作进展缓慢的情况，应该如何挽回局面？请四人一组进行角色扮演模拟演练。	**个体角色** 协同合作 积极沟通
活动实施	1. 各小组成员根据角色设定，根据各自的岗位职责，构思自己的沟通内容。 2. 小组内分角色进行外部沟通演练，切实通过沟通解决遇到的问题。 3. 小组录制沟通过程，上传至课程平台"分组任务"中。 4. 也可采用小组现场汇报的形式进行汇报。	信息处理能力 团队合作能力 口头表达能力
考核评价	方式一(线上考核评价)： 1. 参与"分组任务"活动时，根据评价标准，进行教师评价、组内互评和组间互评。 2. 教师整体点评。 方式二(线下考核评价)： 1. 小组现场汇报后，互评、教师点评。 2. 填写活动评价表。	

说明：1. 活动时长 20 分钟，分值 20 分，小组汇报可适当延长活动时间，教师可根据实际进行调整。
　　　2. 可根据实际选择活动形式。
　　　3. 可根据活动形式调整考核评价方式。

表 5 - 3 - 5　完成一次我们的外部沟通活动

	活动三：完成一次我们的外部沟通	
活动内容	**背景与情境：** 　　如果你是"果香园"零售事业群运营中心的一名员工，近期你所在工作团队正策划芒果的销售分配方案，由于水果数量有限，须与北京区、上海区协调销售份额，你们该怎么做？	**解决问题**
活动实施	1. 根据外部沟通的策略和技巧，做好沟通准备。 2. 小组内分角色进行沟通演练，每组中 2 位同学扮演零售事业群运营中心员工，1 位同学扮演北京区员工，1 位同学扮演上海区员工，沟通时同学们根据情景设定做好准备，按要求进行沟通训练。 3. 小组现场汇报，其他小组观察，并找出存在的问题以及解决办法。 4. 课上不能汇报的小组，课下录制视频交回。	信息处理能力 解决问题能力
考核评价	教师根据小组汇报的表现，填写活动评价表。	

说明：1. 活动时长 20 分钟，分值 20 分，教师可根据实际进行调整。
　　　2. 可根据实际调整活动形式。
　　　3. 可根据活动形式调整考核评价方式。

外部沟通口才评价表

班级： 姓名： 日期： 年 月 日

表 5-3-6 外部沟通口才评价表

项 目	评 价 标 准	分值	学生自评(30%)	小组互评(30%)	教师评价(40%)	小计
素质培养	通过外部沟通口才训练的知识和技能学习,激发运用外部沟通口才的技巧,增强合作共进的意识	10				
	在实训过程中养成反复思考、积极表达的心理状态	10				
	能够结合技巧,培养协同合作、积极沟通、共同进步的品质	10				
知识应用	在小组活动中能够准确展示外部沟通口才的技巧知识	10				
	在班级陈述中能够正确运用外部沟通口才的理论知识陈述本组观点	10				
能力提升	能够将所学的外部沟通口才的技巧运用到实训任务中,学以致用	10				
	能结合具体的实训任务,运用外部沟通口才的技巧知识对具体的任务进行准备	10				
项目成果展示	能够独立完成外部沟通口才的任务,在活动中能主动提出问题,解决问题	10				
	在活动中汇报表达自如流畅,语速得当	10				
	项目成果能与工作实践结合紧密,体现自信的精神品质	10				
合计		100				

自测袋袋库

"评估"是判断学习是否有效的方法。通过评估,完成自我审视,及时了解学习的成果反馈,品尝获得能力提升的成就感,鼓舞学习热情。

评估:测测你的外部沟通能力

续　学　单
（学习改变思维　训练改变行为）

表 5-3-7　续　学　单

序号	续学内容	必做要求	拓展要求	评价(15%)	备注
1	知识测试:高阶测验	线上课程平台完成	查找线上同类课程相关内容,进行练习	线上平台评价。可与预学单的达标测验对比,由老师进行评价	必做
2	能力实操:完成一次我们的外部沟通	继续完成活动三外部沟通口才职场模拟的任务	通过网络平台,浏览 3～5 个职场外部沟通案例	完成评价表中的小组自评,小组互评项目。依据拓展内容完成情况,由老师进行增值性评价	必做
3	拓展提升:归纳外部沟通口才的实用技巧	搜集总结不同类型外部沟通口才的案例。班级学委汇总提交	整理汇编成班级同学认为实用的外部沟通的技巧汇总	归纳外部沟通口才的实用技巧,老师视班级编辑情况与水准,予以总结性点评	必做

说明：1. 本次续学内容由学生个人完成。
　　　2. 评价占比 10%(1 项占 5%,2 项成绩记在活动三,3 项占 5%)。

评价要项占比及分值(参考)

表 5-3-8　评价要项占比及分值(参考)

要项	签到(5%)	预学评估(15%)	共学评估(60%)	自我评估(10%)	续学评估(10%)	备　注
分值	5 分	15 分(3 项)	60 分(3 项)	10 分	10 分(2 项)	

项目六

职场演讲技能训练

任务一　竞聘演讲训练——"我"以守正创新前行

任务二　就职演讲训练——"我"以踔厉奋发前行

任务三　述职演讲训练——"我"以竭诚奉献前行

项目六的竞聘演讲训练、就职演讲训练、述职演讲训练三个任务关乎职场升迁、转岗以及履行岗位职责的职场沟通技能。将这三个任务置于职场发展中脱颖而出的背景之下，完成职场演讲技能训练。

任务一 竞聘演讲训练
——"我"以守正创新前行

指导表

表 6-1-1 "四环三单"学习指导表

项目名称		项目六 职场演讲技能训练		任务名称	任务一 竞聘演讲训练
学习过程 四个环节	目标	素质目标	1. 激发领导、合作意识,养成平和礼貌、谦逊诚恳的职场沟通习惯 2. 养成强烈的责任心和执行力 3. 懂得在现代化的新征程中以守正创新砥砺前行		
		知识目标	1. 熟悉竞聘演讲的核心要素 2. 掌握竞聘演讲的写作技巧 3. 了解竞聘演讲的细节注意		
		能力目标	1. 能够运用竞聘演讲的技巧提升竞聘演讲效果 2. 能够借助训练活动,提高竞聘演讲能力		
	任务	任务描述	背景与情境:如果公司(果香园)让你参加竞争销售主管的职位活动,你该怎么做?		
		预学单	1. 阅读"知识充电站"或观看线上课程视频(2选1) 2. 阅读竞聘演讲稿或观看竞聘演讲视频(2选1) 3. 搜集真实竞聘演讲资料(必做)		
	活动	共学单	1. 案例分析——激活深化		
			2. 视频对比——关联转化		
			3. 完成我的职场模拟——迁移应用		
	评估	自我评估	测测你的职场竞聘演讲能力		
		续学单	1. 知识测试 2. 能力实操 3. 拓展提升		

目 标

学会竞聘演讲基本策略和语言技巧

在职场升迁和转岗中,我们经常会遇到竞聘演讲(也称竞职演讲),它是企事业单位选拔优秀人才的常见环节。我们要做的,就是自信地开口,用自己的价值和实力赢得领导、评委和同事的信任,在竞聘上岗的人才选拔机制下"脱颖而出"。因此,拥有一定的竞聘演讲技巧,可在个人的职场发展中"锦上添花",助力我们走得更高、更远。

通过运用竞聘演讲的策略和基本技巧,在特定的竞聘演讲的背景与情境的学习和训练中,你将能够实现下列目标。

素质目标:通过学习竞聘演讲基本技巧的知识与技能,激发领导、合作意识,养成平和礼貌、谦逊诚恳的职场沟通习惯,强烈的责任心和执行力;懂得在现代化的新征程中以守正创新前行。

知识目标:通过学习竞聘演讲基本技巧的知识,能够叙述竞聘演讲的核心要素、竞聘演讲的写作技巧等。

能力目标:通过案例分析、视频分析、完成职场竞聘演讲三活动的训练应用,培养运用竞聘演讲技巧知识提升竞聘演讲效果的能力。

任 务

完成一次职场竞聘的演讲

如果公司在新一轮职场升迁和岗位聘任中,提出你要参加岗位竞聘,需进行一次职场竞聘演讲,你必须明确以下问题:

1. 在职场中,竞聘演讲的核心要素是什么?
2. 在竞聘演讲中,有可参考的写作技巧吗?
3. 竞聘演讲中最重要的是什么内容?
4. 我应该注意哪些细节?

预　学　单
（学习改变思维　训练改变行为）

表 6-1-2　预 学 单

序号	预学内容	预学要求	拓展要求	评价(15%)	备注
1	阅读"知识充电站"	运用思维导图整理知识要点,完成线上达标测验	思考从阅读中收获了什么	课程平台评价。依据问答评价	2选1
2	观看线上课程视频	结合视频内容提出你最关注的一个问题。完成线上达标测验	可以在关注的问题后面附上原因	课程平台评价。依据问答由老师进行评价	
3	阅读竞聘演讲稿	结合阅读的内容,谈谈在竞聘方面对你有什么启发	可以在阅读启发后附上自己的一些感想和体会	依据每一位同学总结的启发内容和感想体会,由老师进行评价	2选1
4	观看"会长竞选演讲"和《亲爱的孩子们》中的竞聘演讲片段	"我"以守正创新前行,在视频中是如何体现的? 摘录 2~3 处对你有启发的内容	谈谈竞聘演讲中平和谦逊、诚恳礼貌是怎样体现的。请整理 200 字左右的文字资料	依据每一位同学回答问题的质量,由老师进行评价	
5	搜集真实竞聘演讲资料	选一个最喜欢的推荐给你所在的学习小组,上传课程教学平台	可附上推荐理由	依据每一位同学上传资料的质量及推荐理由,由老师进行评价	必做

说明：1. 本次预学内容由学生个人完成(可以是其中的一项或几项)。
　　　2. 评价占比 15%(3 项各占 5%),评价方式依学习方式定。

 知识充电站

　　应知应备的知识是形成能力的基础。随着职场竞争日趋激烈,许多岗位都需要竞聘上岗,掌握一定的策略和技巧就显得尤为重要,而竞聘演讲正是职场竞聘中的重要一环。"知识充电站"明晰了竞聘演讲的策略和基本技巧。

一、竞聘演讲的核心要素

　　竞聘演讲是岗位候选人为了得到某一职位而发表的演讲。竞聘者通过演讲的形式表达个人意愿,展示个人才能,将个人价值的实现融入企业价值的创造中。所以竞聘演讲的关键是让领导、评委、同事看到你的价值和真实实力,让演讲为你的胜出加分。

竞聘演讲的具体内容会因人而异、因岗而异,但竞聘演讲的核心要素相同。

竞聘演讲
训练(1)

（一）岗位认知有高度

在竞聘演讲中,往往大多数人在岗位认知方面仅停留在"我竞聘的岗位是××××××"上,其实我们可以在"为什么竞聘这个岗位"上做文章,重点阐述你对这个岗位职责和要求的真知灼见,除了岗位认知清晰,还要凸显出你的岗位认知的高度、格局和新意。

例如:如果你要竞聘的是企业行政管理部的部长,一般的岗位认知可能会是协助领导工作,为领导服务,那么你可以在协调各部门,为全体员工服务方面提升高度。如果你要竞聘的是运营部经理一职,你可以提出除目前的运营策略之外的创新点。

岗位认知可显示你的与众不同,增大竞聘胜出的可能性,一定要深度思考。

（二）个人优势能匹配

在竞聘演讲中,很多人会将"过去优秀的自己"大晒特晒,将成绩、荣誉、证书一一罗列,其实大可不必。我们"几斤几两",领导和同事都知晓。只需找出与竞聘岗位相关的履历和专业才能,找出你的个人特点、个人能力的储备和这个岗位之间的关联就可以。

应重点说明你目前的优势和履历与竞聘岗位的匹配度高。一般竞职优势会集中体现在专业优势、能力优势和经验优势三方面。拿出你胜任的证据,也就是你"凭什么竞聘这个岗位",领导和评委就能"掂量"出你的能力与潜力和岗位的适配度高不高。

展示个人优势时忌讳面面俱到,我们要有的放矢,要重点显示"人岗相适",即阐明你对这个岗位而言是最合适的。

（三）未来规划有方案

在竞聘演讲中,还有一个重要内容就是"在这个岗位上你会怎么做"。这需要你在竞聘前做一点额外的努力,提前对新岗位做一个小调研来深化你的岗位认知,梳理你未来的工作思路,提出一个既符合实际又有开创性的工作方案。这个方案既不能好高骛远,又得高瞻远瞩,并要用振奋人心的话语说出具体有效的实施措施。

你的领导和同事非常期待如果你获得了这个岗位,你会给这个岗位带来什么,给集体带来什么,给公司带来什么。这就需要你"展望未来",用激情昂扬的语言描述你如何来做,且让大家觉得具体细致、可操作、能落地。

对竞聘岗位的未来工作规划,是职位竞争过程中的重要竞争项,也是你竞争获胜的关键点,你的"施政措施"一定要能在现实中发挥作用,取得实效。

二、竞聘演讲的写作技巧

竞聘演讲要求独特新颖、见解精辟、富有感染力。相对于其他的演讲,竞聘演讲有一定的难度,竞聘者需要提前做好充分准备。要是竞聘演讲仓促上阵,又表现得平淡无奇,毫无新意,将很难获得领导、评委和同事的认可。

（一）开篇"为什么竞聘"要别具一格

竞聘演讲的开篇唯有别具一格，才能让人眼前一亮，第一时间给人留下良好的印象。

销售经理的竞聘演讲开篇

我已经连续在华北分公司干了 10 年销售主管，带领员工取得了一个又一个优异的成绩。我本想在分公司轻车熟路地干两年，带好新人后就光荣隐退，没想到分公司领导一直力荐我来竞聘这个职位，总公司人力资源总监也邀请我来竞选，这不是让我'晚节不保'吗？部门的同事们更是给我施压，让我给他们做个活到老拼搏到老的榜样，好带领他们敲开总公司的大门。思前想后，势单力薄的我只能放弃'老婆孩子热炕头'的想法。既然来了，我就要硬着头皮往前冲。

分析：这样的竞聘演讲开篇，情感表达真切自然，形式轻松幽默，看似"不思进取"，把竞选动机推给领导、同事，实则显示出竞聘者能力强、人缘好的优势，反其道而行之的切入角度让人耳目一新。

竞聘演讲
训练(2)

开篇除了"反其道而行之"，还可采用正反对比、借用他人评价来阐述自己优势，因为千篇一律的开篇让人提不起兴趣，别具一格的开篇可迅速吸引听众注意力，在第一印象上抢占先机。

（二）主体"凭什么竞聘"要适配度高，"聘了怎么干"要感召力强

竞聘演讲的主体部分一般包括自我基本条件（优势）介绍和任职后的打算（工作目标和措施）两部分，写作内容都要求既高度概括又具体可感。

1. 竞聘的自我条件——"凭什么竞聘"

在竞聘演讲中，竞聘者的自我条件展示，一定是针对所竞聘岗位的能力和素养要求而进行的，在演讲中不能泛泛而谈。

泛泛的自我条件展示

在工作上，我认真负责、爱岗敬业，严格遵守组织纪律，具有吃苦耐劳的优秀品质。在为人处事上，我以诚待人、和谐友善，信奉共同进步，具有较强的团队合作能力。我业务能力强，具备销售总监的岗位素养，有信心胜任这个岗位。

分析：上面的竞聘演讲表述好像什么都说了，又好像什么也没说，这样的泛泛而谈无法给听众留下深刻印象，与具体的竞聘岗位适配度不高。

案例阅读

具体的自我条件展示

竞聘销售总监这个岗位,我的优势可以概括为"123":拥有一颗热爱销售岗位的敬业之心,掌握销售产品的技术特点和销售实践技能的两项岗位专业技能,具备销售总监应有的团队沟通、团队协调,以及团队领导这三项岗位素养。

一颗热爱销售岗位的敬业之心,让我能在过去的两年里不断寻求销售额方面的突破,使之每年以30%的速度递增……

两项岗位专业技能,让我摸索出一套行之有效的提升销售业绩的方法,我的个人销售业绩稳居公司前两名……

三项岗位素养,则是销售总监最重要的岗位能力需求,我们销售二组配合默契,合作愉快,业绩突出……

分析:通过这样的竞聘演讲,我们会对他的个人条件和优势印象深刻,关键在于他的岗位匹配度的呈现,是高度概括与具体阐述的结合,听众易被这种具体可感的优势描述说服。

2. 任职后的打算——"聘了怎么干"

听众非常期待你上岗之后会怎么干,在这部分,就需要针对你竞聘的岗位,围绕听众感兴趣的热点、难点提出你的具体解决方案。

案例阅读

任职后的打算

如果竞聘成功,我将着手解决之前新上市的产品总是被同行产品挤占市场份额的问题。我个人认为,销售经理不仅仅要管销售,还要管生产。生产部门的领导别担心,我没有抢你们饭碗的意思,只是意识到销售部门和生产部门的联系需要紧密一些,再紧密一些。销售经理长期处在市场第一线,掌握市场的动态需求,快速及时反馈这些信息给公司生产部门,使得公司能推出符合市场期待的新产品,第一时间赢得客户。

我如何管理"生产"呢? 第一步,设置对接生产部门的专属岗位,收集整理销售部门掌握到的市场动态需求,快速有效传递信息;第二步,开展确定对接生产部门的交流会,每月至少两次;第三步,奖励被生产部门认可的市场信息的提供者,奖励标准与公司协商确定。

分析:在竞聘演讲中,这种能指出关键问题并给出解决方案的竞聘者,是最受听众欢迎和领导认可的,拿出切实可行、又富有创新性的"施政举措",就会富有感召力。

（三）结尾"聘与不聘"都要画龙点睛

竞聘演讲的结尾处，可表达你对所竞聘岗位的信心，例如：

"谢谢各位领导和同事让我有了一个再次出发征服自己的机会，我会尽我所能、不负众望、团结协作，奉献我的经验与热情，支持我吧！我们会一起耕耘，一起收获，一起见证我们的辉煌！"

也可真实流露你参与竞聘的心理感受，例如：

"各位领导和同事，你们见过 5 分钟的爱吗？这份工作我爱了 10 年，你们却只让我说 5 分钟，怎么可能说清楚呢？要想知道我的爱会不会长久，究竟有多爱，那就支持我吧！"

也可表明对竞聘成败的淡然态度，例如：

"前面几位竞聘者的决心也是我的决心，不管能不能获得这个职位，我都会撸起袖子加油干，为创造我们公司的辉煌贡献自己的力量！"

竞聘演讲的结尾处理得好，可以加深听众对竞聘者的良好印象。结尾要简短有力，画龙点睛，争取听众更多支持。

三、竞聘演讲的细节注意

（一）目光交流

目光交流，是展示竞聘者自信形象的重要肢体语言。

在竞聘演讲台上，虽然我们"怎么说"很重要，但在说的过程中，你一直不敢看领导和同事，只顾读稿子或看演示文稿，没有目光交流，会显得非常不自信。竞聘评委不会选择一个没有自信的人当部门领导。如果你不能完全脱稿或离开演示文稿，那么至少要在讲完一层内容之后，和评委有一次目光交流。演示文稿制作得当的话会为竞聘演讲增色不少，但很多竞聘者容易被演示文稿"牵着鼻子走"。要记得演示文稿只是辅助演讲的，你在场上 70％的时间需要与听众进行目光交流。目光交流可借鉴前面演讲肢体语言训练的眼神交流方法：环视法、点视法、虚视法。

（二）心态调整

心态调整也是展示竞聘者自信形象的一个细节。竞聘是一种压力下当众讲话的形式，在竞聘演讲台上，竞聘者本就会很紧张，而竞聘演讲目标的明确性、岗位的竞争性则会加强这种紧张感。

如何缓解这种紧张呢？我们可以用走姿、站姿体态调整舒缓紧张心理，上台前做个深呼吸，上台时步伐迈得轻盈，站定后，身体重心落在前脚掌上，体态挺拔，整个人看起来就很有自信，然后环视全场，用目光和听众短暂交流后开口，你就会显得得体、从容、自信，心理上也会有种放松的感觉。

（三）个人形象

竞聘演讲时，在台上展示的是竞聘者的能力和形象。除了自信开口，还需要注意得体地展示出你干练、进取的职场形象。忌讳服饰华丽或不修边幅，也忌讳穿着大胆、新奇，你的职场形象体现的不仅仅是个人审美和穿着喜好,更是职场风范、专业能力、品德修养等综合素质的呈现,不要因为职场形象影响个人晋升。

竞聘演讲是职场中较正式的场合,宜着正装,简洁干练、庄重严肃。

 实践应用角

知识的价值需要在实践中才能得到验证。作为学习者,我们需要将从"知识充电站"获得的新知,在真实的竞聘演讲案例的分析解读中"激活";在视频比对中明辨竞聘演讲的策略与语言技巧;更需要在真实的任务情境中实践应用,只有将获得的新知与技能融入特定的竞聘演讲任务,我们才能在一定程度上掌握竞聘演讲策略和语言技巧。

在共学单的三个"活动"中,设有进阶性的活动内容,具体如下:

活动一——案例分析;

活动二——视频对比;

活动三——竞聘演讲的实践应用。

活 动

共 学 单
(学习改变思维 训练改变行为)

表 6-1-3 案例分析活动

活动一:案例分析	
竞 聘 演 讲 尊敬的各位领导,各位同事: 大家好! 我这个人没有太多的才华,但踏实肯干,连续三年被评为公司"先进工作者";我这个人也不够聪明,但喜欢琢磨,平时总想着怎么才能将工作做得更好,所以,我在业务上就取得了一点小成绩。说到长相,这方面我的确不太自信,用"相貌平平"四个字形容,只是为了不让父母"暗自神伤",但我也有胜出的地方,胜在有"内涵"——内心强大,工作中多大压力都压不垮我,反而让我越挫越勇。 今天,我能站在这里,非常感谢领导和同事们的认可!我竞聘的职位是销售总监。对于这个职位,我的优势可以概括为:"一精神""两技能""三素养"。 "一精神",即具备爱岗敬业之精神。眼有星辰大海,心有繁花似锦。我把工作当事业,把销售当热爱。我热爱我的销售工作,每完成一笔销售,就品尝到一次自我价值实现的愉悦。在过去的五年里,我为公司拓展了三十多个新客户,平均每年的销售额都能增加一倍。 "两技能",即拥有业务营销和客户维护两技能。我熟悉公司产品的整体市场情况,根据不同产品市场的差异,制订相应的营销方案;完成销售之后针对不同客户体验与需求积极做好客户维护。这两项技能使得我的个人销售业绩一直处	**社会角色** 立足 职业岗位 服务 国家社会 **个体角色** 担当 时代责任 提升 生命价值 人生幸福

续 表

	活动一：案例分析	
活动内容	于公司前三。 　　"三素养"，即具备团队管理必备的团队沟通、协调和领导三素养。在面对复杂多变的行业发展和销售市场时，我善于倾听大家的心声，发现并发挥各自潜力，做好协调与发展；我践行在守正的基础上不断创新，在销售实践中寻求真知、长真才干。带领的销售二组合作默契，执行力强，业绩突出。 　　如果我竞聘成功，在新的岗位上我将做好以下工作。 　　首先，带好团队"结伴致远"。有一句话，估计大家听过：想要走得快，就一个人走；想要走得远，就一群人走。人类从洪荒时代结伴而行走到现在。我会带领销售团队，做好团队沟通和协作，解决好问题，建设成为一支稳定的、有战斗力的销售队伍。大家共同协作，将个人目标融入组织目标，实现共同发展，我们会走得更远，公司会发展得更好！ 　　其次，跨区协作"不丢失每一个客户"。在每个销售人员完成按区域划分的销售目标时，推进跨区域销售政策，针对跨区域协作的销售人员，按照不同提成比例给予奖励，鼓励全方位销售，不丢失每一个客户。 　　最后，完善自管区域，"扫好自家雪"。带领和督促下属建立和完善各自管辖区域的销售工作，用我五年的经验协助大家完成公司年度目标，同时积极发展新客户，维护好老客户。 　　认真且执着，再加之心有热爱，我觉得我是所向披靡的。认可我的，请投支持的一票！ 　　当然，如果这次竞聘没有成功——"事出意外"，我也会坦然面对，脚步向前，继续我滚烫的销售人生！ 　　我的演讲完毕，谢谢大家！ 思考问题： 　　1. 分析这篇竞聘演讲稿的核心要素呈现的技巧。 　　2. 说说这篇竞聘演讲稿的开头、主体、结尾的独特之处。 　　3. 如果你在台上发表这篇演讲，你还会注意什么细节？	
活动实施	1. 小组讨论分析案例。 　　个人：分析竞聘演讲的语言技巧，体悟演讲者的情感。 　　小组：倾听交流（注意倾听、表达的礼仪）。 2. 小组将讨论意见汇总，录制讨论过程，上传至课程平台"主题讨论"或"班级群"。 3. 参与课程平台主题讨论。 4. 也可汇总意见后，采用小组现场汇报的形式进行汇报。	信息处理能力 团队合作能力 口头表达能力
考核评价	方式一（线上考核评价）： 1. 参与"主题讨论"活动时获取课程积分，还可在课程分数权重项设置中获得"讨论"项分值。 2. 主题讨论词云投屏，教师点评。 方式二（线下考核评价）： 1. 小组现场汇报后，互评、教师点评。 2. 填写活动评价表。	

说明：1. 活动时长30分钟，分值20分，教师可根据实际进行调整。
　　　2. 可根据实际选择活动形式。
　　　3. 可根据活动形式调整考核评价方式。

表 6-1-4 视频对比活动

活动二：视频对比	
活动内容	1. 观看"会长竞选演讲"视频、《亲爱的孩子们》"竞聘演讲"片段，比对这两个竞聘演讲的相同和不同之处。 2. 各小组将每人搜集到的真实竞聘演讲视频资料进行分享（预学单中的"5"），分析不同的竞聘演讲语言方面的技巧使用。 （2 选 1）	**社会角色** 立足 职业岗位 服务 国家社会 **个体角色** 担当 时代责任 提升 生命价值 人生幸福
活动实施	1. 小组讨论分析案例。 　个人：分析竞聘演讲的"个性化"，体会"演"与"讲"。 　小组：倾听交流（注意倾听、表达的礼仪）。 2. 小组将讨论意见汇总，录制过程，上传至课程平台"主题讨论"或"班级群"。 3. 参与课程平台主题讨论。 4. 也可汇总意见后，采用小组现场汇报的形式进行汇报。	信息处理能力 团队合作能力 口头表达能力
考核评价	方式一（线上考核评价）： 1. 参与"主题讨论"活动时获取课程积分，还可在课程分数权重项设置中获得"讨论"项分值。 2. 主题讨论词云投屏，教师点评。 方式二（线下考核评价）： 1. 小组现场汇报后，互评、教师点评。 2. 填写活动评价表。	

说明：1. 活动时长 20 分钟，分值 20 分，小组汇报可适当延长活动时间，教师可根据实际进行调整。
　　　2. 可根据实际选择活动形式。
　　　3. 可根据活动形式调整考核评价方式。

表 6-1-5 完成一次我的竞聘演讲活动

活动三：完成一次我的竞聘演讲	
活动内容	**背景与情境：** 　　如果你是果香园零售业销售部的一名员工，在公司竞聘上岗的这次人才选拔中，你要竞争销售主管的岗位，你会怎么做？	**解决问题**
活动实施	1. 小组分工完成竞聘演讲前的准备。 　（1）查找资料，了解公司销售主管岗位的职责。 　（2）设计调研，收集目前这个岗位重点解决的问题。 　（3）制定未来的销售方案和策略。	信息处理能力 解决问题能力

续　表

	活动三：完成一次我的竞聘演讲	
活动实施	2. 小组交流确定销售主管竞聘演讲的开头、主体及结尾。 3. 小组分工完成竞聘演讲稿的写作部分。 4. 小组选拔一人完成现场的演讲模拟。	
考核评价	教师根据各小组职场模拟活动表现,填写活动评价表。	

说明：1. 活动时长 30 分钟,分值 20 分,教师可根据实际进行调整。
　　　2. 可根据实际调整活动形式。
　　　3. 可根据活动形式调整考核评价方式。

竞聘演讲训练评价表

　　班级：　　　　　　姓名：　　　　　日期：　　　年　　月　　日

表 6-1-6　竞聘演讲训练评价表

项 目	评 价 标 准	分值	学生自评 (30%)	小组互评 (30%)	教师评价 (40%)	小计
素养培养	能以细致、严谨的态度参与实训活动,积极参与,分工合作,友好沟通	10				
	在实训过程中表现出平和谦逊、诚恳待人、较强的责任心和执行力的职业品质,能提出富有新意的想法	10				
	能够结合竞聘写作技巧及策略在竞聘演讲中的重要性,激发领导、合作意识	10				
知识应用	在小组活动中能够准确陈述竞聘演讲的核心要素、竞聘演讲稿写作技巧等知识	10				
	在班级陈述中能够正确运用竞聘演讲的基本理论知识陈述本组观点	10				

续 表

项目	评价标准	分值	学生自评(30%)	小组互评(30%)	教师评价(40%)	小计
能力提升	能够将所学的竞聘演讲的技巧运用到实训任务中,学以致用	10				
	能结合具体的竞聘演讲任务,运用竞聘演讲的技巧知识对具体的竞聘演讲任务进行分析	10				
项目成果展示	能够独立完成竞聘演讲活动的任务,在活动中能主动提出问题,解决问题	10				
	在活动中汇报表达自如流畅,语速得当	10				
	项目成果能与职场结合紧密,体现以守正创新前行的精神品质	10				
合计		100				

自测袋袋库

评估：测测你的竞聘演讲能力

　　如何评价自己的竞聘演讲训练的学习效果？"自我评估"是对学习效果的有效监控与反馈,通过"自我评估"可感受自我能力提升的成就感,鼓舞我们的学习热情。如有错误和不足,提醒自己及时修正和提升。

续 学 单
（学习改变思维 训练改变行为）

表 6-1-7　续 学 单

序号	续学内容	必做要求	拓展要求	评价(15%)	备注
1	知识测试：高阶测验	线上课程平台完成	查找线上同类课程相关内容,进行练习	线上平台评价。可与预学单的达标测验对比,由老师进行评价	必做
2	能力实操：完成一次我的竞聘演讲	继续完成活动三竞聘演讲模拟任务	浏览最新的真实竞聘演讲视频	完成评价表中的小组自评,小组互评项目。依据拓展内容完成情况,由老师进行增值性评价	必做

序号	续学内容	必做要求	拓展要求	评价(15%)	备注
3	拓展提升：归纳竞聘演讲的规律	搜集职场竞聘演讲视频。班级学委汇总提交	整理汇编成班级喜爱的演讲视频目录	依据归纳的职场竞聘演讲的规律，老师视班级编辑情况与水准，予以总结性点评	必做

说明：1. 本次续学内容由学生个人完成。

　　　2. 评价占比 10%(1 项占 5%,2 项成绩记在活动三,3 项占 5%)。

评价要项占比及分值(参考)

表 6 - 1 - 8　评价要项占比及分值(参考)

要项	签到(5%)	预学评估(15%)	共学评估(60%)	自我评估(10%)	续学评估(10%)	备　注
分值	5分	15分(3项)	60分(3项)	10分	10分(2项)	

任务二　就职演讲训练

——"我"以踔厉奋发前行

指导表

表 6-2-1　"四环三单"学习指导表

项目名称			项目六　职场演讲技能训练	任务名称	任务二　就职演讲训练
学习过程　四个环节	目标	素质目标	1. 激发树立职场良好形象的意识,养成干脆利落、真诚严谨的职场沟通习惯 2. 养成勇于担当、勇毅前行的职业品质 3. 懂得在现代化的新征程中奋发前行		
		知识目标	1. 熟悉就职演讲的核心要素 2. 掌握就职演讲的写作技巧 3. 了解就职演讲中要注意的细节		
		能力目标	1. 能够运用就职演讲的策略与技巧提升就职演讲效果 2. 能够借助训练活动,提高就职演讲能力		
	任务	任务描述	背景与情境:你在公司(果香园)竞聘销售主管的选拔中胜出,现在要面对销售部,做一个简短的就职演讲,你该怎么做?		
		预学单	1. 阅读"知识充电站"或观看线上课程视频(2选1) 2. 阅读就职演讲稿或观看就职演讲视频(2选1) 3. 搜集真实就职演讲资料(必做)		
	活动	共学单	1. 案例分析——激活深化		
			2. 视频对比——关联转化		
			3. 完成我的职场模拟——迁移应用		
	评估	自我评估	测测你的职场就职演讲能力		
		续学单	1. 知识测试 2. 能力实操 3. 拓展提升		

目 标

学会就职演讲基本策略和语言技巧

在你升迁或轮岗之后，第一次面对下属时，可能需要做一次就职演讲。就职演讲已经成为各级领导干部就职时必须做的一件事情。好的就职演讲可以树立领导勇于担当、踔厉奋发、勇毅前行的良好形象，便于新部门未来工作的顺利开展。

通过运用就职演讲的策略和基本技巧，在特定的就职演讲的背景与情境的学习和训练中，你将能够实现下列目标。

素质目标：通过学习就职演讲基本技巧知识与技能，激发树立职场良好形象的意识，养成干脆利落、真诚严谨的职场沟通习惯；养成勇于担当、勇毅前行的职业品质；懂得在现代化的新征程中奋发前行。

知识目标：通过学习就职演讲基本技巧相关知识，能够叙述就职演讲的核心要素、就职演讲的写作技巧等。

能力目标：通过案例分析、视频分析、完成职场就职演讲三活动的训练应用，培养运用就职演讲技巧知识提升就职演讲效果的能力。

任 务

完成一次职场就职的演讲

如果你在公司新一轮职场升迁和岗位聘任中胜出，马上就要到新的岗位就职了。你要进行一次就职演讲，必须明确以下问题：

1. 在职场中，就职演讲的核心要素是什么？
2. 有可参考的写作技巧吗？
3. 就职演讲中最重要的是什么内容？
4. 我应该注意哪些细节？

> **小贴士**
>
> "弘扬伟大建党精神，自信自强、守正创新、踔厉奋发、勇毅前行，为全面建设社会主义现代化国家，全面推进中华民族伟大复兴而团结奋斗。"
>
> ——党的二十大报告

预 学 单
（学习改变思维 训练改变行为）

表 6-2-2 预 学 单

序号	预学内容	预学要求	拓展要求	评价(15%)	备注
1	阅读"知识充电站"	运用思维导图整理知识要点,完成线上达标测验	思考从阅读中收获了什么	课程平台评价。依据问答评价	2选1
2	观看线上课程视频	结合视频内容提出你最关注的一个问题。完成线上达标测验	可以在关注的问题后面附上原因	课程平台评价。依据问答由老师进行评价	
3	阅读就职演讲稿	结合阅读的内容,谈谈在就职演讲方面对你有什么启发	可以在阅读启发后附上自己的一些感想和体会	依据每一位同学总结的启发内容和感想体会,由老师进行评价	2选1
4	观看官方网站"刘国梁就职演说"和蔡元培校长北大就职演讲	奋发前行在视频中是如何体现的?摘录2~3处对你有启发的内容	谈谈就职演讲中平和谦逊、诚恳礼貌是怎样体现的。请整理200字左右的文字资料	依据每一位同学回答的问题质量,由老师进行评价	
5	搜集真实就职演讲资料	选一个最喜欢的推荐给你所在的学习小组,上传课程教学平台	可附上推荐理由	依据每一位同学上传的资料质量及推荐理由,由老师进行评价	必做

说明：1. 本次预学内容由学生个人完成(可以是其中的一项或几项)。
2. 评价占比 15%(3 项各占 5%),评价方式依学习方式定。

知识充电站

知识是能力形成的基础,没有基础知识的储备,就很难培养能力。就职演讲已经成为就职者就职时必不可少的一环,掌握一定的策略和技巧,对于树立良好的职场形象非常重要。"知识充电站"明晰了就职演讲的策略和基本技巧。

就职演讲
训练(1)

一、就职演讲的核心要素

就职演讲是就职者通过演讲阐述自己的"工作纲领",展示就职后的志向抱负,凝聚团队力量的职场亮相。它不是营造领导职场形象的一个"过场"形式,不是在领导和新部门的下属面前讲几句话那么简单,而是涉及自己谈到的工作规划能否落地,能否贯彻执行,当然,也可能影响到就职者的个人威信,所以要认真对待。

不同行业、不同岗位、就职演讲的背景多种多样,就职演讲的具体内容也会因人而异、因岗而异,但就职演讲的核心要素基本相同。

(一)"工作纲领"有调研、能"落地"、敢承诺

在就职演讲中,就职者需要向领导和新部门的下属介绍任职期间的工作目标、打算以及措施。这些需要和就职部门的工作实际,热点、难点问题紧密相连,想民之所想、急民之所急、忧民之所忧。这就需要在设计"工作纲领"前做深入的调查研究,掌握最需要解决的问题是什么,了解问题存在的根源在哪里,以及现实中解决问题的障碍有哪些。调研越充分,"施政纲领"就越接地气。

在调研中找到了工作中急需解决的热点、难点问题,抓住了部门同事在工作中的需求,就会与他们产生心理上的共鸣。但能否赢得他们积极响应和支持,还需要看"工作纲领"中提供的解决方案的操作性强不强,能不能"落地"。工作目标越清晰具体,实施措施越详细可操作,在现实中才越有可能发挥作用,取得实效。

"工作纲领"有调研基础,能落地,就职者还需要以郑重的态度,承诺自己如何履行岗位职责,如何实施有效管理,确保"工作纲领"的蓝图变成现实。敢承诺可以充分彰显就职者的果敢睿智、开拓进取,但忌讳不切实际地承诺。

(二)"说话风格"要干练、有条理、不拖沓

就职演讲是在一个特定的环境和场合下,面对领导和新部门的下属谈工作,谈感想,一般演讲时间比较短,这就要求演讲主题集中,结构层次少而有条理,语言准确简练。所以,就职演讲说话风格的干练、条理、不拖沓是就职演讲内容、结构、语言的内在要求。

同时,就职演讲是职场中的演讲,这就要求凸显职场工作干脆利落、清晰有条理的特点。所以,就职演讲说话风格的干练、条理、不拖沓是对就职者工作风格要求的体现。

虽然就职演讲是就职者才能、素质和个人魅力的展现,但忌讳借此不着边际地卖弄才能,不切实际地夸夸其谈。拖沓冗长的就职演讲很容易让部门同事心烦意乱,影响就职者的职场形象。

(三)"情感表达"要真挚、有感染力

在就职演讲中,还有一个要素是就职者的情感表达,它会贯穿整个就职演讲。如果是升迁、提拔后的就职演讲,就需要感谢帮助过自己、认可自己的人,且表达情感要真挚自然;如果是轮岗(岗位调整)后的就职演讲,一般也会表达任职的心情和对大家的谢意。

就职者在演讲中还需要号召大家积极投入工作,携手并肩搞好团结,这就需要用适当的方式,将真挚而热烈的情感注入演讲,进而产生强大的号召力、凝聚力,使大家听了有所触动,产生较强的感染力。

二、就职演讲稿的写作技巧

就职演讲要求礼貌地表达感谢,逻辑分明地展示"工作纲领",富有感染力地鼓动同事

积极投入工作。简言之,就职演讲要短而精。

(一) 开篇"礼貌感谢"

1. 客气礼貌,稳妥开篇

就职演讲的开篇,一般要表达任职者的心情,以及对领导和同事的感谢。例如一位新上任的销售经理,上台向大家问好后,这样开篇:"今天是我倍感荣幸的日子,也是最激动的日子。在此,让我向各位同事表示衷心的感谢! 向在座的领导、同事表示崇高的敬意!"这样的就职演讲开篇,礼貌地向领导和同事表达了感谢,情感真切自然。

2. 插入事例,生动开篇

如果觉得常规意义的感谢开篇有些空洞,可以增加一些具体的例子,诸如获得了哪位同事的帮忙,得到了哪位领导的关心等。

以事例开篇

承蒙大家的厚爱和信任,我头上一下子多了一顶"帽子",我变成了主管,我真的感到肩上的担子很重。公司任命我担任销售主管,不仅是对我的鼓励和鞭策,还是对我的一份期待和重托。虽然自己的"帽子"颜色变了,但我内心永远不变的是对公司的热爱。如果没有大家帮我扶梯子,我就不可能在销售的道路上这么快就看到了更美丽的风景。怎能忘记阚师傅帮我发展客户,怎能忘记兄弟姐妹们在工作和生活上对我无微不至的关照? 我相信这些都必将成为我在新岗位上不断前进的动力。

(资料来源:风华正茂,《升职发言,讲什么能出彩》,《演讲与口才》,2022 年第 14 期)

分析:这篇就职演讲,用名字和帽子的关联开篇,幽默有趣地拉近了与听众的距离,把自己上任的心情和对领导和同事的感谢,渗透在了具体可感的事例中。事例的运用也让就职者的感谢显得更真实可感。

3. 别出心裁,特色开篇

就职演讲还可巧妙构思,反其道设计开篇,达到引人入胜的效果。

特色开篇

于清被提拔为公司东南区的大区经理,他走上台,台下掌声响起,他也鼓起掌来。待掌声消失,于清讲道:刚才大家都看到了,你们鼓掌,我也鼓掌。你们是在为我鼓掌,而我在为谁鼓掌呢? 你们猜到了吗?(大家一脸疑惑)我不是为自己鼓掌,我是为我们公司领导鼓掌,因为他们任命我为东南区的大区经理,这一决定实在太英明了,很快,我会用我在东南区的业绩证明这一点,用结果告诉他们,今天对我的任命是多么正确的决定!

升职了,总是要说些感谢的话,我也不能免俗。只是,我只感谢我自己!小伙伴们是不是惊呆了?是的,你们没有听错,我只感谢我自己。感谢我有一双慧眼!三年前有四家公司的入职邀请摆在我的面前,我果断地选择了咱们公司。我感谢我的慧眼,为自己选择了这么好的一家公司,为自己的奋斗找到了一个理想的平台。在这里,有可以称为良师益友的领导和前辈,时而谆谆教导,时而亲手示范,时而和蔼可亲,时而威严有加。夸赞起来,能让你觉得自己就是这个世界上最优秀的人;批评起来,让你感到你来到这个世界上就是个错误。当然,我知道,无论是夸赞还是批评,他们都希望我能变得更好。更重要的是,他们从内心深处不把大家当下属,而是看成一起努力、打拼天下的伙伴!

（资料来源:海炎,《这样的升职演讲值得一学》,《演讲与口才》,2023年第2期）

耳目一新的开篇当然好,但如果没有把握,也可采用常规意义上表达感谢的开篇形式,开篇关乎第一印象,稳妥就好。

（二）主体"施政纲领"条理清晰

就职演讲的主体部分,一般包括对就职部门工作形势背景的分析,对热点、难点问题的解剖,对未来发展的展望,接着说明任职期间的"工作纲领",这是大家比较关心的部分,就职者需要详细说明工作目标、工作思路及有效措施,获取同事的信任和支持。

案例阅读

条理清晰的主体

坦率地讲,担任主管职务对我来说无疑是一个全新的挑战,我会一如既往地向在座的各位领导虚心学习,也敬请各位领导多多指点和帮助。

（1）管好我的地,修好大家渠。从现在起,我不但要管好自己的一亩三分地,心里还必须时时"惦记"诸位的一亩三分地。不过,请大家放心,我不会抢夺大家的劳动果实,而是会竭尽全力为大家的地修好水渠,铺好管道,提供充足的水和肥。

（2）拧成一股绳,创造更多利。我一直认为,我们销售部是一个整体,既要敢打敢拼练就一身过硬本领,还要密切合作拧成一股绳。我愿意带领大家在竞争激烈的销售市场中杀出一条又一条血路,为公司创造更多的利润。

（3）按规章办事,对事不对人。由于自己刚走上管理岗位,在按规则制度办事时,难免有些做法会让大家感到不舒服。有什么问题大家随时指出来,欢迎大家监督。是我的错,我马上改正;不是我的错,我也要反思自己的做法,我保证一定做到对事不对人。

（4）打场硬仗,完美收官。销售部今年的任务很重,我希望我们每个人都要在公司销售计划的基础上制订好自己的销售计划,做好打硬仗的准备,在保持稳步增长的基础上,逐步打开大西北市场。

（资料来源：风华正茂,《升职发言,讲什么能出彩》,《演讲与口才》,2022 年第 14 期）

分析：上面就职演讲的"施政纲领"细致具体,既有自己该担的责任,也有带领大家一起干的决心和行动。显示了一个岗位领导者的风范,"我"不仅自身要做好,还要带领他人一起做好。履职者的态度、工作思路、管理实施以及真诚严谨的品质尽收眼底。

（三）结尾"表决心""鼓士气"

就职演讲的结尾处,一般都要表决心,发号召,展望前景,振奋士气。以"谢谢支持""谢谢大家"收尾。

鼓士气的结尾

我愿意在前行的道路上冲在最前面,为大家加油鼓劲,保驾护航,也希望大家给予我更多的理解和支持。我们也渴望能得到生产车间和质检部门的大力支持,因为质量是我们销售的命脉,容不得半点差错。

记得一位企业家曾经说过,公司是一条大船,每个人都是船员,只是分工不同。愿我们携起手来,在新的一年里每个人都能取得更亮眼的业绩,拿到更多的奖金。

（资料来源：风华正茂,《升职发言,讲什么能出彩》,《演讲与口才》,2022 年第 14 期）

分析：这个结尾,表达了就职者冲在前的决心,希望相互理解和支持,用形象的比喻暗示自己会和大家打成一片,团结协作,在美好祝愿中收尾。一个好的就职演讲结尾,可以让听众有一种热血涌动、情绪高涨的感觉,似乎马上要冲出来跟着演讲者去做点什么。

三、就职演讲的注意事项

1. 不可与竞聘演讲相矛盾

就职演讲通常是在竞聘演讲成功之后,在提到与竞聘演讲重复的内容时,要修正和改进,但不要有太大出入,更不能否定竞聘时作出的某些承诺,否则听众会有上当受骗的感觉,严重影响就职者的职场形象,也非常影响后续工作的开展。

2. 礼貌真诚是语言的基础

就职演讲开篇就要表达真挚谢意,"非常感谢各位领导和同事对我的支持,我会努力向前,一定不会辜负大家对我的期望！"表达谢意,是对领导和同事的尊重,也是该有的一种礼貌,同时注意语言要真诚。

3. 不可"假、大、空",哗众取宠

就职演讲中,忌讳讲假、大、空的套话、官话,或者说些不切实际的话。要讲真话、实话。切不可为了激发听众的积极性,哗众取宠,作出不切实际的许诺。就职者要明白自己的责任与担当。

实践应用角

知识的价值需要在实践中才能得到验证。作为学习者,我们需要将从"知识充电站"获得的新知,在真实的就职演讲案例的分析解读中"激活";在视频比对中明辨就职演讲的策略与语言技巧;更需要在真实的任务情境中实践应用,只有将获得的新知与技能融入特定的就职演讲任务,我们才能在一定程度上掌握就职演讲策略和语言技巧。

在共学单的三个"活动"中,设有进阶性的活动内容,具体如下:

活动一——案例分析;

活动二——视频对比;

活动三——就职演讲的实践应用。

活 动

共 学 单
(学习改变思维　训练改变行为)

表6-2-3　案例分析活动

活动一:案例分析		
活动内容	**就职演讲** 尊敬的各位领导,各位同事: 　　大家好! 　　今天是美好的一天,能和大家一起共事,我倍感荣幸,这是"百年修得同船渡"的缘分啊! 在此感谢公司领导对我的信任和培养,感谢各位同人一直以来的支持和帮助! 是你们的一路提携和陪伴,让我长成现在"茁壮又美好"的样子,在以后的工作中,我一定不辜负大家的期望,踔厉奋发,一路向前! 　　竞聘时我的承诺大家还记得吗? 没关系,我记得,在新的岗位上我将做好以下几项工作。 　　(1)结伴致远。"要想走得远,一群人走",我要来兑现了。在竞争激烈的销售市场中,我做好了打硬仗的准备,带领销售团队做好沟通协作,让我们成为一支有战斗力的队伍。大家携起手来,将每个人的目标融入组织目标,共同发展,我们一定会走得更远! 　　(2)不丢失每一个客户。制定跨区域销售政策,鼓励全方位销售。对于跨区域协作的销售人员,按照不同提成比例给予奖励,以确保不丢失每一个客户,我们会为公司创造更多的利润!	**社会角色** 立足 职业岗位 服务 国家社会

活动一：案例分析		
活动内容	（3）扫好自家雪。建立和完善各自管辖区域的销售工作，我会冲锋在前，用我销售工作的经验协助大家完成公司年度目标，同时大家也要积极发展新客户，维护好老客户。 　　这些工作要靠大家一起努力才行，也希望大家在以后的工作中能够给予我大力支持！"百年修得同船渡"的缘分会继续书写！ 　　"人心齐，泰山移。"只要我们同心同德，群策群力，拧成一股绳，我们的目标就一定会实现！我们的事业就一定会成功！我们的明天就一定会十分辉煌！ 　　谢谢大家！ **思考问题：** 　　1. 分析这篇就职演讲稿的核心要素呈现的技巧。 　　2. 说说这篇就职演讲稿的开头、主体、结尾的写法。 　　3. 你对销售总监的岗位有什么认识？	**个体角色** 担当 时代责任 提升 生命价值 人生幸福
活动实施	1. 小组讨论分析案例。 　　个人：分析就职演讲的语言技巧，体悟演讲者的情感。 　　小组：倾听交流（注意倾听、表达的礼仪）。 2. 小组将讨论意见汇总，录制讨论过程，上传至课程平台"主题讨论"或"班级群"。 3. 参与课程平台主题讨论。 4. 也可汇总意见后，采用小组现场汇报的形式进行汇报。	信息处理能力 团队合作能力 口头表达能力
考核评价	方式一(线上考核评价)： 1. 参与"主题讨论"活动时获取课程积分，还可在课程分数权重项设置中获得"讨论"项分值。 2. 主题讨论词云投屏，教师点评。 方式二(线下考核评价)： 1. 小组现场汇报后，互评、教师点评。 2. 填写活动评价表。	

说明：1. 活动时长 30 分钟，分值 20 分，教师可根据实际进行调整。
　　　2. 可根据实际选择活动形式。
　　　3. 可根据活动形式调整考核评价方式。

表 6 - 2 - 4　视频对比活动

活动二：视频对比		
活动内容	1. 观看刘国梁就职演说和蔡元培校长北大就职演讲，比对这两个竞聘演讲的相同和不同之处。 2. 各小组将每人搜集到的真实就职演讲视频资料分享（预学单中的"5"），分析不同的就职演讲语言方面的技巧使用。 （2 选 1）	**社会角色** 立足 职业岗位 服务 国家社会 **个体角色** 担当 时代责任 提升 生命价值 人生幸福

	活动二：视频对比	
活动实施	1. 小组讨论分析案例： 个人：分析就职演讲的"个性化"，体会职场演讲的特点。 小组：倾听交流（注意倾听、表达的礼仪）。 2. 小组将讨论意见汇总，录制过程，上传至课程平台"主题讨论"或"班级群"。 3. 参与课程平台主题讨论。 4. 也可汇总意见后，采用小组现场汇报的形式进行汇报。	信息处理能力 团队合作能力 口头表达能力
考核评价	方式一（线上考核评价）： 1. 参与"主题讨论"活动时获取课程积分，还可在课程分数权重项设置中获得"讨论"项分值。 2. 主题讨论词云投屏，教师点评。 方式二（线下考核评价）： 1. 小组现场汇报后，互评、教师点评。 2. 填写活动评价表。	

说明：1. 活动时长 20 分钟，分值 20 分，小组汇报可适当延长活动时间，教师可根据实际进行调整。
　　　2. 可根据实际选择活动形式。
　　　3. 可根据活动形式调整考核评价方式。

表 6-2-5 完成一次我的就职演讲活动

	活动三：完成一次我的就职演讲	
活动内容	**背景与情境：** 　　如果你在果香园（连锁水果品牌）销售主管竞聘上岗的人才选拔中胜出了，现在，要面对大家做就职演讲，你会怎么做？	解决问题
活动实施	1. 小组分工完成就职演讲前的准备。 （1）对照竞聘演讲，确保承诺在就职演讲中无大出入。 （2）制定就职演讲的施政纲领。 2. 小组交流确定销售主管就职演讲的开头、主体及结尾。 3. 小组分工完成竞聘演讲稿的写作部分。 4. 小组选拔一人完成现场的演讲模拟。	信息处理能力 解决问题能力
考核评价	教师根据各小组职场模拟活动表现，填写活动评价表。	

说明：1. 活动时长 30 分钟，分值 20 分，教师可根据实际进行调整。
　　　2. 可根据实际调整活动形式。
　　　3. 可根据活动形式调整考核评价方式。

就职演讲训练评价表

班级： 姓名： 日期： 年 月 日

表 6-2-6 就职演讲训练评价表

项 目	评 价 标 准	分值	学生自评（30%）	小组互评（30%）	教师评价（40%）	小计
素养培养	能以细致、严谨的态度参与实训活动，在实训活动中积极参与，分工合作，友好沟通	10				
	在实训过程中表现出勇于担当、勇毅前行的职业品质，能提出富有新意的想法	10				
	能够结合竞聘写作技巧及策略在就职演讲中的重要性，激发树立良好职场领导形象的意识	10				
知识应用	在小组活动中能够准确陈述就职演讲的核心要素、就职演讲稿写作技巧等知识	10				
	在班级陈述中能够正确运用就职演讲的基本理论知识陈述本组观点	10				
能力提升	能够将所学的就职演讲的技巧运用到实训任务中，学以致用	10				
	能结合具体的就职演讲任务，运用就职演讲的技巧知识对具体的就职演讲任务进行分析	10				
项目成果展示	能够独立完成就职演讲活动的任务，在活动中能主动提出问题，解决问题	10				
	在活动中汇报表达自如流畅，语速得当	10				
	项目成果能与职场结合紧密，体现踔厉奋发的精神品质	10				
合计		100				

自测袋袋库

　　"评估"是对学习效果的一个自我观察与反馈,通过"评估"可感受自我能力提升的成就感,鼓舞学习热情。

续　学　单
(学习改变思维　训练改变行为)

评估:测测
你的就职
演讲能力

表 6-2-7　续 学 单

序号	续学内容	必做要求	拓展要求	评价(15%)	备注
1	知识测试:高阶测验	线上课程平台完成	查找线上同类课程相关内容,进行练习	线上平台评价。可与预学单的达标测验对比,由老师进行评价	必做
2	能力实操:完成一次我的就职演讲	继续完成活动三就职演讲模拟任务	浏览最新的真实就职演讲视频	完成评价表中的小组自评,小组互评项目。依据拓展内容完成情况,由老师进行增值性评价	必做
3	拓展提升:归纳职场就职演讲规律	搜集职场就职演讲视频。班级学委汇总提交	整理汇编成班级喜爱的演讲视频目录	依据归纳的职场就职演讲规律,老师视班级编辑情况与水准,予以总结性点评	必做

　　说明:1. 本次续学内容由学生个人完成。
　　　　　2. 评价占比 10%(1 项占 5%,2 项成绩记在活动三,3 项占 5%)。

评价要项占比及分值(参考)

表 6-2-8　评价要项占比及分值(参考)

要项	签到(5%)	预学评估(15%)	共学评估(60%)	自我评估(10%)	续学评估(10%)	备　注
分值	5分	15分(3项)	60分(3项)	10分	10分(2项)	

任务三 述职演讲训练
——"我"以竭诚奉献前行

指导表

表 6-3-1 "四环三单"学习指导表

项目名称			项目六 职场演讲技能训练	任务名称	任务一 述职演讲训练
学习过程 四个环节	目标	素质目标	1. 激发职场履职尽责的意识,培养分析总结、归纳凝练的职业态度 2. 养成实事求是、文明礼貌的职业素养 3. 懂得在现代化的新征程中以竭诚奉献前行		
		知识目标	1. 熟悉述职演讲的三个步骤 2. 掌握述职演讲的写作技巧 3. 了解述职演讲的细节注意		
		能力目标	1. 能够运用述职演讲的技巧提升述职演讲效果 2. 能够借助训练活动,提高述职演讲的能力		
	任务	任务描述	背景与情境:经过前期的努力,一年前你已竞聘为"果香园"零售业销售部主管。年终,公司让你代表零售事业销售部参加2023年度述职演讲,你该怎么做?		
		预学单	1. 阅读"知识充电站"或观看线上课程视频(2选1) 2. 阅读述职演讲稿或观看述职演讲视频(2选1) 3. 搜集真实述职演讲资料(必做)		
	活动	共学单	1. 案例分析——激活深化		
			2. 视频对比——关联转化		
			3. 完成我的职场模拟——迁移应用		
	评估	自我评估	测测你的职场述职演讲能力		
		续学单	1. 知识测试 2. 能力实操 3. 拓展提升		

目 标

学会述职演讲基本策略和语言技巧

述职演讲,是向领导或同行汇报自己在职期间工作情况的一种演讲,主要讲述在任职期间做了哪些工作,有哪些业绩,存在什么问题。"述"成流水账,没人爱听;多讲闪光点,听众会反感;语句太平,引不起兴趣;过于幽默,又会不够严肃。因此,述职演讲要想得到听众的认可和欢迎,就必须讲究艺术,掌握好"火候"。

通过运用述职演讲的策略和基本技巧,在特定的述职演讲的背景与情境的学习和训练中,你将能够实现下列目标。

素质目标:通过学习述职演讲基本技巧的知识与技能,激发履职尽责的意识,培养分析总结、归纳凝练的职业态度;养成实事求是、文明礼貌的职业素养;懂得在现代化的新征程中以竭诚奉献前行。

知识目标:通过学习述职演讲基本技巧的相关知识,能够叙述述职演讲的三个步骤,掌握述职演讲的写作技巧和述职演讲注意事项。

能力目标:通过案例分析、视频分析、完成职场述职演讲三个活动的训练应用,培养运用述职演讲技巧知识提升述职演讲效果的能力。

任 务

完成一次职场述职的演讲

如果公司"果香园"让你代表零售事业销售部参加 2023 年度公司述职演讲,你必须明确以下问题:

1. 在职场中,述职演讲的三个步骤是什么?
2. 在述职演讲中,有可参考的写作技巧吗?
3. 在述职演讲中,最重要的是什么内容?
4. 我应该注意哪些细节?

> **小贴士**
>
> "我们必须坚持解放思想、实事求是、与时俱进、求真务实,一切从实际出发,着眼解决新时代改革开放和社会主义现代化建设的实际问题。"
> ——党的二十大报告

预　学　单
（学习改变思维　训练改变行为）

表 6-3-2　预学单

序号	预学内容	预学要求	拓展要求	评价(15%)	备注
1	阅读"知识充电站"	运用思维导图整理知识要点,完成线上达标测验	思考从阅读中收获了什么	课程平台评价。依据问答评价	2选1
2	观看线上课程视频	结合视频内容提出你最关注的一个问题。完成线上达标测验	可以在关注的问题后面附上原因	课程平台评价。依据问答由老师进行评价	
3	阅读《2022年度公司厂级领导人员述职报告》和《梦想行动都在路上》	结合阅读的内容,谈谈在述职演讲方面对你有什么启发	可以在阅读启发后附上自己的一些感想和体会	依据每一位同学总结的启发内容和感想体会,由老师进行评价	2选1
4	观看官方网站"超越,成就更好的自己"和《柒个我》中的述职演讲片段	"我"竭诚奉献前行,在视频中是如何体现的?摘录2~3处对你有启发的内容	谈谈在述职演讲中实事求是、文明礼貌是怎样体现的。整理200字左右的文字资料	依据每一位同学回答的问题质量,由老师进行评价	
5	搜集真实述职演讲资料	选择一个最喜欢的推荐给你所在的学习小组,上传课程教学平台	可附上推荐理由	依据每一位同学上传的资料质量及推荐理由,由老师进行评价	必做

说明：1. 本次预学内容由学生个人完成(可以是其中的一项或几项)。
　　　2. 评价占比 15%(3 项各占 5%),评价方式依学习方式定。

知识充电站

　　知识是能力形成的基础。述职演讲在干部体制改革、机关的廉政建设、造就新一代有为干部中,都发挥着不可替代的作用,掌握一定的述职演讲策略和技巧就显得尤为重要。"知识充电站"明晰了述职演讲的策略和基本技巧。

述职演讲
训练(1)

一、述职演讲的三个步骤

　　工作中要善于总结,也要善于表达,在有限的时间内将自己过往的业绩表达出来,十分考验个人能力。述职演讲是这一能力的最直接体现,是与单位领导的一次正式沟通,也是对自己岗位职责履行情况的汇报。

一次成功的述职演讲一般要经过以下三步：总结归纳、内容组织和公开演讲。

（一）总结归纳

在述职演讲中，需要明确自己的岗位职责，清楚自己需要完成的工作内容，以及应承担的责任范围。总结归纳好重点工作、面临的问题和工作计划在述职演讲中非常重要。从篇幅上来看，重点工作应占70％以上。

根据年初重点工作计划和月度工作总结，梳理出一年重点工作的完成情况。梳理履职材料时要突出典型性和经验性，要充分体现特色和亮点，给人以启发和教育。整理相关工作的数据和典型事例，增强材料的说服力。材料的梳理还要坚持实事求是的原则，不要人为拔高。

（二）内容组织

首先，提炼出工作过程中的亮点。要开门见山说明本部门主要绩效目标的完成情况。然后，以影响力大小为序（也可按照其他逻辑排序）列出创新优化的工作，或对工作效率和团队建设等产生较大影响的工作业绩。每项工作都要提炼出其亮点，并要有较为显著的成果或数据作为支撑。

其次，梳理当前工作存在的主要问题，并思考相应的对策和措施。

最后，依据公司战略部署，积极稳妥地制定全年主要绩效目标和各项重点工作。各项重点工作都要围绕年度主要绩效目标和上级要求进行安排。

述职演讲基本上会采用演示文稿演讲的形式。演示文稿作为可视化的演讲稿，其结构逻辑以演讲稿为基础，将其中的要点以提纲性文字、图形、图表展示给听众，还可以适当插入图片和短视频，有逻辑、有创意的演示文稿会为你的演讲增色不少。

（三）公开演讲

述职演讲是体现述职者魅力的环节，前期需要按照演示文稿的内容反复练习。

（1）练习表达。述职演讲是向领导汇报，重在精、简，言之有物。语言表达要与听众同频。

（2）锻炼气场。一个人的气场如何，是否自信，可以从肢体语言中体现出来，要挺直腰板演讲，注意与听众的眼神交流。

（3）管理时间。时间管理也是述职演讲时必备的技能之一。一般的述职演讲时间规定为15～20分钟，要在这极为有限的时间里，把自己任职以来的情况较为完整、系统地表述清楚。

二、述职演讲的写作技巧

述职演讲要求以情服人、理在情中。优秀的述职演讲不仅是展示自己风采的绝妙窗口，而且是一份对工作内容的凝练总结。在内容上纲举目张，让人把问题看得清楚明白，在表达上也要顺畅流利，使主张更容易被接受。

（一）开门见山要直入人心

"良好的开端是成功的一半。"述职演讲的开篇就要抛出结论，就像京剧中的人物亮相，一下子就抓住听众的心。这一部分要豪情满怀、理直气壮地陈述任期内述职者在各级领导的关怀下，在群众的大力支持下，在兄弟单位的统筹配合下，取得了各项成绩，淋漓尽致地一展自己的才华。

述职演讲
训练（2）

案例
阅读

销售部门经理年终述职演讲的开篇

我从 2022 年 1 月起任华东地区销售经理,一年来,在上级的正确领导下,本人勤勤恳恳,严于律己,精于管理,圆满完成了公司下达的各项任务指标,使本销售地区的销售目标与利润目标双项达标。连续两年销售达成率都在 100% 以上,2022 年 12 月,本人所带领业务队伍还被公司营销本部授予"优秀团队"称号,受到了公司的隆重表彰。

分析:这样的述职演讲开篇,扼要介绍了良好的业务素质、勤奋拼搏的敬业精神、团队的优势、所取得的骄人销售业绩,用事实、数据讲话,使与会者眼前一亮,给听众留下深刻的印象。

(二)主体陈述要分析透彻

主体是述职报告的核心部分,述职者要将任职期间取得的主要工作成绩从德、勤、能、绩、廉等五个方面谈深谈透。对工作中的突出表现与业绩要浓墨重彩地进行表述,借以表明自己的正确思路以及勇于摸索、精益求精的精神状态,让上级领导和同事了解自己的德才与职责履行的情况。也要恰当地描述克服重重困难,取得成果的"风雨历程",让领导、群众觉察到这些成绩是来之不易的。

案例
阅读

企业纪检书记的年终述职演讲

一位企业纪检书记在年终述职演讲中,从强化理论武装头脑、指导实践、推进工作情况,认真履职尽责、全面完成目标任务情况,以及全面落实党建、党风廉政建设"一岗双责"情况三个方面进行陈述。其中对认真履职尽责、全面完成目标任务情况这部分作为业务实绩作了大篇幅的陈述,按照岗位要求履行职责,重点陈述自己是怎么抓分管工作的,取得的效果是什么。

"推动'四责协同',做实党风廉政建设工作。一年来,按照公司党风廉政建设工作安排,推动'四责协同',根据班子职责分工,签订党风廉政建设责任书 11 份、党风廉政建设责任'一岗双责'清单 12 份。协助公司党委统筹全年工作,印发《2022 年党风廉政建设和反腐败工作要点》,通过监督月报机制推动分管领导每月检查分管领域党风廉政建设工作开展情况。强化对廉洁风险的辨识与防控,关键节点的提醒和监督,关键过程的监督和检查,形成党风廉政建设人人有责、层层把控的监督机制。

"规范日常监督,不断夯实'三道防线'。一是突出政治监督。聚焦贯彻落实习近平总书记重要讲话指示批示精神,推动党委严格落实'第一议题'制度,党的二十大召开以来,公司党委、纪委与各支部纷纷掀起学习党的二十大精神的热潮;二是切实开展'一把手'和领导班子监督。认真落实集团公司《关于加强对"一把手"和领导班子监督的工作措施》要求,结合公司实际,编制完成公司对'一把手'和领导班子监督的工作措施监督清单,建立'一把手'和领导班子监督台账,并定期向总公司纪委汇报;三是做实日常监督。通过夯实'三道防线',监督各部门业务监督、职能监督开展情况;推动领导班子集体谈话 1 次,公司领导对分管领域开展廉洁谈话 90 人次,个别提醒谈话 4 人次,批评教育 1 人次,对苗头性问题抓早抓小,防微杜渐;四是抓实关键岗位监督。完善并印发关键岗位监督实施细则,根据实际工作鉴定关键岗位 9 个,关键岗位人员 13 名;梳理关键岗位廉洁风险点 31 个,进一步细化关键岗位防控措施。"

分析:述职工作应突出重点,体现特色,写出新意,运用具体数据来陈述,能保证支撑自己关键绩效指标。述职演讲重在讲干货,要充实,有理有据,条理清晰。

(三)总结陈述要心中有情

一个观点在逻辑上正确还远远不够,它同时必须合乎事理人情。述职者对演讲的内容要真懂、真信、真用,在演讲过程中声情并茂、跌宕起伏,才能调动全场情绪。

述职演讲的结尾要陈述存在的问题及教训。在工作中难免会有一些失误或不足,要敢于正视现实问题,勇于改正,这样才会得到领导信任、群众信赖。反之,会给人一种虚浮、不负责任的感觉。

县农机局长的述职演讲结尾

一位县农机局长在述职演讲结尾处,正视农机部门自身存在的问题,指出农机社会化服务体系建设滞后,不能适应农村产业结构调整的需要。"冬枣、苜蓿、油菜等相关产业蓬勃兴起,农机服务市场广阔,而我们提供的农机作业还仅局限于主要作物(小麦、玉米)的主要生产环节。农机部门自身存在'重管理、轻服务'的思想,服务水平不高,服务功能不全,服务手段单一,阻碍了农机服务市场化进程,也限制了自身的发展。技术推广、农机培训过分依靠行政干预,不按市场规则运作,自身缺乏'造血'机能,在'入世'和机构改革的冲击下,面临被淘汰的危险。"

在陈述完工作中存在的问题后,县农机局长又满怀信心地说:"今后要不断创新工作思路,不断增强为农民服务的水平,进一步提高农机建设水平。树立科学的发展观,以抓农机化的发展为己任,不断适应发展的新形势。把深化改革作为增强农机整体活力的根本动力,把农机科技创新作为大幅度提高农业生产力的关键措施,把农机化产业发展置于重要的位置。全面贯彻落实以科学发展观为主的农业发展战略,建立健全农机化发展的长效机制,使全县的农机化事业又好又快发展。"

分析:述职者在结尾处就问题提出改进措施,显现出述职者在农机工作中驾驭全局的睿智、解决问题的魄力。

三、述职演讲的细节注意

（一）求真勿假

述职演讲是干部工作业绩考核、评价、晋升的重要依据,述职者一定要实事求是、真实客观地陈述,力求全面、真实、准确地反映述职者所在岗位的职责情况。

"真"是述职演讲的灵魂和生命。述职演讲的听众往往是自己的同事和直接领导,他们最关心的往往是你做了哪些大事、实事,是否实现了你任职期间的目标,有哪些效益,他们喜欢的是掷地有声的真话。如果掺了假,人们就会对你嗤之以鼻。这里的真,除了事真、数字真,还要有发自肺腑实话实说的真情感。述职演讲要以客观事实为依据,有一说一,有二说二,既不夸大,又不缩小。要准确恰当、有分寸、留有余地,不要说过头的话,更不能说大话、说假话,也不能报喜不报忧。

（二）以精取胜

述职演讲要在短时间内给听众留下印象,必须突出重点、讲细谈透。应该围绕"领导关注的、群众爱听的、自己确有感受的"三类重点展开,其他小事尽量少说,说得太多等于没说。对述职人自己开拓创新的工作、富有借鉴推广意义的典型经验,要充分展示,最好通过第三方的评价来说明问题,比如上级的肯定、统计的数据、评比的结果、媒体的报道、群众的口碑等。不要"胡子眉毛一把抓"或"捡了芝麻,丢了西瓜"。述职演讲要立足实际,力求做到少而精,以精取胜。报告要取其亮点下够笔墨,其他工作也要有所体现,哪怕点到为止或一笔带过也好。

（三）虚实结合

述职演讲的重点在于"述"。使用"叙述"的方式,穿插议论、抒情,但应以"实"为主,以"虚"为辅,不能像记流水账那样就事论事,也不能像理论文章,通篇议论。

述职还要以情取胜,夹叙夹议,虚实结合。如谈完某项工作后,简单地总结提炼,以体现深度或高度。述职还要善于选取、提炼素材。努力捕捉工作中的精彩片段、点滴细节和情感瞬间,如历尽艰辛而事成的欣喜、群策群力克难攻坚的友情、举措创新获肯定的自豪等,尽可能地把履职中最"闪光"的点展示给听众。

（四）语言朴实

述职演讲时间短,内容多,这需要从语言的求新求活上下功夫。

首先,标题要抓人眼球。尽可能采用比喻、拟人、对偶、回文等修辞手法,通过别具匠心的标题,把想要陈述的内容准确贴切地归纳提炼出来。其次,内容要服人。避免使用"也许、大概、差不多""应该、或许、可能是"等模糊用语,多用鲜活的事例来印证,用翔实的数据来支撑。最后，语言要动人。不说枯燥乏味的套话、大而无当的空话、苍白无力的废话，多用群众能听得懂的大白话，言简意赅、接地气的话，像唠家常那样娓娓道来，让人感到亲切自然，毫无违和感。

（五）服饰得体

服饰是一个人气质和涵养的外化。述职演讲的场合十分严肃，在这种场合亮相，述职人一定要穿戴整齐、庄重严肃，展现出良好的职业素养和专业感。以职业装或深色西服，搭配一条鲜亮但不刺眼的领带（男士）或丝巾（女士），显得沉稳且不失活力。

实践应用角

知识的价值在于实践应用。作为学习者，我们需要将从"知识充电站"获得的新知，在真实的述职演讲案例的分析解读中"激活"；在视频比对中明辨述职写作技巧；更需要在真实的任务情境中实践应用，只有将获得的新知与技能融入特定的述职演讲任务，我们才能在一定程度上掌握述职演讲的语言技巧。

在共学单的三个"活动"中，设有进阶性的活动内容，具体如下：

活动一——案例分析；

活动二——视频对比；

活动三——述职演讲的实践应用。

小贴士

"学必求其新得，业必归于专精。"

——章学诚

活 动

共　学　单
（学习改变思维　训练改变行为）

表6-3-3　案例分析活动

活动内容	活动一：案例分析	
	述职述廉报告 各位领导、同志们： 　下面我代表销售部党政领导班子作述职报告，请评议。 　一、领导班子的政治素质和作风建设方面 　这个方面关系到党的路线、方针、政策的贯彻落实及个人修为，从以下三个方面汇报。 　（一）"两学一做"活动开展情况 　按照上级党委的安排部署，今年销售部党总支在全体党员中全面开展了"两学一做"活动，通过学党章、党规，学习习近平总书记系列讲话，使全体党员，特别是党员领导干部，加强了组织纪律性，把党的纪律和规矩放在前面，对自身严格要	**社会角色** 立足 职业岗位 服务 国家社会

活动一：案例分析	

| | 求,按照党章办事,只有敬畏纪律、遵守规矩,才能有所畏惧,才能对党忠诚,对人民忠诚。

（二）廉洁自律方面
　　廉洁自律方面,一是严反"四风",要求班子成员做到廉洁从政。集团公司党政把销售部这么一个重要的部门交给我们这个班子,我们必须以《中国共产党廉洁自律准则》规定的律条,认真负责的精神,脚踏实地、埋头实干的态度完成公司党政交给销售部的各项任务。二是在管好自己的同时,还要各自管好家属子女和身边的工作人员,带好销售部这支党员队伍、干部队伍、职工队伍。三是切实做到依靠制度管理,以廉示人,以德服人,努力营造销售部积极向上、和谐进取的氛围,服从、服务于公司生产经营的大局,一年来,没有发现违规违纪的人和事。
　　个人在廉洁从业方面,严守打铁还需自身硬的理念,"其身正,不令而行;其身不正,虽令不从",要求别人做到的,自己率先身体力行。
　　二、经营指标完成情况
　　（一）销售收入:20××年阴极铜完成 7×亿元,去年同期 6×亿元;硫酸完成 3×××万元,去年同期 8××万元;黄金完成 3.62 亿元,去年同期 5.48 亿元;白银完成 5.28 亿元,去年未销售;冶炼弃渣完成 1×××万元,去年同期 1×××万元;液氩完成 4×万元,去年同期 4×万元;硫酸镍含镍完成 1×××万元,去年未销售;硫化砷渣完成 8×万元,去年未销售。
　　（二）销售量:阴极铜完成 1×万吨,去年同期 1×万吨;硫酸完成 5×万吨,去年同期 5×万吨;黄金完成 1×××千克,去年同期 2××千克;白银完成 1×××吨,去年未销售;硫酸镍含镍完成 2××吨,去年未销售;销售冶炼弃渣 3×万吨,去年同期 2×万吨;液氩 2×××吨,去年同期 2×××吨;硫化砷渣完成 4×吨,去年未销售。
　　（三）套期保值情况:实现平仓盈利 5×××万元。
　　（四）价差效益
　　1. 阴极铜:公司滚动平均售价 3××××元/吨,上海期货交易所现货月平均价为 3××××元/吨,公司销售价格比上交所期货价格每吨高卖 9×元,1—12 月公司销售阴极铜 1×万吨,实现价差 1×万元……
　　2. 1—12 月共完成异地易货贸易量约 4××××吨,节省运费 5××万元。在异地易货的交易中,交换到 2×××吨升水铜,带来额外效益近 1×万元。
　　3. 通过变更仓库,在确保货物安全和不影响交割和销售的前提下,实现运费、仓储费节省和销售溢价 1××多万元。
　　4. 1—12 月,××运输科公路、铁路发运硫酸 1×万吨,发运阴极铜 6××××吨,接运铜精矿 3×万吨;支出铁路延占费 3×万元,比铁路应收同口径相比节省 3××万元。××计量发运科发运阴极铜 1×万吨,硫酸 3×万吨,弃渣 3×万吨。
　　5. 安全工作实现了全年无任何人身、设备事故的目标。
　　三、我们的工作
　　销售部承担着集团公司主要产品的销售和回款任务,今年市场疲软,竞争加剧。在公司主要产品产量不断增加,价格不断下跌的压力下,不仅要完成集团公司下达的销售量,100%的货款回笼,尽量节省销售费用,还要千方百计地把有限的产品卖出一个好价钱,保证公司的生产经营正常进行,压力很大。
　　（一）积极拓展渠道,确保硫酸销售正常进行
　　今年硫酸销售异常艰难,在这种情况下,我们积极联系客户,稳定市场,采取了确定长期战略合作伙伴的客户,签订长单;鼓励区域内的贸易商采取量大从优的政策来拓展边缘市场;积极开发新市场新客户扩大销量的方式,有效进行市 | **个体角色**
实事求是
归纳分析 |

活动内容

续　表

	活动一：案例分析	
活动内容	场开拓和巩固。新发展了几家直接用酸厂家，每月进行一次市场客户走访，及时了解市场动态，以便及时决策，确保了硫酸销售不胀库，生产经营的平稳进行。 　　（二）提升服务质量，培养客户的忠诚度 　　今年阴极铜的销售市场竞争异常激烈。年初阴极铜长单签订的时候，就遭遇了竞争对手的强力阻击，我们以服务质量作为抓手，多次强调，销售部作为一个团队，凡是涉及市场、客户方面的环节，各个科室、各个岗位都要落实到人，以优质的销售服务来赢得市场份额。我们两个发运科室，尤其是××计量发运科，经常性的加班加点来组织发运铜工作，硫酸装车做到了不论多晚，只要客户需要随到随装，相关的配合单位如冶炼厂、汽运公司的人员等都感受到了销售部上下同心做市场的积极精神。 　　四、存在的问题和不足 　　（一）政治理论学习还要加强，理论水平要进一步提高，要在学原文、把握精神实质方面再加强，要通过近年来的"群众路线教育活动""三严三实教育活动""两学一做"活动，全面提高政治觉悟和理论水平，维护好以习近平同志为核心的党中央的权威，在思想上、行动上与党中央保持高度得一致，加强制度建设，开阔思路，把握方向，更好地开展销售工作。 　　（二）对市场的认识和把握能力还不够，前瞻性不足。尽管我们平时对市场分析工作给予了充分的重视，在今年后半年的分析中认为铜价会逐步上涨，后半年的价格要高于前半年，但是还是没有预测到铜价会在一个月不到的时间里每吨暴涨一万元。今后还要通过不断的学习，提高整个团队的分析判断能力。 　　（三）客户管理需要加强，针对今年销售过程中存在的问题，尤其是有些产品市场变化很大，时好时坏，有必要进行客户信用等级评价和判定，以确保从中遴选出优质客户加以重点维护和培养，以前都是采取现款现货的销售模式，对客户的综合条件诸如规模、资信、履约能力等没有过多考虑，今后随着产能的不断提升，客户群体的不断扩大，需要加强这方面的工作。加强客户管理的同时，也加强了风险控制。 　　总之，销售部有一个相互协作、团结奋斗的领导班子，有一个想干事、能干事的团队，有一支素质高，敬业勤奋的职工队伍，正是这个团队的共同努力，把我们的产品卖出了一个相对高的价格，实现了货款的全部回笼，取得了物质文明和精神文明的双丰收。 　　随着国家环保治理力度不断加大，重污染、雨雪等恶劣天气危化品车辆市区限行已成为常态，为确保我公司硫酸运销顺畅，建议在冶炼厂车间增设装酸口直接装酸计量。 　　以上述职，请各位领导和同志们审议。 **思考问题：** 　　1. 说说这篇述职演讲稿有哪些写作技巧。 　　2. 分析此篇述职演讲稿，想想这位述职者哪些职业品质值得我们学习。请梳理思路，条理清晰地表达。 　　3. 如果你在台上发表这篇演讲，你还会注意什么细节？	
活动实施	1. 小组讨论分析案例。 　　个人：分析述职演讲的语言技巧，体悟演讲者的情感。 　　小组：倾听交流（注意倾听、表达的礼仪）。 2. 小组将讨论意见汇总，录制讨论过程，上传至课程平台"主题讨论"或"班级群"。 3. 参与课程平台主题讨论。 4. 也可汇总意见后，采用小组现场汇报的形式进行汇报。	信息处理能力 团队合作能力 口头表达能力

续　表

	活动一：案例分析	
考核评价	方式一(线上考核评价)： 1. 参与"主题讨论"活动时获取课程积分，还可在课程分数权重项设置中获得"讨论"项分值。 2. 主题讨论词云投屏，教师点评。 方式二(线下考核评价)： 1. 小组现场汇报后，互评、教师点评。 2. 填写活动评价表。	

说明：1. 活动时长 30 分钟，分值 20 分，教师可根据实际进行调整。
　　　2. 可根据实际选择活动形式。
　　　3. 可根据活动形式调整考核评价方式。

表 6-3-4　视频对比活动

	活动二：视频对比	
活动内容	1. 观看"超越，成就更好的自己"述职演讲视频、《柒个我》中"述职演讲"片段，比对这两个述职演讲的相同和不同之处。 2. 各小组将每人搜集到的真实述职演讲视频资料分享，分析不同的述职演讲在语言方面的技巧。 (2 选 1)	**社会角色** 立足 职业岗位 服务 国家社会 **个体角色** 文明礼貌 总结凝练
活动实施	1. 小组讨论分析案例。 　　个人：分析述职演讲的"个性化"，体会"演"和"讲"。 　　小组：倾听交流(注意倾听、表达的礼仪)。 2. 小组将讨论意见汇总，录制过程，上传至课程平台"主题讨论"或"班级群"。 3. 参与课程平台主题讨论。 4. 也可汇总意见后，采用小组现场汇报的形式进行汇报。	信息处理 能力 团队合作 能力 口头表达 能力
考核评价	方式一(线上考核评价)： 1. 参与"主题讨论"活动时获取课程积分，还可在课程分数权重项设置中获得"讨论"项分值。 2. 主题讨论词云投屏，教师点评。 方式二(线下考核评价)： 1. 小组现场汇报后，互评、教师点评。 2. 填写活动评价表。	

说明：1. 活动时长 20 分钟，分值 20 分，小组汇报可适当延长活动时间，教师可根据实际进行调整。
　　　2. 可根据实际选择活动形式。
　　　3. 可根据活动形式调整考核评价方式。

表 6‑3‑5　完成一次我的述职演讲活动

活动内容	**活动三：完成一次我的述职演讲**	
活动内容	背景与情境： 　　经过前期的努力，一年前你已竞聘为"果香园"零售业销售部的主管。年终，公司让你代表零售事业销售部参加 2023 年度公司述职演讲，你该怎么做？	解决问题
活动实施	1. 小组确定一名成员为销售主管，请作为销售主管回顾梳理自己一年来的工作，表述自己的主要业绩。 2. 小组成员进行内容组织，交流确定销售主管述职演讲的开头、主体及结尾。 3. 小组分工完成述职演讲稿的写作。 4. 小组分工完成述职演讲演示文稿的制作。 5. 小组分工完成述职演讲前的演练。 6. 小组推选一人完成现场的演讲模拟。	信息处理能力 解决问题能力
考核评价	教师根据各小组职场模拟活动表现，填写活动评价表。	

说明：1. 活动时长 30 分钟，分值 20 分，教师可根据实际调整。
　　　2. 可根据实际调整活动形式。
　　　3. 可根据活动形式调整考核评价方式。

述职演讲训练评价表

班级：　　　　　姓名：　　　　　日期：　　年　　月　　日

表 6‑3‑6　述职演讲训练评价表

项目	评价标准	分值	学生自评(30%)	小组互评(30%)	教师评价(40%)	小计
素养培养	能以细致、严谨的态度参与实训活动，积极参与，分工合作，友好沟通	10				
	在实训过程中表现出实事求是、文明礼貌、归纳分析和总结凝练的职业品质	10				
	能够结合述职写作技巧及策略在述职演讲中的重要性，激发职场履职尽责意识	10				
知识应用	在小组活动中能够准确陈述述职演讲的核心要素、述职演讲稿写作技巧等知识	10				

续　表

项目	评价标准	分值	学生自评(30%)	小组互评(30%)	教师评价(40%)	小计
知识应用	在班级陈述中能够正确运用述职演讲的基本理论知识陈述本组观点	10				
能力提升	能够将所学的述职演讲的技巧运用到实训任务中,学以致用	10				
	能结合具体的述职演讲任务,运用述职演讲的技巧知识对具体的述职演讲任务进行分析	10				
项目成果展示	能够独立完成述职演讲活动的任务,在活动中能主动提出问题,解决问题	10				
	在活动中汇报表达自如流畅,语速得当	10				
	项目成果能与职场结合紧密,体现以竭诚奉献前行的精神品质	10				
合计		100				

自测袋袋库

要了解学习是否达到预期效果,可以通过评估的方法来进行检测。通过评估,完成自我审视,及时了解学习的成果反馈,如测试结果优良则鼓励自己继续努力;反之,则提醒自己及时修正和补充。

评估:测测你的述职演讲能力

续　学　单
(学习改变思维　训练改变行为)

表 6-3-7　续　学　单

序号	续学内容	必做要求	拓展要求	评价(15%)	备注
1	知识测试:高阶测验	线上课程平台完成	查找线上同类课程相关内容,进行练习	线上平台评价。可与预学单的达标测验对比,由老师评价	必做

序号	续学内容	必做要求	拓展要求	评价(15%)	备注
2	能力实操：完成一次我的述职演讲	继续完成活动三"完成一次我的述职演讲"	阅读胡森林《公文高手的修炼之道之笔杆子的写作进阶课》，拓展述职演讲技能	完成评价表中的小组自评，小组互评项目。依据拓展内容完成情况，由老师进行增值性评价	必做
3	拓展提升：归纳总结述职演讲的技巧规律	搜集职场演讲视频。班级学委汇总提交	整理汇编成班级喜爱的演讲视频目录	依据归纳的述职演讲规律，老师视班级编辑情况与水准，予以总结性点评	必做

说明：1. 本次续学内容由学生个人完成。
  2. 评价占比 10%(1 项占 5%,2 项成绩记在活动三,3 项占 5%)。

评价要项占比及分值(参考)

表 6 - 3 - 8 评价要项占比及分值(参考)

要项	签到 (5%)	预学评估 (15%)	共学评估 (60%)	自我评估 (10%)	续学评估 (10%)	备 注
分值	5 分	15 分 (3 项)	60 分 (3 项)	10 分	10 分 (2 项)	

主要参考文献

［1］丁亚玲.口才与演讲训练教程［M］.3 版.北京：高等教育出版社,2022.

［2］高海霞.演讲与口才［M］.北京：人民邮电出版社,2021.

［3］臧宝飞.演讲与口才 22 堂自我训练课［M］.北京：中国国际广播出版社,2018.

［4］文熙.图解演讲与口才知识［M］.北京：中国华侨出版社,2018.

［5］武洪明.职业沟通教程［M］.北京：人民出版社,2014.

［6］张则正.力透时空的演讲［M］.北京：北京联合出版公司,2017.

［7］卢卡斯.演讲的艺术［M］.北京：外语教学与研究出版社,2014.

［9］明托.金字塔原理［M］.海口：南海出版公司,2018.

［10］陆和平.大客户销售谈判：获得利润的最快途径［M］.昆明：云南科技出版社,2021.

［11］李娜.最精彩的演讲词［M］.北京：中国华侨出版社,2018.

［12］阿德勒.沟通的艺术：看入人里,看出人外［M］.北京：北京联合出版有限公司,2018.

［13］姜岩.演说的逻辑思维［M］.北京：中国纺织出版社,2021.

［14］茅盾.白杨礼赞［M］.北京：高等教育出版社,2016.

［15］闻一多.最后一次演讲［M］.北京：中国工人出版社,2016.

［16］秋叶.和秋叶一起学 PPT［M］.北京：人民邮电出版社,2020.

［17］杨玉荣.营销口才训练［M］.北京：化学工业出版社,2018.

［18］李红梅.市场营销口才训练［M］.北京：电子工业出版社,2022.

［19］张瀚之.直播带货［M］.北京：化学工业出版社,2022.

［20］木鱼.像演说家一样说话［M］.北京：中国水利水电出版社,2022.

［21］王宏.销售人员超级口才训练［M］.北京：人民邮电出版社,2019.

［22］陈浩南.销售中的 8 堂口才课［M］.广州：广东经济出版社,2020.

［23］李靖.面试官不会告诉你的那些面试技巧［M］.天津：天津人民出版社,2018.

［24］脱不花.LINK UP 沟通的方法［M］.北京：新星出版社,2019.

［25］刘志敏.演讲与口才实用教程［M］.北京：人民邮电出版社,2021.

［26］蒋红梅,张晶,罗纯.演讲与口才实用教程［M］.北京：人民邮电出版社,2022.

［27］陶莉.职场沟通技巧［M］.北京：中国人民大学出版社,2020.

［28］余世维.有效沟通［M］.北京：北京联合出版公司出版,2012.

［29］群力.领导干部竞聘上岗与述职演讲［M］.哈尔滨：黑龙江科学技术出版社,2014.

[30] 许湘岳,徐金寿.团队合作教程[M].北京：人民出版社,2011.

[31] 童革.表达与沟通能力训练[M].北京：高等教育出版社,2018.

[32] 犬塚壮志.掌握精准表达[M].杭州：浙江大学出版社,2019.

[33] 孙玉忠.中国式智慧[M].北京：中华工商联合出版社,2021.

[34] 杨冰.脱稿讲话 30 技[M].北京：红旗出版社,2020.

[35] 周剑熙.团队沟通的艺术[M].北京：民主与建设出版社,2017.

[36] 张小雨.公关口才[M].北京：北京工业大学出版社,2014.

[37] 何国松.交际与口才.吉林：吉林大学出版社,2010.

感谢您使用本书。为方便教学，我社为教师提供资源下载、样书申请等服务，如贵校已选用本书，您只要关注微信公众号"高职素质教育教学研究"，或加入下列教师交流QQ群即可免费获得相关服务。

最新目录

样书申请

资源下载

写作试卷

线上购书

"高职素质教育教学研究"公众号

师资培训　　教学服务　　教材样章

资源下载：点击 "**教学服务**"—"**资源下载**"，或直接在浏览器中输入网址（http://101.35.126.6/），
　　　　　　注册登录后可搜索下载相关资源。（建议用电脑浏览器操作）

样书申请：点击 "**教学服务**"—"**样书申请**"，填写相关信息即可申请样书。

样章下载：点击 "**教材样章**"，可下载在供教材的前言、目录和样章。

师资培训：点击 "**师资培训**"，获取最新直播信息、直播回放和往期师资培训视频。

联系方式

职业素养和创新创业教师交流QQ群：310075759

联系电话：（021）56961310　　电子邮箱：3076198581@qq.com